（宋）歐陽忞　撰

宋本輿地廣記

第三册

國家圖書館出版社

第三册目録

輿地廣記卷第二十五

江南西路

都督洪州春秋戰國屬楚秦屬九江郡漢高帝改為淮南國分置豫章郡東漢晉因之東晉置江州初治此後徙尋陽宋齊梁陳皆為豫章郡隋平陳郡廢置洪州大業初州廢復置豫章郡唐武德五年復曰洪州天寶元年曰豫章郡後升鎮南軍節度

皇朝因之今縣八

望南昌縣秦為九江郡南部漢高帝六年置豫章郡其城即灌嬰所築東漢以後因之後改南昌曰豫章縣隋置洪州唐武德五年析置南昌鍾陵縣以南昌置孫州八年州廢省南昌鍾陵寶應元年避肅宗諱改豫章曰鍾陵正元中又改曰南昌應劭漢官儀曰有豫章生於庭中故以名郡此木嘗中枯晉永嘉中一旦更茂咸以為中興之祥其後元帝果興大業

於江南故郭璞南郊賦云繁昌樟擢秀於祖邑以司馬宣王之
祖嘗爲豫章太守故也有武陽水

望新建縣　皇朝太平興國六年析南昌縣置與南昌分治
郭下有西山章水

望奉新縣本新吴縣漢中平中置晉以後屬豫章郡隋平陳省
入建昌唐永淳二年復置屬洪州五代時改爲奉新縣有華
林山大雄山

望豐城縣吴分南昌縣地置富城縣晉太康元年改曰豐城屬
豫章郡雷煥得龍淵太阿於此宋齊梁陳皆屬豫章郡隋平
陳省之開皇十二年復置曰廣豐仁壽初改曰豐城屬洪州
唐因之

望分寧縣本艾縣地左傳吴公子慶忌驟諫吴王弗聽出居于
艾是也二漢屬豫章郡晉宋齊梁陳因之隋省入建昌唐正

元十五年析武寧置分寧縣屬洪州有旌陽山昔旌陽令許
遜嘗遊此有脩水
緊武寧縣本西安縣地漢建安中孫權置晉太康元年改為豫
寧屬豫章郡宋齊梁陳皆因之隋省入建昌唐長安四年復
置武寧縣屬洪州景雲元年改曰豫寧寶應元年復曰武寧
有幕阜山
中靖安縣五代時置有藥王山
進賢縣
上虔州春秋時百越之地戰國時吳起相楚悼王南平百越於
是屬楚秦屬九江郡二漢屬豫章郡吳屬廬陵郡晉太康三年
置南康郡宋為南康國齊梁陳復為南康郡隋平陳郡廢置虔
州大業初州廢置南康郡唐武德五年曰虔州天寶元年曰南
康郡後唐長興二年升為昭信軍節度 皇朝因之今縣十

望贛縣二漢屬豫章郡吳爲廬陵南部都尉治晉置南康郡宋齊梁陳皆因之隋置虔州改贛縣爲南康大業初復改爲贛唐因之有贛水東源出雩都曰湖漢水西源出南野曰彭水二水皆北流合于贛縣揔爲豫章水北流入大江後人因贛字以湖漢水爲貢水彭水爲章水而劉澄之遂以爲章貢合流因以名縣蓋失之矣平固鎮本平固縣吳曰平陽晉太康元年更名屬南康郡宋因之後省爲鎮

望虔化縣漢雩都縣地吳置陽都縣晉太康元年改曰寧都後省焉宋復置大明五年以虔化屯別置虔化縣並屬南康郡後省虔化入寧都隋平陳改寧都曰虔化屬虔州唐因之上有梅嶺山漢時閩越反武帝令諸校屯豫章梅嶺待命閩越發兵入梅嶺殺漢校尉即此縣地有石鼓山

望興國縣本贛縣地　皇朝太平興國八年以險江鎮置興

國縣有覆笥山
望信豐縣本南康地唐永淳元年分置南安縣屬虔州天寶元
年改爲信豐
望雩都縣二漢屬豫章郡晉宋屬南康郡後省隋平陳復置屬
虔州唐因之有金鷄山云時見金鷄出於石上有盤固山
望會昌縣本雩都縣地 皇朝太平興國八年以九州鎮置
有君山
望瑞金縣本雩都縣地有金唐天祐元年置瑞金監後升爲縣
屬虔州有銅鉢山綿江
緊石城縣五代時置屬虔州
上安遠縣唐貞元四年析雩都縣置屬虔州
中龍南縣本漢南野縣地五代時置屬虔州有聶都山山海經
曰贑水出聶都山即此

上吉州春秋時百越之地戰國屬楚秦屬九江郡二漢屬豫章郡興平元年孫策分置廬陵郡吳寶鼎二年孫晧又置安城郡晉宋齊梁陳皆因之隋平陳二郡俱廢置吉州大業初復置廬陵郡唐武德五年曰吉州天寶元年曰廬陵郡　皇朝因之

今縣八

望廬陵縣二漢屬豫章郡孫策分改爲石陽縣分置廬陵郡晉宋因之後復改石陽爲廬陵縣隋置吉州唐因之有玉笥山

望吉水縣本吉陽縣地吳分置晉宋屬廬陵郡後省焉　皇朝太平興國九年置吉水縣有仁山吉水

望安福縣本漢安成縣屬長沙國東漢屬長沙郡吳分屬安成郡晉改縣曰安復宋齊梁陳皆因之隋平陳郡廢改安復縣爲安成十八年又曰安復屬吉州唐武德五年改縣曰安福置潁州七年廢來屬有廬水東至廬陵入贑江

望太和縣吴置西昌東昌二縣晉宋皆屬廬陵郡後西昌省東昌入焉改爲太和縣屬吉州唐因之有贛石山遂興水

望龍泉縣五代時置屬吉州有石含山

望永新縣吴置屬安成郡晉宋因之後省唐武德五年復置屬南平州八年州廢省入太和顯慶二年復置來屬有永新山勝業水

望永豐縣本吉水縣地　皇朝至和元年以報恩鎮置永豐縣有雲蓋山報恩江

望万安縣本龍泉縣地　皇朝熙寧四年以万安鎮置有龍頭山雲洲

上袁州春秋爲百越之地戰國屬楚秦屬九江郡二漢屬豫章郡吴屬安城郡晉宋齊梁陳因之隋平陳郡廢置袁州大業初州廢置宜春郡唐武德四年曰袁州天寶元年曰宜春郡

皇朝因之今領縣四

望宜春縣二漢屬豫章郡吳屬安城郡晉孝武改爲宜陽宋以後因之隋復改爲宜春屬宜春郡唐因之有仰山袁江有宜春泉醖酒入貢

望分宜縣本宜春縣地　皇朝雍熙元年置有鍾山郡國志云晉永嘉元年因水有大鍾從山上墜水中驗其銘是秦時樂器故以名山有昌山

望萍鄉縣吳置屬安城郡晉以後因之隋屬宜春郡唐因之有羅霄山揚岐水

緊万歲縣本陽樂縣地吳黄武中置晉太康元年改爲康樂屬豫章郡宋因之謝靈運襲封康樂公即此後省焉唐武德五年復置陽樂縣屬靖州八年州廢省入高安五代時以其地置万歲縣屬洪州後屬筠州　皇朝開寶八年來屬有康

樂故城有謝山康樂水

上撫州春秋時百越之地戰國屬楚秦屬九江郡二漢屬豫章郡吴太平二年分置臨川郡晋以後因之隋平陳郡廢置撫州大業初州廢置臨川郡唐武德五年曰撫州天寶元年曰臨川郡　皇朝因之今縣四

望臨川縣本南昌縣地東漢永元八年置臨汝縣屬豫章郡吴孫亮分置臨川郡晋以後因之隋置撫州改臨汝縣為臨川唐因之有峩峯山本曰銅山唐天寶中改名有臨川水

望崇仁縣本吴置巴丘縣屬廬陵郡晋置新建縣屬臨川郡晋宋因之梁改巴江為巴山及置巴山郡隋平陳郡縣俱廢置崇仁縣屬撫州唐因之有崇仁山寶蓋水

望宜黄縣唐武德五年析崇仁置屬撫州八年省　皇朝開寶八年以宜黄場復置有宜黄水

望金谿縣本臨川縣地一 皇朝開寶五年改金谿場置有銀

秀山金谿水

上筠州自唐以前地理與洪州同南唐李昇置筠州 皇朝因之今縣三

望高安縣本建城縣二漢屬豫章郡三國以後因之縣出燃石石色黃白而疎理以水灌之則熱著非其上足以熟物元康中雷煥入洛齎石以示張華華曰此謂燃石於是始識其名隋屬洪州唐武德五年改建城曰高安置靖州七年改爲米州又改爲筠州八年州廢屬洪州南唐復置筠州有飛川鍾口江

望上高縣五代時置屬洪州南唐來屬有八疊山斜口水

望新昌縣 皇朝太平興國三年以高安監步鎮置有黃檗山

同下州興國軍自五代以前地理與鄂州同　皇朝太平興國二年置興國軍今縣三

望永興縣本鄂縣地二漢屬江夏郡吳孫權改鄂爲武昌而別置陽新縣屬武昌郡晉以後因之江左又析置永興縣隋平陳改陽新曰富川開皇十一年省永興入焉十八年改富川縣曰永興屬鄂州唐因之　皇朝置興國軍有闔閭山吳王闔閭與楚相持於此

緊大冶縣　皇朝乾德五年以大冶場置屬鄂州太平興國二年來屬有磁湖

中通山縣五代時置屬鄂州　皇朝太平興國二年來屬有翠屏山本名石城唐天寶中改名

同下州南安軍自五代以前地理與虔州同　皇朝淳化元年置今縣三

中大庾縣唐神龍元年析南康縣置屬虔州　皇朝置南安
軍有大庾嶺五嶺之最東者亦曰東嶠有橫浦關漢討南越
楊僕為樓舡將軍出豫章下橫浦是也有涼熱水水經注云
連溪出南康縣涼熱山即此水也
望南康縣本漢南野縣地吳分置南安縣晉太康元年改曰南
康屬南康郡宋因之改曰贛縣隋大業初復曰南康屬南康
郡唐屬虔州　皇朝淳化元年來屬南野鎮本南野縣二
漢屬豫章郡晉屬廬陵郡宋屬南康郡後省為鎮有君山章
水
上上猶縣五代時置屬虔州　皇朝淳化元年來屬有猶水
同下州臨江軍自五代以前地理與筠袁吉三州同　皇朝
淳化三年置今縣三
望清口縣五代時置屬洪州南唐屬筠州　皇朝置臨江軍

望新淦縣二漢屬豫章郡晉宋因之隋屬廬陵郡唐屬吉州

皇朝淳化三年來屬有玉笥山淦水

望新喻縣吳分宜春置晉宋屬安成郡隋屬宜春郡唐屬袁州

皇朝淳化三年來屬本曰新渝天寶後相承作喻有渝水

同下州建昌軍自唐以前地理與撫州同南唐析置建武軍

皇朝太平興國四年改名今縣二

望南城縣二漢屬豫章郡晉以後屬臨川郡隋唐屬撫州南唐

置軍有麻姑山

望南豐縣吳置屬臨川郡晉宋因之後省唐景雲二年析南城

置屬撫州 皇朝淳化二年來屬有軍山

輿地廣記卷第二十五

輿地廣記卷第二十六

荆湖南路

上潭州古三苗國之地春秋戰國屬楚秦置長沙郡漢爲國東漢復爲郡晉屬長沙及衡陽郡永嘉元年兼置湘州宋齊梁陳因之隋平陳郡廢置潭州以昭潭爲名大業初州廢置長沙郡唐武德四年曰潭州天寶元年曰長沙郡升爲武安軍節度

皇朝因之今縣十一

望長沙縣故青陽地秦始皇二十六年荆王獻青陽以西是也漢爲臨湘縣高帝五年以封吴芮爲長沙王都此其城即芮所築東漢及晉爲郡宋爲國齊梁陳爲郡隋爲潭州唐因之唐末馬氏父子竊據其地後爲南唐所取有嶽麓山昭山山下有旋泉深不可測人以爲昭潭無底有湘水瀏水有賈誼宅并仍存

望衡山縣本湘南縣地吴析置衡陽縣及置衡陽郡晉惠帝改縣曰衡山宋齊梁陳因之隋平陳郡廢屬潭州唐神龍三年屬衡州 皇朝淳化四年來屬禹貢衡山在西南有三峯曰祝融紫蓋石廩韓愈詩紫蓋連延接天柱石廩騰擲堆祝融有湘水

望安化縣本益陽縣地 皇朝熙寧六年置有浮青山資水

緊醴陵縣本漢臨湘縣地高后封長沙相越為醴陵侯即此東漢置醴陵縣屬長沙郡建安八年縣有大山常鳴如牛呴聲積數年後豫章賊攻沒縣亭晉宋皆屬長沙郡後省唐武德四年復置屬潭州有王喬山 醴泉

上攸縣漢屬長沙國東漢晉宋屬長沙郡後改為攸水隋平陳省入湘潭縣後復置唐武德四年置南雲州正觀元年州廢屬衡州五代時來屬有雲陽山攸水

中湘鄉縣本湘南縣之湘鄉東漢置縣屬零陵郡晉宋屬衡陽郡後省唐武德四年析衡山置屬潭州有漣水歷石魚山下石色黑而理若雲母開發一重輒有魚形長數寸鱗鰭首尾若刻畫燒之作魚膏腥

中湘潭縣本湘南縣地禹貢衡山在東南湘中記曰衡山有玉牒禹案其文以治水遥望衡山如陣雲沿湘千里九向九背迺不復見漢屬長沙國東漢屬長沙郡晉宋屬衡陽郡後省而置湘潭縣隋屬衡州唐元和後來屬有湘水涓湖

中益陽縣漢屬長沙國東漢晉宋齊梁陳屬長沙郡隋唐屬潭州有浮丘山益水水經注以益水爲資水之殊目縣南十里有平岡岡有井數百淺者四五尺深者不測俗云昔有金人以杖撞地輒便成井

中瀏陽縣本漢臨湘地吳置瀏陽縣屬長沙郡晉宋因之後省

唐景龍二年析長沙復置屬潭州有瀏水

中湘陰縣本羅縣地宋元徽二年分置湘陰縣屬湘東郡齊因之梁置羅州及岳陽郡陳廢州隋平陳郡廢省湘陰入岳陽縣置玉州尋改岳陽爲湘陰縣開皇十一年州廢屬岳州唐因之　皇朝淳化四年來屬故羅縣羅國本在襄州宜城之西楚文王徙羅子居此秦爲羅縣屬長沙郡二漢晉宋齊因之梁陳屬岳陽郡隋平陳屬岳州唐武德八年省入湘陰故城在今縣東北有湘山湘水汨水出艾縣桓山西逕羅縣北又西逕吳昌縣北東漢置曰漢昌吳更名隋省入羅又西逕玉笥山又西爲屈潭楚屈原被讒放逐懷沙自沉於此又逕汨羅戍南又西入于湘春秋所謂羅汭也有黄陵水上承大湖西流入湘逕二妃廟南世謂之黄陵廟秦始皇遊至湘山逢大風問博士曰湘君何神博士對曰堯女舜妻而葬此

始皇大怒使刑徒三千人伐湖山木赭其山焉

中寧鄉縣吴新陽縣地晉太康元年改爲新康屬衡陽郡宋以後因之隋平陳省入益陽縣唐武德四年復置七年又省

皇朝太平興國二年析長沙置有大溈山青陽山溈水

上衡州春秋戰國屬楚秦屬長沙郡二漢屬長沙桂陽二郡吴置湘東衡陽二郡晉宋齊梁陳皆因之隋平陳省二郡置衡州大業初州廢置衡山郡唐武德四年曰衡州天寶元年曰衡陽郡 皇朝因之今縣五

望衡陽縣本酃縣地漢屬長沙國東漢屬長沙郡吴置湘東郡及臨烝縣東南去酃縣十五里晉因之太元二十年省酃入焉宋齊梁陳因之隋平陳置衡州改臨烝爲衡陽縣唐因之

亦漢鍾武縣地屬零陵郡東漢改爲重安晉宋以後屬衡陽郡隋省入衡陽縣後復置唐武德七年又省入有岣嶁山郎

南岳之別名曰衡湘水亦名衡水有合江亭韓愈詩江亭枕湘江蒸
水會其左有酃湖周回三里取水爲酒極醇美晉武帝平吳
始薦酃酒於太廟
中茶陵縣漢屬長沙國東漢屬長沙郡晉屬湘東郡宋齊梁陳
因之隋省入湘潭縣唐武德四年析攸縣復置屬南雲州正
觀元年又省聖曆元年復置來屬有雲陽山茶水漢地理志
茶陵有泥水西入湘水經謂之洣水即今茶水是也茶弋奢
反
中耒陽縣二漢屬桂陽郡晉宋以後因之隋平陳改曰洡陰屬
衡州唐武德四年復曰耒陽有侯昙雲山洡水出郴縣西北過
洡陽又北至衡陽入湘
中下常寧縣漢分洡陽置新寧縣晉屬湘東郡宋齊梁陳皆因
之隋屬衡州唐天寶元年改曰常寧有逍遥山湘水宜水

下安仁縣　皇朝乾德三年以安仁場置後析衡陽衡山二
縣地入焉

中道州春秋戰國屬楚秦屬長沙郡漢分屬零陵郡東漢晉因之穆帝分置營陽郡宋齊因之梁改爲永陽郡隋平陳郡廢屬永州大業初州廢屬零陵郡唐武德四年平蕭銑置營州五年改爲南營州正觀八年改爲道州天寶元年曰江華郡
皇朝因之領縣四

緊營道縣本漢營浦縣屬零陵郡晉置營陽郡宋齊因之而析置營陽縣爲郡治梁改郡縣皆曰永陽隋開皇中郡廢省營浦入永陽屬永州唐武德四年置營州改永陽爲營道縣正觀八年改營州爲道州天寶元年改營道爲弘道縣
皇朝建隆三年復曰營道有營道山營水出泠道縣西流逕九疑山下又西逕營道又屈而東北逕營浦又北流注于湘

亦虞時鼻國之地有象祠唐元和中刺史薛伯高毁之柳宗
元作斥鼻亭神記
緊永明縣本漢營浦縣地唐既徙置營道於永陽乃徙置永陽
於此屬道州正觀八年省天授二年復置天寶元年更名
皇朝熙寧五年省為鎮入營道元祐二年復置
緊江華縣漢馮乘縣地屬蒼梧郡唐武德四年析置江華縣屬
道州正觀十七年屬永州上元二年復來屬文明元年改曰
雲漢神龍元年復故有吳望山淹水
緊寧遠縣漢泠道營道二縣地並屬零陵郡東漢及晉皆因之
東晉屬營陽郡宋齊因之梁陳屬永陽郡隋省泠道入營道
而徙營道於泠道廢城屬永州唐武德四年徙置營道於永
陽縣乃於此地置唐興縣屬營州正觀八年屬道州長壽二
年改曰武盛神龍元年復曰唐興元寶元年改曰延唐朱梁

攺曰延昌後唐復故晉天福初曰延喜　皇朝乾德三年
攺爲寧遠有九疑山虞舜所葬其山九谿相似故名有泠水
出此山北流逕泠道西南又北流入都溪水故大曆縣本漢
泠道之春陵鄉長沙定王封其子買是爲春陵節侯後省吳
復置屬零陵郡東晉屬營陽郡宋齊因之梁陳屬永陽郡隋
平陳省入營道唐大曆二年析延唐縣置於春陵故城北十
五里名曰大曆屬道州　皇朝乾德三年省入寧遠有春
溪水即所謂春溪也西北流入于營水

中永州春秋戰國屬楚秦屬長沙郡漢元鼎六年置零陵郡東
漢吳晉宋齊梁陳因之隋開皇初郡廢置永州大業初州廢復
置零陵郡唐武德四年平蕭銑置永州天寶元年曰零陵郡
皇朝因之今縣三

望零陵縣本漢泉陵縣屬零陵郡東漢爲郡治晉宋齊梁陳因

之隋置永州改泉陵爲零陵縣唐因之泉陵故城在今縣北
二里亦晉應陽縣地惠帝分觀陽置屬零陵郡宋齊梁陳因
之隋省入零陵縣滙水東南流入湘有鼻墟象之所封也有
萬石山瀟湘水縣有香茅自古貢之禹貢荆州菁茅也
中祁陽縣吳分泉陵置屬零陵郡晉宋齊梁陳因之隋省入零
陵縣唐武德四年復置屬永州亦吳永昌縣地晉宋齊梁陳
屬零陵郡隋省入零陵縣後分入祁陽有石鷰山石色紺而
狀似鷰或大或小若母子及雷風相薄則群飛頡頏有湘水
中東安縣　皇朝雍熙元年以零陵縣之東安場置
中郴州春秋戰國屬楚秦屬長沙郡項羽尊楚懷王爲義帝都
郴漢高帝二年置桂陽郡東漢晉宋齊梁陳因之隋開皇中平
陳郡廢置郴州大業初州廢復置桂陽郡唐武德四年平蕭銑
置郴州天寶元年曰桂陽郡　皇朝因之今縣四

緊郴縣義帝所都項羽使英布害之縣南有義帝冢漢屬桂陽郡東漢以後因之隋置郴州唐因之有靈壽山古所謂万歲山也有石室室有鍾乳上悉生靈壽木下有千秋溪又有渌水出縣東侯公山西北流而南歷注于耒謂之程鄉溪舊置酒宮醖於山下名曰程酒獻同郴酒焉

中桂陽縣漢郴縣地東晉分置汝城縣屬桂陽郡宋齊梁因之陳改爲盧陽縣及置盧陽郡隋平陳郡廢以縣屬郴州唐天寶元年改爲義昌後唐改曰郴義　皇朝太平興國元年改爲桂陽有耒山耒水所出西北流逕汝城縣北又西北逕晉寧縣北又北過郴縣西又北過便縣西又西北過耒陽縣東又北過酃縣東又西北至臨烝而右注湘水

下宜章縣隋大業末蕭銑析郴置義章縣屬郴州唐因之　皇朝太平興國元年改曰宜章　亦二漢臨武縣地唐屬桂陽郡

晉宋齊梁陳因之隋唐屬郴州後廢有武溪南入寨昌有嵐
嶺
中永興縣漢便縣屬桂陽郡東漢吴晉因之宋省焉唐開元十
三年置安陵縣屬郴州天寶元年改爲高亭　皇朝熙寧
六年改爲永興有高亭山安陵山
中邵州春秋戰國屬楚秦屬長沙郡二漢屬長沙零陵二郡吴
寶鼎元年分置邵陵郡晉宋齊梁陳因之隋平陳郡廢屬湘州
唐武德四年平蕭銑置南梁州正觀十年改爲邵州天寶元年
曰邵陽郡　皇朝因之今縣三
望邵陽縣漢昭陵屬長沙郡吴置邵陵郡晉改縣曰邵陵宋
因之後省入邵陽郡陽本昭陽東漢置屬零陵郡晉武帝改
焉屬邵陵郡宋因之後併邵陵入而以邵陽爲郡治隋郡廢
屬湘州唐武德四年復置邵陵縣七年省入邵陽後置邵州

又吴置高平縣屬邵陵郡晉宋因之後省入邵陽有文斤水

邵陵水

望新化縣 皇朝收復梅山以其地置新化縣屬邵州有長龍山資水

下蒔竹縣 皇朝元豐四年以洞溪徽州置蒔竹縣屬邵州有九龍山蒔竹水

下全州 自後唐以前地理與永州同石晉天福三年楚王馬希範奏置全州 皇朝因之今縣二

望清湘縣 漢零陵洮陽二縣地並屬零陵郡東漢晉宋齊梁陳皆因之隋省而置湘源縣屬永州唐因之後改為湘川楚又改為清湘而置全州有湘山宜湘水漢洮陽故城在今縣西北零陵故城在南

望灌陽縣 漢零陵縣地吴分置觀陽屬零陵郡晉宋齊梁陳皆

因之隋省入湘源縣大業末蕭銑復置屬永州唐武德七年

省上元二年復置石晋時來屬有灌水

同下州武國軍自五代以前地理與邵州同　皇朝因之

中武岡縣二漢都梁縣地屬零陵郡晋武帝分置武岡縣屬郡

陵郡宋因之後省入都梁縣隋又省都梁入邵陽縣後復置

曰武攸唐武德四年改為武岡屬南梁州後屬邵州

皇朝置武岡軍縣左右二岡對峙重岨齊秀間可二里舊傳

東漢伐五溪蠻蠻保此崗故曰武岡亦二漢夫夷縣地屬零

陵郡吴屬邵陵郡晋宋齊梁陳皆因之隋省入邵陽唐分屬

武岡故城在縣東北晋武帝置建興縣屬邵陽郡晋宋因之

後省焉唐武德四年復置七年省入武岡有唐糾山資水所

出

同下州桂陽監自五代以前地理與郴州同後置桂陽監

皇朝因之今縣二

上平陽縣按舊唐史志云晉分郴置平陽縣陳廢蕭銑復置唐武德七年省八年復置屬郴州然晉宋二志皆無此縣五代時廢焉　皇朝天禧元年復置桂陽監治此有大湊山靈星江

中藍山縣本二漢南平縣屬桂陽郡晉宋因之後省唐咸亨二年復置屬郴州天寶元年改爲藍山　皇朝景德元年來屬有藍山

在今縣西故得江夏之名春秋時謂之夏汭後世謂之夏口亦謂之魯口歷代常爲重鎮梁武帝自襄陽起兵進逼郢城有數百毛人踰堞且泣因投黃鵠磯蓋城之精也明旦城降

有黃鶴山鸚鵡洲

望崇陽縣唐天寶二年開山洞置唐年縣屬鄂州朱梁改爲臨夏後唐復故名石晉天福初改爲鵠江　皇朝開寶八年改爲崇陽

上武昌縣故楚之東鄂也楚子熊渠封中子紅爲鄂王二漢鄂縣屬江夏郡吳孫權都之黃初二年改爲武昌縣及置江夏郡黃龍元年遷都建業以陸遜輔太子鎮武昌孫皓亦嘗都此及東還使滕牧守之晉太康元年改江夏郡曰武昌郡永平中始置江州傳綜爲刺史治此東晉時庾亮謝尚亦鎮焉宋齊梁陳皆爲武昌郡隋屬鄂州唐因之故西陵縣二元溪屬

江夏郡魏屬弋陽郡晉惠帝分屬西陽國宋因之陳省入武
昌有樊山崢嶸洲晉劉毅破桓玄於此
中蒲圻縣晉太康元年置屬長沙郡宋元嘉十六年屬巴陵郡
孝建元年屬江夏郡梁置上雋郡隋平陳郡廢屬鄂州唐因
之有赤壁山漢末孫權遣周瑜與劉備併力敗曹公于此有
蒲圻湖
中咸寧縣五代時置永安縣屬鄂州　皇朝景德四年改今
名有鍾臺山牛阜潭
中通城縣本崇陽縣地　皇朝熙寧五年升通城鎮爲縣有
九嶺山鷄鳴山太平港
下嘉魚縣晉沙陽縣地屬武昌郡宋元嘉十六年屬巴陵郡孝
建元年屬江夏郡梁置沙州尋廢隋省沙陽入蒲圻五代時
置嘉魚縣屬鄂州有魚嶽山在大江中

中安州春秋戰國屬楚秦屬南郡漢高帝置江夏郡東漢晉因之宋孝建元年分置安陸郡齊因之梁置南司州尋罷西魏置安州總管府隋開皇初郡廢十四年府廢大業初復置安陸郡唐武德四年平王世充改為安州天寶元年復曰安陸郡後唐外安遠軍節度　皇朝因之今縣五

中安陸縣漢屬江夏郡晉為郡治宋置安陸郡梁置南司州西魏置安州隋唐因之漢江夏郡故城在東南有禹漢陪尾山石巖山晉張昌作亂山下鎮南將軍劉弘擊斬之有涢水東南入沔有雲夢澤然楚之雲夢跨江南北非止此而已

中雲夢縣西魏置隋屬安州唐因之　皇朝熙寧二年省入安陸元祐元年復置按漢地理志西陵縣為江夏郡治而有雲夢官疑此地是也

中應城縣漢雲杜縣地西魏置隋大業初改曰應陽屬安陸郡

唐武德四年復曰應城屬安州天祐三年省入雲夢大和二年復置天祐二年改曰應陽後唐復故有浚河水出大洪山東流入于涢有溫泉水出京山東澤中淵靜如鑑聞人聲則湯湯奮發其熱可以爆雞東南流注于涢有蒲騷城左傳鄖人軍於蒲騷是也

中孝感縣本孝昌縣宋孝武帝置屬江夏郡西魏置岳州及岳山郡後周並廢之有澴岳郡隋開皇初廢以縣屬安州唐武德四年置澴州又澴陽縣八年州廢省澴陽入孝昌來屬元和三年省入雲夢咸通中復置後唐改爲孝感有澴河鎮九宗山

中下應山縣本東漢平春縣地屬江夏郡晉因之宋屬義陽郡後省梁置永陽縣及應州隋大業初州廢改永陽爲應山屬安陸郡唐屬安州有大龜山石龍山溳水按水經溳水出江

夏平春縣西南過安陸入于溳

上復州春秋戰國屬楚秦屬南郡二漢屬南江夏二郡晉元康元年分置竟陵郡宋齊因之梁又置沔陽郡後周置復州隋因之而郡廢大業初州廢復置沔陽郡唐武德五年改爲復州天寶元年又曰竟陵郡石晉天福初改曰景陵郡　皇朝因之熙寧六年州廢後復置今縣三

緊景陵縣楚封大夫鬬辛於此是爲鄖公戰國秦使白起攻楚拔郢東至竟陵二漢屬江夏郡晉置竟陵郡後省入霄城後周復改霄城爲竟陵隋開皇初州自建興移治此仁壽三年州仍治建興正觀七年徙治沔陽五代時又徙治此皇朝熙寧六年州廢屬安州後復置來屬有巾水戍山晉元熙三年竟陵郡言巾水戍山得古銅鐘七枚藏於相府有漢水夏水

下沔陽縣春秋鄖子之國漢雲杜縣地屬江夏郡東漢晉因之宋屬竟陵郡後省梁置沔陽郡西魏省州陵惠懷二縣置縣曰建興後周置復州隋開皇初州移治竟陵仁壽三年州仍治建興大業初改建興曰沔陽州廢仍置沔陽郡唐武德中屬復州正觀七年州徙治此五代時又徙治景陵　皇朝熙寧七年省入監利後復置來屬雲杜故城在縣西北又有石城在西南西臨沔水因山爲固晉杜預爲荊州刺史開陽口達巴陵徑千餘里内避長江之險通零桂之漕即此惠帝始置竟陵郡治此

下玉沙縣　皇朝乾德三年以白沙院置屬江陵府至道三年來屬熙寧六年省入監利元祐元年復置按唐地理志鄖州富水有白沙山白沙水所出而水經言江水過下雋東得白沙口謂白沙水入江處也然則白沙院之取名蓋以水所

經矣

上鼎州春秋戰國皆屬楚秦屬黔中郡漢屬武陵郡東漢晉宋齊皆因之梁置武州後改曰沅州隋平陳郡廢改州曰朗州大業初州廢復置武陵郡唐武德四年平蕭銑置朗州天寶元年復曰武陵郡 皇朝因之大中祥符五年改曰鼎州今縣三

望武陵縣本漢臨沅縣屬武陵郡東漢為郡治晉宋齊梁陳皆因之晉趙欽問潘京曰貴郡何以名武陵京云鄙郡本名義陵郡在辰陽縣界與夷相接數為所破光武移東出共議易号傳曰止戈為武詩稱高平曰陵隋廢郡置朗州改臨沅為武陵縣唐因之 皇朝改曰鼎州故漢壽縣本名索漢為武陵郡治東漢陽嘉三年更名為荊州刺史治而郡徙治臨沅至魏州徙治江陵吳改漢壽為吳壽晉復故宋齊梁陳皆因之隋省入武陵有枉人山其山上有善卷壇有沅水鼎水

枉渚

望桃源縣東漢沅南縣地建武二十六年置屬武陵郡晉宋齊梁陳皆因之隋省入武陵縣 皇朝乾德元年析武陵置桃源縣有桃源山晉陶潛桃源記晉太元宋有漁人泝源入武陵溪見桃花夾岸居人衣冠皆秦製自言避秦季隱居數世矣不知市朝之變漁人既出後再尋之路迷終不能至有沅水

中龍陽縣吳置晉宋齊梁陳皆屬武陵郡隋省屬朗州有龍陽山零水有龍陽洲吳李衡植柑於其上臨死謂其子曰吾洲有木奴千頭不責衣食歲絹千疋後柑成果如其言

上澧州春秋戰國皆屬楚秦屬黔中郡二漢屬武陵郡吳孫休永安六年分置天門郡晉宋以後因之隋平陳郡廢置松州尋改為澧州大業初置澧陽郡唐武德四年平蕭銑置澧州天寶元年曰澧陽郡 皇朝因之今縣四

望澧陽縣晉太康四年置屬天門郡宋因之後省焉隋復置及置澧州大業初置澧陽郡唐爲澧州有大浮山崇山昔舜放驩兜於此有澧水涔水涔東南流入澧

中下安鄉縣東漢作唐縣地後置安鄉縣隋屬澧州唐因之作唐縣東漢分孱陵置屬武陵郡晉置南平郡宋齊梁陳皆因之隋開皇中郡廢改作唐爲孱陵屬澧州唐正觀元年省入安鄉亦漢壽縣地有澧水澹水按水經注澧水東逕安南縣南澹水注之水上承澧水於作唐東逕其縣北又東注于澧謂之澹口龍王仲宣詩所謂悠悠澹澧是也

中下石門縣漢零陽縣地吳時武陵充縣於梁山有石洞開廣數十丈其高似弩仰射不至名曰天門孫休以爲佳祥置天門郡於此晉宋齊梁陳皆因之隋開皇中郡廢置石門縣屬澧州唐因之有層山水經注所謂澧水東歷層步山是也有

澧水溹水水東注澧水謂之溹口
下慈利縣二漢零陵縣屬武陵郡晋宋屬天門郡後省隋開皇
中復置屬澧州十八年改曰慈利唐因之亦漢充縣地吴置
晋宋屬天門郡後省亦崇義縣地後周置衡州隋開皇中置
縣十八年改州曰崇州大業初州廢屬澧陽郡唐屬澧州麟
德元年省入慈利有九度山澧水
中峽州春秋戰國屬楚秦二漢屬南郡魏武平荆州分置臨江
郡劉備改爲宜都郡吴晋宋齊梁皆因之兼置宜州西魏改曰
拓州後周改曰硤州隋開皇七年郡廢大業初州廢置夷陵郡
唐武德二年復爲硤州天寶元年曰夷陵郡　皇朝因之今
縣四
中夷陵縣夷山在西北縣以爲名秦令白起伐楚三戰而燒夷
陵即此二漢屬南郡建安十五年劉備以屬宜都郡吴黄武

元年改曰西陵以爲重鎮郡城陸坑所築也晉太康元年復
故名宋齊梁陳皆因之隋置夷陵郡唐置硤州巴山塞本巴
山縣隋分長陽置屬清江郡後省唐武德四年復置屬睦州
八年屬東松州正觀元年屬硤州天寶八載省入長陽五代
時復置　皇朝開寶八年省入夷陵有西陵山虎牙山石
壁色紅間有白文類牙形焉有黃牛硤南岸高崖間有色如
人牽牛狀人黑牛黃此巖既高加以江湍紆迴行者謡曰朝
發黃牛暮宿黃牛三朝三暮黃牛如故
中宜都縣二漢夷道縣地屬南郡劉備置宜都郡晉宋齊梁皆
因之又析夷道置宜昌縣隋開皇七年郡廢宜昌屬江陵府
大業初夷道屬夷陵郡唐武德二年改宜昌爲宜都以宜都
及夷道置江州六年曰東松州正觀元年州廢省夷道入宜
都來屬有荆門山上合下開通徹山南有門象焉大江東歷

荆門虎牙二山之間荆門在南虎牙在北爲楚之西塞故郭璞江賦曰虎牙桀豎以屹崒荆門闕竦而盤薄圓淵九回以高騰溢流雷呴而電激也東漢建武中岑彭擊荆門破公孫述將任滿田戎於此有勾將山夷水自施州東北流至縣北注大江即清江水也

中下長陽縣本佷山漢屬武陵郡東漢屬南郡晉屬宜都郡太康元年改爲興山後復故宋因之後改爲長陽隋屬江陵府唐武德四年置睦州八年州廢屬東松州貞觀元年州廢來屬故鹽水縣後周置及立亭州資曰郡隋開皇初郡廢大業初改州爲庸州又廢爲清江郡後郡從而縣省唐武德四年復置屬睦州八年省入長陽昔巴蠻廩君乘土船從夷水下至鹽陽射殺神女又下及夷城而居之蓋此地也有佷山出藥草恒山世以銀爲音有長陽溪出射堂村東六七里谷中

有石穴清泉濆流三十許步後入穴其水重源顯發北流注于夷水

中下遠安縣本東晉沮陽縣地義熙初分置高安縣及文陽郡後周改縣曰遠安隋開皇七年郡廢屬峽州唐因之有沮水東南流逕當陽枝江縣入于江謂之沮口

輿地廣記卷第二十七

輿地廣記卷第二十八

荆湖北路下

下岳州古三苗國地春秋戰國屬楚秦屬長沙郡二漢因之晉元康元年置建昌郡咸康元年省宋元嘉十六年置巴陵郡齊梁陳皆因之梁兼置巴州隋平陳郡廢改州爲岳州大業初改曰羅州復置巴陵郡唐武德四年平蕭銑置巴州六年改爲岳州天寶元年曰巴陵郡　皇朝因之今縣五

上巴陵縣二漢下雋縣地吳爲巴丘邸閣晉太康元年置巴陵縣屬長沙郡宋爲巴陵郡梁爲巴州隋改爲岳州唐因之吳使魯肅萬彧東晉使陶侃皆守巴陵以爲重鎮有大江洞庭湖有資水沅水澧水湘水同注洞庭地會大江名之五渚戰國策云秦與荆戰大破之取洞庭五渚謂此地湖水圍廣五百餘里日月若出沒於其地有君山艑山君山即湘山也以

湘君之所遊處因曰君山有一石穴與太湖之苞山潛通故太
胡亦有洞庭山君山東北對艑山兩山相次去數十里回峙
相望孤影若浮有青草湖
望華容縣漢孱陵縣地晉武帝太康□立入南縣屬安南郡宋因之
隋開皇十八年改曰華容屬岳州唐因之垂拱二年更名容
城神龍元年復故有方臺山赤亭湖近湖有赤亭城梁元帝
使胡僧祐陸法和等據赤亭擊破侯景軍擒其將任約即此
上平江縣本漢昌縣地東漢置吳曰吳昌晉宋因之屬長沙郡
隋平陳省入羅唐省羅入湘陰神龍三年分湘陰置昌江縣
屬岳州後唐改曰平江有汨水西至湘陰入湘有廬水
中臨湘縣本巴陵縣之王朝場 皇朝淳化四年升為王朝
縣至道二年改為臨湘有陵城山大江
中沅江縣漢益陽縣地梁置樂山郡及樂山縣隋平陳郡廢改

縣曰安樂屬岳州十八年改曰沅江唐因之乾寧中改曰橋江五代時屬朗州　皇朝乾德元年復曰沅江來屬有楓山沅水

下歸州春秋爲夔子國楚人滅之及戰國皆屬楚秦屬南郡二漢因之吳永安三年置建平郡晉亦爲建平郡宋因之後周置秭歸郡隋開皇初郡廢屬信州大業初屬巴東郡唐武德二年分夔州置歸州天寶九年曰巴東郡　皇朝因之今縣三

下秭歸縣故夔子國其先熊摯本楚之嫡嗣以疾不立而封於夔春秋時夔子不祀祝融與鬻熊曰我先君有疾鬼神弗赦而自竄於夔我是以失楚又何祀焉楚人滅之二漢爲秭歸縣屬南郡晉宋屬建平郡其地險固孫皓末晉將王濬自蜀沿江伐吳吳守將吾彥表謂皓曰增建平兵若建平不下晉師終不敢過皓不從即秭歸縣縣分後周置秭歸郡隋郡廢屬

信州唐置歸州縣東南有丹陽城周成王封楚子熊繹始居於此後徙都枝江亦曰丹陽縣北一百餘里有楚大夫屈原故宅今名樂平里原既被流放忽然暫歸有賢姊曰女須亦歸喻令自寬離騷所謂女須之嬋媛兮申申其詈予也袁山松以為秭歸之名始於此而酈道元引樂緯云昔歸典聲律宋忠注云歸即夔也則知古人通音同字不必因屈原也有空舲峽大江

下巴東縣漢巫陽縣地宋有歸鄉縣屬建平郡初在秭歸之東後徙置於此梁置信陵郡後周郡廢改歸鄉曰樂鄉隋開皇末又改曰巴東屬信州唐武德二年來屬有石門山在大江北岸洞達東西劉備為陸遜所破走逕北門追者甚急踰山越險僅乃得免遂發憤而薨

下興山縣吳置屬建平郡晉因之宋省焉唐武德三年析秭歸

復置屬歸州　皇朝熙寧五年省入秭歸後復置有古夔子城有昭君村漢宮女王嬙此鄉人也

下辰州古蠻夷地春秋戰國屬楚秦昭襄王三十年取楚巫黔及江南地置黔中郡漢高帝二年改爲義陵郡在辰陽縣界與蠻夷相接數爲所攻破光武時郡治東徙臨沅遂改爲武陵郡而以此地屬焉晉宋齊因之梁置沅陵郡隋平陳郡廢置辰州大業初州廢復沅陵郡唐武德四年平蕭銑置辰州天寶元年曰盧溪郡　皇朝因之今縣四

中沅陵縣二漢晉宋齊皆屬武陵郡梁置沅陵郡隋置辰州唐因之縣東有壺頭山高一百里周廣三百里東漢馬援征蠻從壺頭進軍遇瘴沒於此有小酉山沅水西溪其水東南注于沅　渭之酉口

中下溆浦縣本漢義陵縣屬武陵郡東漢省之唐武德五年分

辰溪置漵浦縣屬辰州有漵溪其水出鄜梁山西北注于沅

楚詞所謂入漵浦余儃迴兮迷不知吾之所如即此水也最

爲沃壤特宜稻焉其城則劉[illegible]所築

下辰溪縣二漢辰陽縣屬武陵郡晉省之宋復置屬武陵隋平

陳改曰辰溪屬充州大業初州廢屬沅陵郡唐屬辰州有五

城山辰溪縣治舊在辰水之北楚詞所謂夕宿辰陽是也

下盧溪縣本沅陵縣地唐武德三年析置盧溪縣屬辰州有武

山武溪所出東南流注于沅水源石上有盤瓠跡猶存盤瓠

者高辛氏之狗嚙犬戎吴將軍頭致於闕下帝妻以少女磐

瓠負女入南山上石室中生六男六女自相夫妻後遂滋蔓

今五溪蠻夷即其種也

下沅州古蠻夷地春秋戰國皆屬楚秦屬黔中郡二漢晉宋屬

武陵郡梁陳屬沅陵郡隋屬辰州唐正觀八年以辰州之龍標

縣置巫州天授二年曰沅州開元十三年以沅原聲相近復曰
巫州天寶二年曰潭陽郡大曆五年改爲敘州唐末沒于溪洞
皇朝熙寧七年收復置沅州兼得錦獎二州之地今縣三
下盧陽縣本漢無陽縣地屬武陵郡東漢省之晉宋爲舞陽後
省梁置龍標縣屬沅陵郡隋屬辰州唐析龍標置潭陽縣屬
敘州　皇朝熙寧七年以其地置盧陽縣爲沅州治焉鎮一
江鋪本龍標縣地唐置敘州熙寧五年以其地置寨元豐三
年廢爲鋪龍門鋪本龍門縣地唐垂拱四年析麻陽置屬辰
州尋省熙寧七年以其地置鋪獎州鋪唐獎州地也
下麻陽縣唐武德三年分沅陵辰溪置屬辰州熙寧七年來屬
唐招諭縣垂拱三年置屬錦州後省　皇朝太平興國七
年析麻陽復置屬辰州熙寧七年來屬八年省入麻陽故錦
州寨唐錦州地也有辰山辰溪

下黔陽縣太鐔城縣地二漢及晉屬武陵郡宋省焉唐正觀八年置朗溪縣屬叙州後置黔江城　皇朝元豐三年升爲黔陽縣有若岑霄山七寶山沅水舞水

下靖州古蠻夷地唐爲溪洞誠州　皇朝熙寧九年收復仍置元祐二年廢爲渠陽軍三年廢爲寨屬沅州紹聖中復置誠州崇寧二年改爲靖州今縣三

下永平縣本沅州貫保寨地　皇朝元豐六年置渠陽縣爲誠州治崇寧二年改爲永平有勝山渠河

會同縣本三江崇寧二年改名

通道縣本羅蒙崇寧二年改名

同下州漢陽軍春秋屬鄖後又戰國屬楚秦屬南郡江漢屬江夏郡晉宋齊因之梁屬沔陽郡後周屬復州隋屬沔州州廢屬沔陽郡唐武德四年平朱粲置沔州建中二年州廢四年復置

寶曆二年州又廢屬鄂州周置漢陽軍　皇朝因之熙寧四年軍廢屬鄂州元祐元年復置今縣二

望漢陽縣本安陸縣地二漢及晉屬江夏郡東晉置沌陽縣宋因之後省隋開皇十七年置漢津縣屬復州大業初改曰漢陽唐屬沔州州廢屬鄂州周置漢陽軍　皇朝因之有魯山大江漢水沌水灄水漢入江處謂之沔口漢末魏及吳人皆以爲重鎮禹貢漢水至于大別南入于江今縣蓋古大別之地也

下漢川縣本安陸縣地梁置梁安郡西魏改曰魏安郡尋改曰汊川郡隋開皇初郡廢唐武德四年析漢陽置汊川縣屬沔州州廢屬鄂州周屬安州　皇朝太平興國二年改曰漢川屬漢陽軍亦周隋甑山縣地

同下州荆門軍五代以前地理與江陵府同　皇朝開寶五

年置荆門軍熙寧六年廢元祐元年復置今縣二
中長林縣本編縣地二漢晋宋皆屬南郡後廢焉而置長林長寧二縣隋開皇十一年省長林入長寧十八年改長寧曰長林屬江陵府唐武德四年於縣東北置基州及章山縣七年州廢以章山隷郢州郢州廢來屬八年省入長林正元二十一年析置荆門縣後省 皇朝置荆門軍軍廢屬江陵府後復置皆爲軍治有章山禹貢所謂内方也有漢水漳水漕河
下當陽縣二漢晋宋齊梁屬南郡後周置平州屬梁蕃隋開皇七年改爲玉州九年州廢屬江陵府梁又置安居縣十八年改曰昭丘大業初改曰荆臺尋省入當陽唐武德四年復置平州六年改曰玉州八年州廢屬荆州 皇朝置荆門軍初治此後徙治長林軍廢屬江陵府後復置來屬二漢臨沮

縣屬南郡晉屬襄陽郡宋復屬南郡後省唐武德四年析當陽復置屬蜀平州八年省入當陽縣有綠林山在縣東即所謂當陽長阪也曹公追劉備而張飛横矛拒之於此有麦城関羽保麦城詐降而遁焉為潘璋所斬有沮水漳水皆東南流入于江而麦城在二水間王粲於此登樓而賦之曰夾清漳之通浦倚曲沮之長洲是也

荆湖北路化外州

下錦州歷代地理與辰州同唐垂拱二年析辰州麻陽縣地及開山洞置錦州天寶元年曰盧陽郡統縣五

中下盧陽縣　中下渭陽縣

中下招諭縣今省入沅州麻陽

中下常豐縣本萬安縣天寶元年更名

中下洛浦縣天授二年析辰州之大鄉置屬溪州後來屬

下獎州歷代地理與辰州同唐天授二年析沅州之夜郎渭溪二縣置舞州開元十三年以舞武聲相近更名鶴州二十年曰業州天寶元年曰龍溪郡大曆五年改爲獎州統縣三

中下峩山縣本夜郎天寶元年更名

中下渭溪縣天授二年析夜郎置

中下梓薑縣本屬充州天寶三年廢爲羈縻州以縣來屬

下溪州歷代地理與辰州同唐天授二年析辰州之大鄉置天寶元年曰靈溪郡統縣二

上大鄉縣漢沅陵零陽二縣地屬武陵郡梁置大鄉縣屬沅陵郡隋屬辰州唐置溪州以五溪相會此地故以爲名

中下三亭縣正觀九年析大鄉置有黔山大酉山

輿地廣記卷第二十八

輿地廣記卷第二十九

成都府路上

次府成都府自三代以前爲蜀國其君曰蠶叢曰伯雍曰魚鳧曰杜宇曰開明相繼王之周武王伐商蜀人從焉牧誓所謂庸蜀是也秦惠王時巴蜀相攻惠王乃使張儀司馬錯等伐蜀取之置蜀郡西漢因之蜀王本治廣都樊鄉儀既平蜀乃自赤里街移治於少城儀所築也謂之龜城至昭王時李冰爲蜀守穿二江行成都中以灌漑圡田蜀由此爲沃野蜀人始未知學漢景帝時文翁爲蜀守乃立學官教民以經術文藝於是蜀之學者比齊魯焉武帝置益州以統之王莽敗公孫述據蜀光武遣吳漢討平之亦爲蜀郡東漢末劉焉爲益州牧始自廣漢之雒移治於成都其子璋爲劉備所并據其地魏咸熙中遣鄧艾伐取之晉武帝改爲成都國尋復置蜀郡兼爲益州刺史治惠帝

之末李特僭號於蜀後桓溫滅之其地復爲晉有安帝時譙縱又竊據之爲宋齡石所滅宋齊梁皆因晉舊後周令尉遲迥克而有之州郡復因梁焉隋開皇初郡廢大業初復置唐武德初改爲益州天寶元年又改爲蜀郡十五載明皇幸蜀駐蹕成都至德二年駕迴秦京乃改蜀郡爲成都府又分爲劍南西川節度唐末王建據之而滅於後唐孟知祥又據之 皇朝乾德三年王師克蜀太平興國六年降爲益州端拱元年復升成都府劍南西川淳化五年復爲益州嘉祐四年復升爲府六年復爲劍南西川今縣九

次赤成都縣在府西古蜀國也秦既平蜀張儀築成都以象咸陽爲蜀郡治西漢因之漢末又爲益州刺史治焉晉宋齊梁陳皆因之唐爲成都府治成都舊畐謂之錦官城言官之所織錦也亦猶合浦之珠官云又或名之曰錦里城北有升僊橋

蜀人司馬相如將入長安題其柱曰不乘高車駟馬不過汝下後奉使歸蜀果如志焉李冰沿水造橋上應七星曰沖理橋曰市橋曰江橋曰萬里橋曰笮橋曰求平橋曰長升橋吳漢伐公孫述光武謂漢曰安軍宜在七星間蓋謂是也洫江鎮以洫水之所經爲名禹貢言岷山導江東別爲沱而爾雅亦言江有沱凡江之別出者皆曰沱非獨此有之故禹治水於荊州之域亦曰浮于江沱潛漢也武擔山蜀王紀云武都山精化爲女子蜀王納以爲妃妃死王憐之令五丁力士擔土於成都爲冢以葬妃故曰武擔今山上有石照存焉

次赤華陽縣在府東七成都縣地唐正觀十七年析置蜀縣乾元元年更名華陽昔人論蜀之繁富曰地稱天府原號華陽故晉常璩作蜀書謂之華陽國志縣之得名實基諸此府學有石室漢蜀守文翁興學後人作石室以奉祠之

次畿新都縣漢舊縣也故城在今縣東屬廣漢郡晉置新都郡於雒而以縣屬焉隋開皇十八年改新都縣曰興樂大業初省興樂入成都唐武德二年復置新都縣屬益州

次畿郫縣漢舊縣也故城在今縣北屬蜀郡晉宋齊梁周隋皆因之唐屬益州蜀王杜宇號曰望帝都郫有墓在焉犀浦鎮本成都縣地唐垂拱二年析置犀浦縣屬益州秦時李冰作石犀五以厭水精穿石犀渠於南江命之曰犀牛里縣取此以爲名耳不在其地也　皇朝熙寧五年省爲鎮入郫縣

次畿雙流縣本漢廣都縣後置寧蜀郡後周郡廢屬蜀郡隋仁壽元年以太子名廣故改曰雙流唐屬益州秦時李冰穿二江行成都中故左思蜀都賦云帶二江之雙流梗外江在今羅城之南笮橋下內江在今子城之南衆安橋下自唐乾符中高駢築羅城遂作糜棗堰轉內江水從城北流又屈而南

與外江水合故今子城之南不復成江然則二江雙流未嘗歷此縣之境特取蜀中事而名之耳

次畿溫江縣本郫縣地西魏析置溫江縣隋開皇初省入郫仁壽初復置万春縣大業初又省唐武德三年復置萬春縣屬益州正觀元年更名溫江有新源水開元二十三年長史章仇兼瓊因蜀王秀故源而開之以漕西山竹木

次畿新繁縣漢曰繁縣屬蜀郡晉因之唐爲新繁屬益州

次畿廣都縣本漢廣都縣地隋既改廣都曰雙流唐龍朔二年又析雙流置廣都縣屬益州

次畿靈泉縣本漢成都縣地唐久視元年析蜀縣置東陽縣屬益州天寶元年更名靈池　皇朝天聖四年改曰靈泉

上眉州春秋屬蜀漢屬犍爲郡晉宋皆因之齊置齊通郡梁及後周皆因之隋開皇初廢齊通入眉山郡唐武德二年析嘉州

置眉州天寶元年改爲通義郡後復爲眉州 皇朝因之統
縣四
望眉山縣本漢武陽縣地後分置齊通縣爲齊通郡治梁及後
周皆因之隋開皇初郡廢改齊通曰廣通仁壽元年改爲通
義唐置眉州 皇朝太平興國元年改爲眉山按西魏置
眉州隋罷眉山郡皆在今嘉州其後州縣之名遷於此耳
望彭山縣本漢武陽縣屬犍爲郡東漢爲郡治晉因之後郡
遷于僰道乃改武陽爲犍爲縣置江州西魏改縣曰隆山以
縣有鼎鼻山地形隆起故也後周省州置隆山郡隋開皇初
屬陵州唐貞觀元年省自隆山入通義二年復置來屬先天元
年改爲彭山取彭女山爲名古有彭亡聚相傳彭祖亡於此後
漢岑彭伐公孫述次其地惡之會夜不及徙營果爲述刺客
所殺黄龍鎮在赤水口漢末黄龍見于武陽赤水劉先主以

爲受命之祥
望丹稜縣南齊置齊樂縣後周因之隋開皇初改曰丹稜屬嘉州唐武德二年來屬
望青神縣本漢南安縣地後周置青神縣及青神郡隋開皇初郡廢屬嘉州唐武德二年來屬舊治思濛水口八年移於今治昔蠶叢氏衣青衣以勸農桑縣蓋取此爲名
緊蜀州秦二漢屬蜀郡晉永和中桓溫平蜀置晉原郡宋齊屬晉康郡後周廢隋屬蜀郡唐垂拱二年析置蜀州天寶元年曰唐安郡　皇朝因之今縣四
望晉原縣本漢江原縣屬蜀郡李雄據蜀置江原郡桓溫克之置晉原郡縣爲多融後周郡廢改縣爲晉原隋屬蜀郡唐垂拱二年置蜀州
望新津縣本漢武陽縣地後周置新津縣以爲犍爲郡治焉隋

開皇初郡廢屬蜀郡唐垂拱二年來屬有天社山通濟堰自邛江口引渠南下百二十里至眉州西南入江溉田千六百頃唐開元二十八年採訪使章仇兼瓊開

望江原縣本漢江原縣地後魏置蘇通縣大業初省入新津唐武德二年復置唐隆縣屬益州垂拱二年來屬長壽二年改曰武隆神龍元年復曰唐隆先天元年更名唐安後又曰唐興 皇朝開寶四年改唐興曰江原

望永康縣本青城縣之掛瀘鎮孟蜀廣政中置永康縣屬蜀州有天國山

緊彭州秦二漢及晉屬蜀郡桓溫平蜀置寍蜀郡梁置東益州西魏置天水郡後周州廢置九隴郡隋開皇初郡廢仁壽初置濛州大業初州廢屬蜀郡唐武德三年復置濛州正觀三年又廢垂拱二年置彭州以天彭山為名漢湔氐道有天彭山兩山

相對其形如闕謂之天彭門亦曰天彭闕江水逕其間今在茂
州特取其名耳天寶元年曰濛陽郡　皇朝因之今縣三
望九隴縣本漢繁縣地晉置晉壽縣後周改為九隴及置九隴
郡隋屬蜀郡唐置彭州武后時益州長史劉易從決唐昌沲
江鑿川派流合堋口埌岐水溉九隴唐昌田民為立祠有九
隴山
望崇寧縣唐儀鳳二年析九隴導江郫縣置唐昌縣屬益州垂
拱二年來屬長壽二年改為周昌神龍初復故名　皇朝
開寶四年改為永昌崇寧中改為崇寧
望濛陽縣唐儀鳳二年析九隴什邡雒縣置屬益州垂拱二年
來屬有濛水
上綿州秦屬蜀郡漢屬廣漢郡晉宋齊屬梓潼郡後置巴西郡
西魏兼置潼州隋開皇初郡廢改潼州曰綿州以綿水為名大

業初州廢置金山郡唐武德元年復爲綿州天寶元年曰巴西

郡　云郪國之今　縣八

望巴西縣本漢涪縣屬廣漢郡後漢伐公孫述裨將臧宮進破

涪城斬公孫恢即此西魏改涪曰巴西隋置金山郡唐置綿

州有涪水

望彰明縣本漢涪縣地後置漢昌縣西魏改爲昌隆隋屬金山

郡唐屬綿州先天元年改曰昌明後唐改曰彰明有涪水有

唐李白碑白之先世嘗流巂州其後內移白生於此縣

緊魏城縣本漢涪縣地西魏置隋屬金山郡唐屬綿州

緊羅江縣本漢涪縣地後置潺亭縣西魏改爲萬安及置萬安

郡隋開皇初郡廢屬金山郡唐屬綿州天寶元年改爲羅江

桉水經注潺水出潺山水源有金銀歷潺亭而下注涪水今

羅江即古之潺亭則羅江水亦古所謂潺水歟有羅璝花江

因以爲名

上神泉縣本漢涪縣地後置西充國隋開皇十六年改曰神泉以縣西有泉能愈疾故也屬蜀金山郡唐屬綿州有綿水

上龍安縣本金山縣後周置隋屬蜀金山郡唐屬綿州武德三年更名龍安有龍安山西北有松嶺關西昌鎮本益昌縣隋開皇四年省入金山唐永淳元年復置西昌縣屬綿州

皇朝熙寧五年省爲鎮入龍安

中鹽泉縣唐武德三年析魏城置屬綿州有梓潼水

下石泉縣本漢廣柔縣地屬蜀郡隋爲汶山縣地屬汶山郡唐正觀八年析置石泉縣屬茂州　皇朝熙寧九年來屬有石紐山禹之所生也華陽國志云夷人營其地方百里不敢居牧畏禹神靈也

上漢州秦屬蜀郡漢屬廣漢郡東漢爲郡治兼爲益州刺史治

焉晉置新都郡宋齊爲廣漢晉熙二郡隋開皇初郡廢屬蜀郡
唐垂拱二年分置漢州天寶元年爲德陽郡　皇朝因之今
縣四
上雒縣漢屬廣漢郡東漢爲益州刺史治至劉焉乃徙治成都
晉置新都郡宋齊爲廣漢郡隋屬蜀郡唐置漢州洛水出章
山南逕雒縣因取名焉劉備自涪攻雒龐士元中流矢死於
此有嚴君平卜臺
望什邡縣漢屬廣漢郡高帝封雍齒爲侯國晉屬新都郡後周
置曰方寧隋省之唐武德二年析雒縣復置什邡屬漢州有
洛通山即古章山也洛水所出
望綿竹縣漢屬廣漢郡故城在縣東晉屬新都郡後置晉熙郡
隋開皇初郡廢爲晉熙縣十八年改曰孝水大業三年復曰
綿竹唐武德三年屬濛州正觀二年州廢屬益州垂拱二年

求屬有紫巖山綿水所出者，泉鎮東漢姜詩所居詩至孝母

好飲江水嗜魚膾舍側忽有酒泉常出雙鯉

望德陽縣本綿竹縣地東漢折置屬廣漢郡晉因之後周廢焉

唐武德三年分雒縣復置屬益州垂拱二年來屬魏將鄧艾

自油江出綿竹破蜀將諸葛瞻於此因築京觀有鹿頭關唐

高崇文破劉闢守兵於此有劍閣道三十里至險

上嘉州秦屬蜀郡二漢屬犍爲郡晉宋齊梁皆因之西魏置眉

州以峩眉山爲名後周改曰青州取青衣水爲名後又改曰嘉

州取漢嘉郡爲名隋大業初置眉山郡唐武德元年復曰嘉州

天寶元年曰犍爲郡　皇朝因之今縣五

上龍游縣本漢南安縣初屬蜀郡故鄧通在文帝皇帝時特郡其

傳云蜀郡南安人也武帝平夜郎置犍爲郡乃以南安爲之

屬縣焉東漢以後皆因之後周置峨眉縣隋開皇九年改曰

青衣隋軍伐陳有龍見于江引舟而進十年改曰龍遊隸屬嘉州自西魏以來置眉州青州嘉州眉山郡皆治此漢之青衣本屬蜀郡其地於今為雅之盧山名山公孫述據蜀青衣不賓光武嘉之陽嘉二年改曰漢嘉劉先主因置漢嘉郡領漢嘉徙陽嚴道旄牛四縣實今之雅州盧山名山地也青衣水出盧山徼外東南流逕嚴道洪雅夾江至龍遊而與岷江合龍遊居青衣水口有青水山青衣津故前世於是置青州嘉州不知龍遊乃南安故地非青衣漢嘉本土也唐顏師古注漢書占越傳杜佑述通典嘉州事皆以龍遊為青衣蓋失之矣平羌鎮本漢南安縣地後周置平羌縣及平羌郡隋開皇初郡廢屬眉山郡　皇朝熙寧五年省入龍遊有熊耳峽諸葛忠武鑿山開道蓋今淵漫峽大

上洪雅縣後周洪雅鎮隋開皇十三年置縣屬眉山郡唐武德

元年置犍州正觀元年州廢屬眉州開元七年置義州辛以
獠戶置南安平鄉二縣八年州廢省二縣以洪雅屬眉州
　皇朝淳化四年來屬
中夾江縣本漢南安縣地隋開皇三年析龍遊平羌置屬眉山
郡唐屬嘉州舊治涇上武德元年移於今治
中峨眉縣本漢南安縣地隋開皇十三年置屬眉山郡唐屬嘉州
有峩眉山大渡河綏山鎮隋招致生獠於滎樂城置綏山縣
取旁山以為名唐屬嘉州　皇朝乾德四年省入峨眉
下犍為縣本武陽縣後周置隋開皇初改曰犍為屬戎州唐上
元元年來屬其後遂以嘉州為犍為郡按漢武帝開夜郎置
犍為郡因山立名初治鼈縣其地蓋在今瀘南徼外後徙治
僰道今戎州是也東漢及晉徙治武陽今眉州彭山是也始
雖因平夜郎以置犍為然郡之北境大半本巴蜀舊縣如南

安武陽牛鞞資中江陽僰道是也而漢史地理志夜郎縣乃
屬牂柯郡則知今嘉州非夜郎故地夜郎蓋於今為珍播等
州人徒見嘉州號犍為郡及領犍為縣遂以為本夜郎國杜
佑述通典亦承誤焉郡之東山有大石雙峙說者以為唐家
開夜郎立此石闕以表之柳又妄矣

上邛州秦屬蜀郡二漢及晉皆因之宋齊屬晉康郡梁置邛州
西魏因之又置臨邛郡隋開皇初郡廢大業初州廢屬臨邛郡
唐武德元年置邛州天寶元年曰臨邛郡今縣六
皇臨邛縣漢晉屬蜀郡西魏置臨邛郡隋開皇初郡廢唐顯慶
二年邛州自依政徙治焉漢司馬相如酤酒令文君當壚相
如滌器於市中即此臨溪鎮本臨邛縣地西魏分置臨溪縣
隋省之唐復置屬邛州　皇朝熙寧五年省入臨邛
望依政縣本臨邛縣地梁置邛州西魏因之又置依政縣隋大業

邛州廢唐初邛州治此後徙治臨邛

望安仁縣唐武德三年析臨邛依政置屬邛州正觀十七年省

咸亨元年復置有斜江水

望大邑縣唐咸亨二年析益州之晉原置屬邛州有鶴鳴山後

漢張道陵隱居于此著作符書有斜江水

上蒲江縣本臨邛縣地西魏置廣定縣及蒲原郡隋開皇初郡

廢仁壽初改廣定曰蒲江屬臨邛郡唐曰蒲江屬邛州有蒲

江水

中火井縣本臨邛縣地後周置火井鎮隋末升為縣唐屬邛州

有火井舊說云欲出其火先以家火投之須臾隆隆如雷聲

爓然通天光曜十里左思蜀都賦云火井沉熒於幽泉高焰

飛煽於天垂今無復見矣有邛池李膺記曰臨邛老姥得水

蛇飼之漸長丈餘後姥為令所殺蛇見夢於令曰我當報仇

是夜四十里俱陷爲湖桉陷池在邛都今爲化外巂州非臨

邛也

輿地廣記卷第二十九

輿地廣記卷第三十

成都府路下

上黎州漢屬蜀郡越嶲二郡晉時李特據蜀置漢源郡後周置黎州隋仁壽初置登州大業初州廢唐武德元年復置九年又廢大足元年置黎州神龍三年州廢開元四年復置天寶元年曰洪源郡後曰漢源郡今縣一

下漢源縣本嚴道縣地李特置漢源郡桓温平蜀廢之隋大業初置漢源縣屬臨邛郡唐武德四年置登州九年州廢屬嶲州正觀二年屬嶲州永徽三年復故大足元年置黎州取古沉黎郡爲名有邛崍山折坂漢王陽爲益州刺史行部至此嘆曰奉先人遺體奈何數乘此險後王尊爲刺史至坂叱其馭曰驅之王陽爲孝子王尊爲忠臣漢源鎮本縣所治後徙治於州郭而以故縣爲鎮通望鎮本陽山縣唐武德元年析

巂州之臺登置屬登州九年州廢屬雅州正觀二年屬巂州大足元年屬黎州天寶元年改曰通望　皇朝熙寧七年省入漢源故飛越縣唐儀鳳二年析漢源置以飛越山爲名初屬雅州後屬黎州五代之際省入漢源按沉黎郡本莋都地漢武帝開之置郡既而罷之李特據蜀復置沉黎郡桓溫平蜀廢宋齊以來復置之後周置黎州及沉黎郡尋並廢隋開皇初置沉黎縣仁壽初置登州大業初州廢後縣亦省其地在今化外巂州之域所謂古沉黎城是也

上雅州秦屬蜀郡西漢同之東漢爲蜀郡屬蜀國劉備置漢嘉郡晉因之永嘉後亂離此地蕪廢西魏開生獠置蒙山郡隋初郡廢置雅州煬帝初州廢置臨邛郡唐復曰雅州天寶元年曰盧山郡今縣五

中嚴道縣漢屬蜀郡漢制縣有蠻夷曰道晉屬漢嘉郡西魏置

始陽縣及蒙山郡隋開皇初郡廢十三年改始陽曰蒙山尋
置雅州大業初置臨邛郡改蒙山縣曰嚴道唐復曰雅州有
蔡山禹貢所謂蔡蒙旅平是也今日周公山始陽鎮本漢徙
縣屬蜀蜀郡晉曰徙陽屬蜀漢嘉郡西魏曰始陽唐以爲鎮
上盧江縣本漢青衣縣地屬蜀郡隋置盧山鎮仁壽末升爲縣
屬蜀臨邛郡唐屬雅州儀鳳二年析置大渡縣長安二年省靈
關寨本漢靈關道屬越嶲郡後廢唐初置靈關縣武德六年
省晉左思蜀都賦云廓靈關而爲門謂此也
中名山縣本漢青衣縣地西魏置蒙山縣隋開皇十三年改始
陽曰蒙山而改蒙山曰名山屬臨邛郡唐屬蜀雅州漢彭越徙
蜀青衣蓋在此也有禹貢蒙山
中百丈縣唐武德中置百丈鎮貞觀八年升爲縣屬蜀雅州有百
文山

中下榮經縣本嚴道縣地晉屬蜀漢嘉郡唐武德三年置榮經縣屬雅州有邛峽山漢淮南厲王徙嚴道邛郵即此有故銅山漢文帝賜鄧通嚴道銅山得自鑄錢蓋此山也

上茂州本冉駹國漢武帝開其地置文山郡尋罷屬蜀郡東漢靈帝時復置汶山郡晉宋齊皆因之梁置繩州及北部郡後周改繩州曰汶州隋初郡廢改汶州爲蜀州尋改曰會州大業初州廢復置汶山郡唐武德元年復曰會州四年曰南會州貞觀八年更名茂州取茂濕山爲名天寶元年曰通化郡今縣二

下汶山縣本漢汶江湔氐三縣地文山郡治焉故城在今縣北二里郡罷屬蜀郡後復置汶山郡及汶山縣晉因之宋曰廣陽縣梁置北部郡開皇初郡廢屬蜀會州仁壽元年復改廣陽曰汶山唐置茂州禹貢岷山在西北俗謂之鐵豹嶺禹之導江發跡於此河圖括地象曰岷山之精上爲井絡帝以會昌

神以建福故泉流深遠爲四瀆之首
下汶川縣本漢綿虒廣柔二縣地初屬汶山郡尋屬蜀郡晉屬
汶山郡後周置汶川縣及汶山郡隋開皇初郡廢屬會州唐
屬茂州　皇朝熙寧九年即縣治置威戎軍使有玉壘山
與道江相連湔水所出
下簡州秦屬蜀郡漢屬犍爲郡東漢及晉皆因之宋齊屬蜀郡
西魏置資州及武康郡後周移州治資中隋置簡州以賴簡池
爲名煬帝初州廢併其地入蜀郡唐武德三年復置簡州天寶
元年曰陽安郡今縣二
上陽安縣本漢牛鞞縣屬犍爲郡東漢及晉皆因之西魏改牛
鞞爲陽安置武康郡隋開皇初郡廢仁壽初置簡州大業初
州廢唐復置
中平泉縣本漢牛鞞縣地西魏置婆閏縣隋開皇十八年更名

屬蜀郡唐屬簡州貴平鎮本漢廣都縣地西魏置貴平縣及和仁郡隋開皇初郡廢屬陵州唐因之　皇朝熙寧五年省入平泉

下威州　蓋古冉駹國漢武帝開之屬文山郡蜀劉禅時姜維馬忠等討汶山叛羌即此地也唐武德七年白狗羌降附乃於姜維故城置維州領金山定廉二縣正觀元年羌叛州縣俱罷二年復立維州移治於姜維城東麟德二年自覊縻州為正州天寶元年曰維川郡廣德元年沒吐蕃初吐蕃已陷河西龍右更欲圖蜀川累攻維州不下乃以婦人嫁維州門者二十年中生二子及蕃兵攻城二子內應城遂陷吐蕃得之號無憂城韋皋在蜀收復不克大和中守將悉怛謀以州歸唐李德裕受之而為牛僧孺所沮復棄其地大中三年杜悰鎮蜀吐蕃亂離首領內附乃復屬西川　皇朝景祐三年以京遞發濰州斷獄文

書誤至維州因改曰威州謂唐置此州以威制羌戎故也今縣

二

下保寧縣本薛城隋初蜀師討叛羌以其地置薛城戍大業末没於羌唐武德元年置維州正觀二年自姜維故城徙州治此及置薛城縣後改曰保寧有沱水自霸州悉州流出東逕保寧又東逕祺春又東逕通化又東逕嘉會又東至汶州與大江合

下通化縣本漢廣柔縣地隋開皇初置金川縣仁壽初改曰通化屬汶山郡後廢焉唐咸亨二年以生羌戶置小封縣後復改曰通化屬茂州後屬維州 皇朝天聖元年改曰金川景祐四年復舊治平三年廢縣治置通化軍以縣在保霸二州之間

祺州唐開元二十八年以維州之定廉縣置奉州及雲山郡天

寶八年從治大保軍更郡名曰天保郡廣德元年没吐蕃乾元
元年嗣歸誠王董嘉俊以州來歸更州名保州以嘉俊爲刺史
又更曰古州其後復曰保州領縣四曰定廉本隋定廉鎮後没
於羌武德七年招自狗羌置曰歸順曰雲山皆天寶八年析定
廉置曰安居没蕃後縣皆廢惟首領董氏世襲刺史羈縻於威
州 皇朝政和四年刺史董氏入朝以其地置祺州今縣一
春祺縣本定廉縣地 皇朝政和四年置
亨州漢爲廣柔縣地屬蜀郡晉屬汶山郡唐天寶元年招附生
羌置霸州及靜戎郡領縣四曰安信曰牙利曰保寧曰歸化廣
德元年没吐蕃後縣皆廢首領董氏歸附世襲刺史羈縻於威
州 皇朝政和四年刺史董氏入朝以其地置亨州今縣一
嘉會縣本信安縣地 皇朝政和四年置舊保霸二州在威
州之東名爲羈縻而據吾腹脅不与它等雖受爵命而猶以

蕃夷自待恭順之心未能純壹往往多幸生釁擾攘藉巳與之和好因挾以自重而邀厚賞近緣二酋挈籍自獻於是有詔令建築郡邑置吏以治之無亡矢遺鏃之費而立爲王土民爲王民自茂如威不涉其域有久逸永寧之道焉

同下州永康軍自秦至隋屬蜀郡唐屬蜀彭二州　皇朝乾德四年置永康軍治導江之灌口鎮熙寧五年軍廢元祐初復置今縣二

望導江縣本漢郫綿虒二縣地屬蜀郡蜀置都安縣屬汶山郡後周改都安曰汶山隋改廣陽曰汶山在茂州郡下而此縣廢舊治灌口唐武德元年以其地置盤龍縣尋更名曰導江移於今治屬益州三年屬濛州正觀元年州廢屬益州後改曰灌寧垂拱二年屬彭州開元中復爲導江　皇朝乾德四年來屬治所以灌口爲軍治熙寧五年軍廢復屬彭州元祐

初來屬有王壘山與汶州相連左思蜀都賦所謂包玉壘而
爲宇是也有楷蠶崖關以扼西山之走集秦時蜀守李冰作大
堰於江以溉諸縣作三石人於白沙郵立水中刻字爲約曰
水竭不至足盛不沒肩是以蜀人不知飢饉沃野千里世號
陸海有廣濟王廟所以祠冰也
望青城縣本漢江源縣地後置齊基郡後周郡廢改曰清城縣
隋屬蜀郡唐垂拱二年屬蜀州開元十八年去水作青城
皇朝乾德四年來屬熙寧五年軍廢復屬蜀州元祐初來屬
有青城山
同下州仙井監秦屬蜀郡二漢屬犍爲郡晉及宋齊皆因之梁
置懷仁郡後周置陵州取陵井爲名隋置隆山郡唐武德元年
復爲陵州天寶元年曰仁壽郡　皇朝熙寧五年廢爲陵井
監政和三年改爲仙井今縣二

望仁壽縣漢武陽縣地晉置西城戍以爲鹽井之防梁置懷仁郡西魏改西城戍置普寧縣隋開皇初郡廢十八年改普寧、爲仁壽縣大業初置隆山郡唐爲陵州有陵井東漢張道陵所開有毒龍藏井中及鹽神玉女十二爲祟天師以道力駈出毒龍禁玉女於井下然後人獲鹹泉之利　皇朝不欲斥天師名故改陵井爲仙井有天師廟今爲至道觀有玉女詞今號靈真夫人

中下井研縣漢武陽縣地東漢置西陽郡西魏置蒲亭縣隋改爲井研屬蜀隆山郡唐屬陵州始建鎮隋開皇十一年置縣隸陰山郡唐屬蜀陵州　皇朝咸平四年省入井研

成都府路化外州

下都督府松州本諸羌之地後周置扶州及龍涸郡隋隸同昌汶山二郡唐武德元年置松州以地產甘松爲名天寶元年曰

交川郡東至扶州南至翼州西北接吐蕃領縣
下嘉誠縣後魏時白水羌豪舒治據此地其子舒彭遣使朝貢乃封爲甘松縣子始置甘松縣魏亂又絕後周復招慰之天和六年置扶州領龍涸郡隋開皇三年郡廢而州徙治于同昌改甘松縣爲嘉城屬同昌郡唐置松州有甘松嶺江水之所發源也

下交川縣隋開皇初置屬汶山郡唐武德元年來屬

下平唐縣唐垂拱元年析交川及當州之通軌翼針置屬當州天寶元年來屬

下鹽泉縣

下當州本諸羌之地後周置覃州及覃川榮鄉二郡隋開皇初郡廢四年州廢屬汶山郡唐貞觀二十一年析松州置當州以地產當歸爲名天寶元年曰江源郡東至翼州南至翼水縣東

北至松州西北棲生羌領縣三

中下通軌縣後周置隋屬汶山郡唐屬松州正觀中羌酋董和那蓬固守松州有功於是析松州之通軌置當州以和那蓬爲刺史後其子屈寧襲焉

下利和縣顯慶二年析通軌置

下谷和縣文明元年開生羌置

下悉州本生羌之地後周置廣年左封二郡隋開皇初並廢屬汶山郡唐顯慶元年析當州置悉州以悉唐川爲名天寶元年曰歸誠郡東南至翼州西北至當州領縣二

中左封縣本廣年後周置隋仁壽初改曰左封屬汶山郡唐武德元年屬翼州正觀二十一年屬當州顯慶元年生羌首領董係比射内付乃以左封置悉州并置悉唐識曰二縣治悉唐以係比射爲刺史咸亨二年徙治左封而以悉唐置靜州

下歸誠縣垂拱二年析左封置

下静州本諸羌之地唐置悉州後州徙焉儀鳳二年置南和州天授二年改爲静州天寶元年曰静川郡東至悉州南至威州西至平戎城北至當州領縣三

中悉唐縣唐顯慶元年置爲悉州治焉咸亨元年悉州徙治左封而以悉唐置翼州都督府儀鳳元年翼州還治翼針乃於悉唐置南和州後改曰静州

中静居縣有静川州縣所以取名也

下清道縣

下恭州本諸羌之地唐爲廣平縣屬静州開元二十四年分置恭州天寶元年曰恭化郡東至柘州南至威州北至吐蕃白崖鎮領縣三

下和集縣本廣平縣屬静州開元二十四年置恭州天寶元年

改曰和集

下博恭縣開元二十四年析廣平置

下烈山縣開元二十四年析廣平置

下柘州本諸羌之地唐顯慶三年開置天寶元年曰蓬山郡東至靜州南至威州北至恭州松嶺鎮領縣二

下柘縣

下喬珠縣

下翼州本漢蠶陵縣地屬文山郡郡廢屬蜀郡晉復屬汶山郡後周置翼針縣及翼針郡隋開皇初郡廢屬會州後屬汶山郡唐武德元年析置翼州天寶元年曰臨翼郡東至石泉縣南至茂州西至悉州北至松州領縣三

下衛山縣本翼針天寶元年更名

下翼水縣後周置曰龍求及置清江郡隋開皇初郡廢改縣曰

清江十八年又改曰翼水漢蠶陵縣故城在今縣西二[illegible]

下峨和縣

下真州本隋翼水縣地唐屬翼州天寶五載析置昭德郡乾元元年改曰真州領縣四

中下真符縣天寶五載析雞川昭德二縣置以爲州治

中下雞川縣先天元年析翼水縣開生獠置屬悉州天寶元年屬翼州五載來屬

下昭德縣本識臼縣顯慶元年開生獠置屬悉州天寶元年屬翼州改曰昭德五載來屬

中下昭遠縣

下乾州本諸羌之地唐大曆三年開西山置領縣二

下招武縣

下寧遠縣

下姚州本南夷故滇池國漢武帝開之置益州郡東漢分益州置永昌郡蜀劉氏分永昌置建寧郡又分永昌建寧置雲南郡晉及宋齊皆因之兼置寧州西魏周隋不能遠有唐武德四年安撫大使李英奏置姚州於漢之雲南故地以此川内人多姚姓因以爲名麟德元年徙州治於弄棟川雲南郡後南詔蠻閣羅鳳舉攻殺雲南太守張虔陀自是姚州没於南詔自巂州南至西瀘經陽蓬鹿谷菁口會川四百五十里至瀘州乃南渡瀘水經袁州微州三百五十里至姚州州西距南詔羊苴咩城三百里領縣三

下姚城縣故漢弄棟縣地

下瀘南縣本長城垂拱元年置天寶初更名

下長明縣

中都督府巂州本南夷故邛都國漢武帝開之置越巂郡東漢

晉宋皆因之後周置嚴州隋開皇六年改曰西寧州十八年又改曰嶲州大業初復置越嶲郡唐武德元年改曰嶲州至德二載没吐蕃正元十三年節度使韋皋以兵收復之本治越嶲縣大和五年爲蠻寇所破六年李德裕徙州治臺登縣南至姚州北至黎州領縣九

中臺登縣漢屬越嶲郡有孫水司馬相如檄文所謂梁孫源是也晉因之一名白沙江後周置白沙郡隋開皇初郡廢屬越嶲郡唐爲郡治

中越嶲縣本漢邛都縣地爲越嶲郡治焉後置越嶲縣

中邛部縣本漢蘭縣屬越嶲郡後周置邛部縣及邛部郡隋開皇初郡廢來屬

中蘇祁縣本漢蘇示縣屬越嶲郡後周平南夷於故城復置及置亮善郡隋開皇初郡廢來屬

中西瀘縣本邛都縣地梁置可泉縣及宣化郡隋開皇初郡廢
來屬唐天寶元年改可泉曰西瀘
中昆明縣本漢定莋縣屬越巂郡後周置定莋鎮唐武德二年
改爲昆明縣昆明在巂之西南今羈縻南寧州諸爨所居是
也
中和集縣唐貞觀八年置
中昌明縣唐貞觀二十二年開松外蠻置牢州及松外尋聲林
開三縣永徽三年州廢省三縣入昌明
中會川縣本邛都縣唐上元二年徙治會川因更今名有瀘津關
瀘水出曲羅東下三百里始曰瀘水兩岸峯有殺氣暑月舊不
行故諸葛亮表言五月渡瀘深入不毛也其水下合繩水若
水孫水淹水逕馬湖總曰馬湖江東北至敘州與岷江合

輿地廣記卷第三十

輿地廣記卷第三十一

梓州路

緊梓州春秋戰國爲蜀地秦屬蜀郡二漢晉宋齊屬廣漢郡梁末置新州西魏置昌城郡隋開皇初郡廢後改新州爲梓州大業初州廢置新城郡唐武德元年曰梓州天寶元年曰梓潼郡乾元後外爲劒南東川節度 皇朝乾德四年改靜戎軍太平興國三年改安靜軍端拱二年復故今縣九

望郪縣二漢屬廣漢郡晉省之置五城縣梁置新州西魏改五城曰昌城置昌城郡隋改新州曰梓州大業初置新城郡改昌城曰郪唐爲梓州其城左帶涪水右挾中江居水陸之衝要漢郪縣故城在西南有牛頭山宜君山涪水中江郪江

望中江縣晉五城縣地後周置玄武郡東有二山如龜蛇因以名焉隋開皇初郡廢改曰玄武仁壽初置凱州大業初州廢

屬蜀郡唐武德三年來屬　皇朝大中祥符五年改爲中江有天柱山涪江

望涪城縣漢涪縣地東晉置始平郡西魏改郡爲涪城後周又改曰安城隋開皇初郡廢置安城縣十六年改爲涪城屬金山郡唐武德三年來屬有涪江

緊射洪縣漢郪縣地西魏置射江縣婁縷灘東六里有射江因以爲名後周改曰射洪隋屬梓州唐因之有白崖山涪水梓潼水射江

緊鹽亭縣漢廣漢縣地梁置鹽亭縣西魏置鹽亭郡隋開皇初郡廢屬梓州唐因之有負戴山

中通泉縣漢廣漢縣地後置涌泉縣及西宕渠郡西魏改郡曰涌泉隋開皇初郡廢改縣曰通泉屬梓州唐因之廣漢縣二漢屬廣漢郡晉爲郡治宋徙郡治雒元魏改縣曰廣魏後改

明本作中都督府

寧後周置遂州改郡曰石山隋開皇初郡廢大業初州廢置遂寧郡唐武德元年曰遂州天寶初曰遂寧郡　皇朝因之今

縣五

望小溪縣漢廣漢縣地東晉置遂寧郡[illegible][illegible]宋遂寧置小溪縣西魏改縣曰方義後周置遂州改郡曰石山隋改爲遂寧郡唐復爲遂州　皇朝太平興國元年復改縣曰小溪有銅盤山涪江

望蓬溪縣本唐興縣唐永淳元年析方義置長壽二年曰武豐神龍元年復故名景龍二年析置唐安縣先天二年省天寶元年改唐興曰蓬溪有寶玉山蓬溪

緊長江縣本巴興縣東晉置西魏改曰長江隋唐因之有明月山鳳凰川涪江

緊青石縣本晉興縣東晉平蜀置屬巴西郡西魏改曰始興後

曰光漢隋開皇初省入通泉有涌泉山涪水

中飛烏縣漢郪縣地隋開皇十七年置飛烏鎮因升爲縣因山爲名

唐因之有哥郎山郪江

中銅山縣漢郪縣地其南可象山西北秋林鎔山皆有銅唐正觀

二十三年置鑄錢官調露元年罷而析郪飛烏置銅山縣有

飛烏山會軍堂山郪江

中下東關縣蜀置招葺院　皇朝乾德四年以其地置東關

縣有鼓樓山楊桃溪

安泰尉司本永泰縣唐武德四年析鹽亭及劍州之黃安又閬州

之西水置　皇朝熙寧五年省爲鎮入鹽亭十年復置永

泰尉司後改曰安泰

都督府遂州春秋戰國爲蜀地秦屬蜀郡二漢屬廣漢郡

東晉桓溫平蜀於德陽界東南置遂寧郡宋因之齊梁曰東遂

寧。後周置遂州，改郡曰石山。隋開皇初郡廢，大業初州廢，置遂寧郡。唐武德元年曰遂州，天寶初曰遂寧郡。皇朝因之。今縣五。

望，小溪縣。漢廣漢縣地，東晉置遂寧郡，[illegible]置小溪縣。西魏改縣曰方義。後周置遂州，改郡曰石山。隋廢為遂寧郡。唐復為遂州。皇朝太平興國元年復改縣曰小溪。有銅盤山、涪江。

望，蓬溪縣。本唐興縣，唐永淳元年析方義置。長壽二年曰武豊，神龍元年復故名。景龍二年析置唐安縣，先天二年省。天寶元年改唐興曰蓬溪。有賓王山、蓬溪。

緊，長江縣。本巴興縣，東晉置。西魏改曰長江，隋、唐因之。有明月山、鳳凰川、涪江。

緊，青石縣。本晉興縣，東晉平蜀置，屬巴西郡。西魏改曰始興。後

又曰青石隋唐因之有青山出青石可以爲磬有涪江
中遂寧縣唐景龍元年以故廣漢縣地置有梵雲山大安溪
中果州春秋戰國爲巴子地秦屬巴郡二漢因之晉屬巴西郡
宋置南宕渠郡齊梁後周因之隋開皇初郡廢屬隆州大業初
屬巴西郡唐武德四年置果州天寶元年曰南充郡　皇朝
因之今縣三
望南充縣本二漢安漢縣屬巴郡晉屬巴西郡宋屬南宕渠郡
隋開皇十八年改縣曰南充唐置果州流溪鎮唐開耀元年
析南充置流溪縣　皇朝熙寧六年省入南充有果山嘉
陵江
望西充縣唐武德四年析南充置有西充山西溪水
上相如縣漢安漢縣地梁置梓潼郡西魏廢郡置相如縣縣南
二十里有司馬相如故宅因以名焉隋屬巴西郡唐武德四年

來屬有琴臺鎮龍角山嘉陵江

上賀州春秋戰國爲蜀地秦爲蜀郡二漢屬犍爲郡晉宋齊因之後周自今陽安徙資州治此及置資中郡隋開皇初郡廢大業初州廢置資陽郡唐武德元年改爲資州天寶元年曰資陽郡　皇朝因之今縣四

緊盤石縣本二漢資中縣屬犍爲郡晉宋齊因之後周從資州治此及置資中郡而改資中縣爲盤石隋置資陽郡唐爲資州月山丹山銀山三鎮皆故縣隋義寧二年同置屬資陽郡唐屬資州　皇朝乾德五年並省入盤石有盤石山中江水

緊資陽縣後周析資中地置隋屬資陽郡唐屬資州有獨秀山資水

中下龍水縣漢資中縣地隋義寧二年置屬資陽郡唐屬資州有龍水

下內江縣漢資中縣地後周於中江水濱置漢安成遂改為中
江縣隋改曰內江屬資陽郡唐屬資州有中江資水
上普州春秋戰國為巴蜀之境秦屬巴蜀二郡二漢屬巴犍為
二郡晉李雄亂後為羌夷所據至梁乃招撫之置普慈郡後周
置普州隋開皇初郡廢大業初州廢屬資陽郡唐武德二年置
普州天寶元年曰安岳郡　皇朝因之今縣三
中下安岳縣漢墊江縣地屬巴郡後周置安岳縣又置普州隋
大業初州廢唐復置普康縣本永康縣後周置屬普慈郡隋
屬普州開皇十八年改曰隆康大業初屬資陽郡唐屬普州
先天元年改曰普康　皇朝乾德三年省入安岳有安岳
山岳陽溪
下安居縣漢牛鞞縣地屬犍為郡後周置柔剛縣及安居郡隋
開皇初郡廢屬普州十八年改為安居縣大業初屬資陽郡

唐屬普州崇龕鎮本隆龕縣唐武德三年置先天元年改曰
崇龕　皇朝乾德五年省入安居有柔剛山崇龕山安居
水
下樂至縣漢資中縣地屬犍爲郡唐武德三年置普慈鎮本梁
置普慈郡及多業縣後周因之隋開皇初郡廢十三年改縣
爲普慈屬普州大業初屬資陽郡唐屬普州　皇朝乾德
五年省入樂至有婆娑山樂至池
上昌州春秋戰國爲巴蜀之境秦屬巴蜀二郡二漢及晉屬巴
犍爲二郡隋屬資陽瀘川涪陵三郡唐屬資普瀘合四州乾元
二年析置昌州大曆六年州縣廢其地各還故屬十年復置後
曰昌元郡　皇朝因之今縣三
上大足縣本合州巴川縣地唐置屬昌州光啓元年州徙治焉
及以普州普康縣地置靜南縣屬昌州後省入有牛鬪山太

足川

上昌元縣本資州內江縣地唐乾元置爲昌州治光啓元年州徙治

大足有葛仙山頓波溪

上永川縣本瀘州瀘川縣地唐乾元屬昌州亦得渝州璧山縣地

有綫錦山侯溪

上叙州春秋戰國爲僰侯國秦屬蜀郡漢置犍爲郡東漢晉宋齊皆因之梁兼置戎州及六同郡後周因之隋開皇初郡廢大業初州廢置犍爲郡唐武德元年復曰戎州天寶元年曰南溪郡　皇朝政和四年改名　縣二

上宜賓縣本僰侯國秦曰僰道漢置犍爲郡初治鄨縣後徙治此東漢又徙武陽而以僰道爲屬縣梁置戎州隋置犍爲郡唐復置戎州初治南溪貞觀中徙治僰道長慶中復治南溪皇朝又治僰道政和四年改縣曰宜賓故僰道縣在馬湖江

會漢武帝使縣令開西南夷勞費無成使者唐蒙斬之乃鑿石開道以通南中今石門是也宜賓鎮本郁鄢縣隋末置屬戎州唐天寶元年改爲義賓　皇朝太平興國元年改曰宜賓熙寧四年省故開邊縣漢僰道縣地隋開皇六年置屬戎州唐正觀四年屬南通州八年來屬　皇朝乾德五年省入僰道故歸順縣唐聖曆二年分郁鄢縣置以處生獠乾德五年省入僰道有黃泉山大江馬湖江馬湖之上源曰若水出旄牛徼外東南流鮮水注之又東南逕大莋與繩水合又南逕邛都又南逕會無孫水注之又南逕遂久蜻蛉水注之又南逕三絳淹水注之又與毋血水合又東逕姑復涂水注之又東逕馬湖爲馬湖水又東北至朱提與瀘水合而瀘水上流有蘭倉水出博南東北流會類水禁水北注瀘津自朱提以下通爲瀘水又東北至僰道入于大江

中南溪縣漢僰道縣地梁置南廣縣及六同郡隋開皇初郡廢
仁壽初改縣曰南溪屬戎州唐因之有平蓋山大江馬湖江
漢志云南廣有汾關山符黑水所出北至僰道入江即今南
廣溪也梁以此縣爲南廣蓋取其名耳

上瀘州春秋戰國爲巴地秦屬巴郡二漢屬犍爲郡蜀章武元
年立江陽郡晉宋齊梁因之梁兼立瀘州後周因之隋開皇初
郡廢大業初州廢爲瀘川郡唐武德元年曰瀘州天寶元年曰
瀘川郡　皇朝因之今縣三

中瀘川縣本江陽縣二漢屬犍爲郡蜀屬江陽郡晉爲江陽郡
治宋爲梁立瀘州隋開皇初郡廢大業初立瀘川郡改縣曰瀘
川唐因之爲瀘州治有大江內江內江上源曰洛水縣據江
洛會枕帶雙流

中江安縣本漢安縣東漢置屬犍爲郡晉置爲江陽郡治晉宋齊

梁後周皆因之隋屬瀘州開皇十八年改曰江安唐因之故

綿水縣漢江陽縣地梁置屬江陽郡隋屬瀘州唐因之

皇朝乾德五年省入江安有方山大江綿溪

中 合江縣本漢符縣地屬犍為郡武帝使唐蒙將万人從巴符

關入夜郎即此東漢曰符節晉復曰符屬江陽郡後置安樂

縣後周改為合江隋屬瀘州唐因之有安樂山安樂溪漢志

南廣有大涉水北至符入江即此水也縣在安樂水會

中 合州春秋戰國為巴地秦屬巴郡二漢晉因之宋置東宕渠

郡齊梁因之西魏改為墊江郡兼置合州後周因之隋開皇初

郡廢改州曰涪州大業初州廢為涪陵郡唐武德元年曰合州

天寶元年曰巴川郡　皇朝因之今縣五

中 石照縣本墊江縣二漢晉屬巴郡東晉寧康二年桓石虔破

苻堅將姚長於墊江即此宋齊梁為東宕渠郡西魏改郡為

墊江縣曰石鏡及置合州隋爲涪州涪陵郡唐爲合州

皇朝乾德三年改縣曰石照有銅梁山嘉陵江

中漢初縣梁置新興郡西魏改郡曰清居而置漢初縣隋開皇
初郡廢屬合州唐因之有江陵山嘉陵江

中巴川縣唐開元二十三年析石鏡銅梁置屬合州有小安溪

巴川

中下赤水縣隋開皇八年析石鏡置屬合州唐因之有朝霞山

赤水

中下銅梁縣唐長安三年置屬合州有銅梁山悦池

下榮州春秋戰國爲蜀地秦屬蜀郡二漢晉宋立南安郡後廢
隋屬資陽郡唐武德元年立榮州天寶元年曰和義郡

皇朝因之今縣四

中下榮德縣本旭川唐貞觀元年析大牢置屬榮州永徽二年

州自大牢徙於此　皇朝治平四年改爲榮德公井鎮後
周置唐武德元年改爲縣而立榮州治此正觀元年州徙大
牢　皇朝熙寧四年省入榮德有榮德山大牢溪
中威遠縣隋開皇初以威遠戍置資州唐武德元年來屬正觀
元年析置婆日至如二縣二年以瀘州之隆越入焉故和義
縣隋末置屬瀘州正觀八年來屬　皇朝乾德五年省入
焉有鐵山中江
中下資官縣隋末置屬嘉州唐武德六年來屬有白崖山灘斯
水
中下應寧縣本大牢隋開皇十三年置屬資州唐武德元年來
屬六年州自公井徙治於此永徽二年徙治旭川景龍二年
省雲州及羅水雲川胡連三縣入焉天寶元年更名有應靈
山應靈水

下渠州春秋戰國爲巴地秦亦二漢屬巴郡晉初屬巴西郡惠帝
分置宕渠郡宋齊屬巴渠郡梁立渠州西魏立流江郡後周因
之隋開皇初郡廢大業初州廢爲宕渠郡唐武德元年曰渠州
天寶元年曰流江郡　皇朝因之今縣三

緊流江縣本宕渠二漢屬巴郡蜀屬巴西郡晉惠帝立宕渠都
後廢梁立渠州西魏立流江郡及置流江縣隋曰宕渠郡唐
曰渠州故大竹縣唐久視元年分宕渠置屬蓬州至德二年
來屬寶曆元年省入潾山後復置　皇朝景祐二年省入
焉有宕渠山流江古賨城流江即渝水也夾水上下皆資民
所居漢高祖入關從定三秦其人勇健好歌舞帝愛習之所
謂巴渝舞是也

下鄰水縣梁置鄰水縣及立鄰州西魏立鄰山郡隋開皇初郡
廢屬渠州唐武德元年屬潾州三年來屬寶曆元年省入潾

山後復置有濮水

下濮山縣唐武德元年析濮水置及立濮州八年州廢來屬有濮山涅水

同下州懷安軍春秋戰國爲蜀地秦屬蜀郡二漢屬廣漢郡晉屬新都郡西魏立金淵郡後周郡廢隋屬蜀郡唐屬簡州

皇朝乾德五年立懷安軍今縣二

望金水縣漢新都縣地東晉朱齡石於東山置金淵戍西魏置金淵縣及立郡焉隋屬蜀郡唐武德元年避高祖名改金水　皇朝立懷安軍有金臺山中江

望金堂縣唐咸亨三年析雒新都置屬益州垂拱二年屬漢州

皇朝乾德五年來屬有金堂山中江

同下州廣安軍春秋戰國爲巴地秦二漢屬巴郡晉屬巴西郡後屬宕渠郡宋齊屬巴渠郡西魏流江宕渠墊江三郡隋屬宕

渠巴西涪陵三郡唐屬渠果合三州　皇朝開寶三年置廣安軍今縣三

中渠江縣本始安縣宋置屬巴郡西魏屬流江郡隋開皇十八年改曰賨城屬宕渠郡巳夷謂貨布曰賨故謂之賨人唐武德元年曰始安屬渠州天寶元年改曰渠江　皇朝開寶二年來屬有富靈山渠江

緊岳池縣万歲通天二年析南充相如置屬果州　皇朝開寶二年來屬有安岳山岳池水

中新明縣唐武德三年析石鏡置屬合州　皇朝開寶來屬有龍池山嘉陵江

長寧軍蓋漢犍爲郡之漢陽縣地唐置羈縻長寧州都督府　皇朝置淯井監屬瀘州熙寧八州地以屬焉政和四年改置長寧軍

富順監自齊梁以前地理與瀘州同後周置富
井爲名及立洛源郡隋開皇初郡廢屬瀘州唐
改縣曰富義　皇朝乾德四年以其地置富義監
元年改曰富順治平元年置富順縣熙寧元年省

輿地廣記卷第三十一

輿地廣記卷第三十二

利州路

次府興元府春秋屬蜀戰國屬楚秦惠王立漢中郡二漢因之高帝始封漢王都此建安中爲張魯所據改曰漢寧曹公克魯復曰漢中蜀劉備破魏將夏侯妙才遂有其地以爲重鎮漢中常以巴蜀扞蔽故劉備初得漢中曰曹公雖來無能爲也是以巴蜀有難漢中輒沒自公孫述劉備李雄譙縱竊蜀漢中皆爲所陷魏末平蜀兼立梁州晉宋齊梁皆因之西魏亦立梁州晉立漢中郡後周末改郡曰漢川隋開皇初郡廢大業初州廢復置漢川郡唐武德元年曰梁州開元十三年改曰褒州二十年復故名天寶元年曰漢中郡後升山南西道貞元元年以德宗巡幸升爲興元府　皇朝因之今縣四

次赤南鄭縣故褒之附庸周時鄭桓公死於犬戎其子孫家于

此因曰南鄭顥王之世蜀有其地至六國楚有其地其後益弱秦略取焉自秦以來皆爲漢中郡項羽封漢高祖爲漢王蕭何曰天漢美名也遂都南鄭大城周回城南憑此結環雉金墉漆井皆漢所修築地險魏武既克張魯方之雞肋謂蜀之無可用而棄之爲可惜也厥後主以魏延後主以蔣琬姜維相繼守之魏末平蜀兼立梁州晉以後皆因之齊建武二年蕭懿爲刺史魏將元英率衆數萬逼糾谷圍南鄭懿拒守百餘日不拔而退梁天監三年刺史夏侯道遷以地入魏大同元年魏刺史元羅復以地入梁承聖二年尉遲迥平蜀乃入西魏焉後周末以郡曰漢川隋唐因之後爲興元府朱梁時王建得其地後唐平之又爲孟知祥所有周顯德中節度使張虔釗以地歸附有玉女山眞牛山中梁山仙臺山漢水有胡城漢張騫使匈奴娶胡妻及

堂邑父俱還漢中築城以居也晉義熙十五年城上有密雲
五色照章及曉城崩半許瀹漢出銅鍾十二枚以爲宋室之
瑞
次綫城固縣二漢屬漢中郡蜀改爲樂城晉復故及宋齊梁西
魏後周皆屬漢中隋屬漢川郡唐屬梁州武德二年改曰唐
固正觀二年復故有通關山古曰通關勢山高百餘丈下築
匈奴城方五里濬塹三重漢王北定三秦蕭何相其形勢開
此道以通關中故名爲通關勢有白馬山北山有黑水諸
葛亮牋云朝發南鄭暮宿黑水謂此有韓信臺即漢高祖築
壇設九賓之禮以拜信爲大將
次褒城縣故褒國周幽王后褒姒生於此漢設都尉治褒
中縣及東漢晉皆屬漢中郡隋開皇初曰褒內三年罷仁
壽元年改之[illegible]更給改曰褒城義寧二年改褒中正觀三

年復曰褒城屬梁州漢陽平關在西北有五
丁等山通道六丈有餘昔秦欲伐蜀患道路不通乃刻五石
以金置尾下言能糞金欲以遺蜀蜀王貪之令五丁力士
道引之秦因使張儀司馬錯以兵□□□滅蜀郎此是也
漢永平中司隷校尉犍爲楊厥□
以石門是也有女郎山上有女郎□□□□□俗言張魯女
塚有褒水西北出衙嶺山東南逕大石門歷故□□
諸葛亮死於五丈原魏延先退而燒之即此褒水又東北境
交城又東南得丙水口又東南歷小石門又東南歷褒城縣
南口又東南歷褒城縣東又南入于漢水
次鐖西縣本沔陽縣地二漢晉宋皆屬漢中郡後省元魏置嶓
家縣後周因之隋大業初改爲西縣屬漢川郡唐武德二年
置褒州八年州廢來屬有沔陽故城在西漢蕭何所築劉備

北定漢中即漢王位於此有西樂故城在西南甚險固為諸葛亮所築晉梁州刺史楊亮守之爲符堅所破後刺史姜維潘孟亦相仍居此城側有容裘溪南北流入漢今謂之洛水有定軍山在東南曹公克漢中命夏侯淵守之劉備自陽平關南渡沔水破斬淵於此諸葛亮將死遺令葬此山下懸崕高瀧維深松茂栢攢蔚川阜莫知墓所在山東地名高[illegible]廟蜀步兵校尉習隆等所表立也有張魯城在西魯沛國陵孫也行五斗米道劉焉以爲督義司馬住漢中因[illegible]有濜水北發武都氐中南逕城東官又逕張魯治東西南流入沔謂之濜口張魯治謂仙官所治也有仙山舊有張魯壇師堂今曰濜口化有百牢關在西南

都督府利州春秋戰國爲蜀地秦屬蜀郡三國時先主分廣漢置梓潼郡晉孝武分立晉壽郡宋齊因之後魏立益州

世號小益州梁曰黎州西魏復曰益州又改曰利州亦爲晉壽

郡隋大業初州廢爲義城郡唐武德元年又改爲利州或爲

益昌郡王蜀知昭武軍節度後唐復改皇朝

景祐四年改寧武軍今縣四

中綿谷縣故葭萌縣本蜀王弟葭萌所封爲苴侯邑史記謂

苴蜀相攻是也二漢屬廣漢郡劉備改曰漢壽屬梓潼郡晉

太康元年改曰晉壽太元十五年立晉壽郡宋分置興安郡

後復併焉而改晉壽曰興安後魏兼立益州西魏曰興安隋

開皇十八年改興安曰綿谷唐因之有龍門山嘉陵江潛水

綿谷

中葭萌縣漢舊縣地東晉安帝置晉安縣屬新巴郡宋齊因之

元魏爲郡治焉隋開皇初郡廢十八年改晉安葭萌縣屬

利州唐因之有嘉陵江

中下嘉川縣漢葭萌縣地宋置興樂郡
嘉川隋開皇初郡廢屬利州唐武德
年州廢來屬故平蜀縣本義城西魏置隋屬利州義寧二年
改曰義清唐武德七年置南平州正觀二年州廢來屬景龍
元年改曰胤山　皇朝乾德三年改曰平蜀熙寧二年廢
入嘉川有石燕山
中昭化縣漢葭萌縣地宋置益昌縣屬白水郡隋唐屬梓潼郡
皇朝開寶五年改爲昭化白水鎮
郡晉屬梓潼郡孝武分屬晉壽
又曰平興置白水郡後改縣爲
初郡廢復改縣爲平興屬利
置[illegible]正觀元年州廢來屬寶[illegible]
鎮

望洋州春秋戰國為楚地秦屬漢中郡二漢晉宋齊梁皆因之西魏廢帝置洋州及洋川儻城二郡隋開皇初郡廢并其地屬漢川郡唐武德元年立洋州或為洋川郡蜀為武定軍節度皇朝景祐四年改武康軍今縣三

望興道縣漢城固縣地蜀以為重鎮有興勢山後主時將軍王平守興勢魏將曹爽攻圍不克即此地也魏正始中分置興縣及儻城郡隋初郡廢屬洋州後州廢屬漢中郡唐置興勢屬洋州二十三年更名興道天寶十五載州自西鄉徙治壻水鎮因仙人唐公房之壻所居得名有興勢山漢水壻水北發聽山南流入漢有駱谷路南口曰儻谷北口曰駱谷安唐德宗僖宗幸興元皆出此

上西鄉縣漢城固縣地蜀置南鄉縣晉改南鄉為西鄉宋齊梁屬漢中郡元魏改縣曰豐寧隋初

郡廢屬洋州後州廢屬漢川郡唐武德四年省置洋源縣寶歷

治興道故洋源縣唐武德四年

定遠城在南東漢班超封定遠侯即此有雲亭山洋水

源巴山東北流逕四鄉又東北流入漢漢大人生於

龍之名其川曰洋以表誕生之休洋

中真符縣本華陽縣唐開元十八年析興道置天寶三載省入

載開清水谷路復置因盤山得玉冊更名隸京兆府十

一載來屬故黃金縣漢安陽縣地後魏分置因縣有

黃金戍黃金戍張魯所築南接漢川北枕古道俗號為鐵城是也

氐王楊難當令魏興太守薛

復侯平太守蕭坦攻拔之所

中真符

皇朝乾德四年

上閬州秦漢屬巴郡宋齊因之[illegible]屬漢之半西魏平蜀置
隆州及盤龍郡後周因之隋開皇時置巴西郡唐
武德元年為隆州先天元年改為閬州天保元年改郡乾元元年復閬州後
唐升保寧軍節度　皇朝乾德安軍屬利州路今縣七
望閬中縣二漢屬巴郡劉璋立巴西郡蜀將張飛曾守是郡為其
下張達范強所害晉因之梁立北巴州西魏置隆
州及盤龍郡隋曰閬內縣唐曰閬中縣有閬中山仙穴山嘉
陵江
緊蒼溪縣晉置屬巴西郡後省而置漢昌縣隋屬隆州
復改為蒼溪唐屬閬州有雲臺山小江蒼溪
緊南部縣漢充國縣地十不漢中平
宋齊屬巴西郡梁改曰南部屬

龍[illegible] 隋屬巴西郡

縣[illegible]李安[illegible]南充二縣地

[illegible]

隋西水

閬中縣地後入盈置本[illegible]

[illegible]初郡廢又以省義陽縣入焉隸[illegible]

[illegible]見元年來屬岐坪鎮故岐[illegible]縣

[illegible]春[illegible]縣[illegible]閬州寶曆元年省天復[illegible]復

月山表 國水

[illegible]南充安漢二縣地

廿山嘉陵江

西充縣地後

至初郡廢

[illegible]西郡梁立木蘭[illegible]

西郡唐武德中改曰晋
入西
爲蜀地秦屬
梁南梁
年初郡廢大業
年改爲劍州天寶
六
縣漢梓潼縣地後置南安
郡廢後復立唐初曰始州
縣地
置胡原縣隋開皇七年
寧五年省
廣漢郡建
二漢屬
爲太守晋
梓潼郡

郡改爲[illegible]州隋開皇初郡廢[illegible]縣及[illegible]熙郡

山梓潼江[illegible]唐武德二年屬西[illegible]

潼縣[illegible]

[illegible]縣名山曰五婦山馬[illegible]縣[illegible]

縣西又南逕臨泉縣東[illegible]

涪

[illegible]縣地晉以[illegible]

之元魏立龍州及西[illegible]

油郡而改[illegible]

潼縣地後魏[illegible]十[illegible]年李[illegible]

之膏[illegible]開皇[illegible]

水[illegible]

緊 蒼溪县 晋置 属巴西郡 後漢置漢昌县 隋改今名 唐属閬州 有雲臺山 东江 蒼溪

緊 南部县 漢充国县地 属巴郡 梁置南部郡 後周閔帝元年罷郡 立南部县 属盤龙郡 隋開皇三年罷郡 以县属閬州

緊 新井县 漢充国县地 唐武德元年分南部 晋安二县置 县界有鹽井 因以名 有西水

中 奉国县 本漢閬中县地 後分置白馬 義陽二郡 後魏恭帝二年 廢義陽郡 改名奉国县 属白馬郡 隋開皇三年罷郡 以县属閬州 武德七年属西平郡州 貞觀元年還属隆州 县有棋坪鎮 即岐坪廢县地 有奉国水

中 新政县 漢充国县地 唐武德四年割相如南部二县置新政县 有龙奔山 嘉陵江

中下 西水县 漢中县地 梁置掌天城 後周閔帝元年改西水县 有掌天山 西水

上 劍州 秦蜀地 漢属廣漢郡 晋以其地大梓潼郡 宋 齊因之 梁立南梁州 後改安州 西魏改始州 隋為普安郡 唐武德元年復為始州 先天二年 始改為劍州 天寶元年復為普安郡 乾元元年復今名

領县六

中下 普安县 漢梓潼县地 後置南安郡 梁改安州 西魏改始州 兼置普安郡 唐武德三年復為始州 後改普安县 属劍州

上梓潼县漢旧县属廣漢郡蜀分置梓潼郡西魏改潼川郡改县名安寿隋大業三年復今名

中陰平县本漢梓潼县地晋流人入蜀于县置北陰平郡西魏定蜀後改陰平名龙安隋并名陰平县属绵州

中武連县漢梓潼县地宋置武都郡及下辨县又改名武功县後魏改今名

中下普城县漢梓潼县地梁置梁安县属南梁州武帝天和中改名黄安县唐末復改今名

中下劍门县漢梓潼县地唐聖曆三年分普安永归陰平三县地于方期驛城置劍门县有大劍小小劍山

輿地廣記卷第三十三

夔州路

都督府夔州春秋爲庸國之魚邑

惟裨儵魚人實逐之

平六年分屬

所置備諸葛亮受遺詔於此

中十巫山縣故楚之巫郡秦昭王伐楚取之以爲縣屬南郡二漢因之晉立建平郡宋齊梁西魏後周皆因之隋開皇初郡廢屬信州曰巫山唐屬夔州有巫山及高都山昔楚襄王遊高唐晝寢夢一婦人曰妾巫山之陽高丘之岨旦爲朝雲暮行雨朝朝暮暮陽臺之下覺而命宋玉賦之此其地也有

大江

下黔州春秋爲巴地戰國楚威王使莊蹻將兵循江上略巴黔中以西屬楚秦昭王伐楚取黔中以屬黔中郡二漢屬武陵郡晉宋齊皆因之後不賓服後周武帝時蠻帥以其地歸附初立奉州後改曰黔州不帶縣隋爲黔安郡唐武德元年曰黔州天寶元年曰黔中郡蜀王氏外武泰軍節度今縣二

中彭水縣漢酉陽縣地隋開皇十三年置以爲州治洪杜寨本
洪杜縣唐武德二年析彭水置　皇朝嘉祐八年省洋
水鎮本洋水縣唐武德二年析彭水置曰盈隆先天元年曰
盈川天寶元年更今名　皇朝嘉祐八年省爲寨熙寧三
年爲鎮信寧鎮本信安縣隋置唐武德二年更名屬義州正
觀十一年來屬　皇朝嘉祐八年省都濡鎮本都濡縣唐
正觀二十年析盈隆置　皇朝嘉祐八年省有三峿山洪
杜山伏牛山巴江洋水
中黔江縣本石城唐武德元年析彭水縣置天寶元年更名有
黔人山河逢水
上達州春秋戰國爲巴地秦二漢屬巴郡建安中分屬巴西郡
蜀晉因之宋立巴渠郡齊因之梁立萬州以萬頃池爲名後魏
郡爲東關西魏改名曰通州後周因之開皇初郡廢大業初州

廢。上通川郡唐武德元年曰通州天寶元年曰通川郡蜀王氏孟氏因之　皇朝乾德三年更名今縣五

中通川縣本宕渠縣地東漢置宣漢縣屬巴郡蜀劉氏分屬宕渠郡晉省之屬巴西宋復置及立巴渠郡梁置石城縣立萬州及東關郡西魏曰通州隋改石城縣曰通川置通川郡唐因之　皇朝為達州有鳳凰山有巴江渠江合於縣東南

中巴渠縣宋巴渠縣地唐永泰元年析石鼓置大和三年屬開州四年來屬有鹿子山渠江

下永睦縣本永康梁置又有南榮郡隋開皇初郡廢屬巴州十八年縣更名唐武德二年立萬州正觀元年州廢來屬有龍驤山巴江

下新寧縣唐武德二年析通川置大和三年屬開州後復來屬有濁水山新寧溪故閬英縣唐天寶九載置　皇朝乾德

五年省入石鼓縣西魏置及亡遷州後周廢州立臨清郡隋開皇初郡廢屬蜀通州唐寶曆元年省大中元年復置故三岡縣渠置屬新安郡西魏改郡曰新寧隋開皇初郡廢屬蜀通州唐寶曆元年省大中五年復　皇朝熙寧六年省三岡七年省石鼓分屬通川永睦新寧

下東鄉縣本宋下蒲縣地屬巴渠郡後改爲東鄉西魏立石州後周廢州立三巴郡隋開皇初郡廢屬蜀通州唐武德三年立南石州又置下蒲縣八年州廢省下蒲入焉故宣漢縣本宋東關縣地屬巴渠郡後改爲宣漢西魏立井州及永昌郡隋開皇三年郡廢五年州廢屬通州唐武德元年立南井州及置東關縣正觀元年州廢省東關以宣漢來屬　皇朝乾德五年省入東鄉有下蒲江

通明院本唐宣漢縣地僞蜀置通明院以僻科稅賦　皇朝因

之有宣漢鹽井地名長腰鹹源在大江龍骨石窟中涌出

中下施州春秋爲巴地戰國屬楚秦二漢屬南郡吴晉宋齊梁屬建平郡後周立施業二州及清江軍屯二郡隋開皇初郡廢大業初州廢爲清江郡義寧二年復施業二州唐正觀八年廢業州併焉天寶元年曰清化郡後復故二蜀因之今縣二

中下清江縣漢巫縣地屬南郡吴置沙渠縣屬建平郡晉因之後省後周立施州及清江郡隋開皇初郡廢五年置清江縣大業初州廢屬清江郡義寧二年立施州爲州治焉有施王屯餘址故以爲名有連珠山夷水以其水色清照十丈分沙故曰清江水出縣西東至宜都入大江

中下建始縣後周立業州及軍屯郡隋開皇初郡廢五年置建始縣大業初州廢屬清江郡義寧二年立業州正觀八年州廢來屬有連天山建始溪

下忠州春秋戰國爲巴地秦屬巴郡二漢蜀晉宋齊皆因之梁立臨江郡後周兼立臨州隋開皇初郡廢大業初州廢屬巴東郡義寧二年復立臨州唐正觀八年改曰忠州天寶元年曰南賓郡前蜀後蜀因之今縣四

中下臨江縣漢以後屬巴郡梁立臨江郡後周立臨州唐曰忠州有屏風山大江

中下墊江縣西魏析臨江置及立容川容山二郡後周改縣曰魏安隋開皇初郡廢屬渠州十八年復故名唐武德元年屬潾州八年來屬故桂溪縣本清水唐武德二年析臨江置天寶元年更名　皇朝熙寧五年省入

下豐都縣本平都故巴子之别都也漢枳縣地隋義寧二年析臨江復置屬臨州唐屬忠州有平都山大江

下南賓縣唐武德二年析武寧置有望塗溪南賓縣尉司州東

南一百八十里本夔州龍渠鎮　皇朝乾德六年來屬開寶二年置尉司

下萬州春秋戰國爲巴地秦二漢屬巴郡建安中分屬巴東郡晉宋齊皆因之後周立安鄉南都二郡兼立南州後改安鄉曰萬州南都曰懷德隋州郡並廢屬巴東郡唐武德二年立南浦州八年州廢屬夔州九年復立曰浦州正觀八年曰萬州天寶元年曰南浦郡前蜀後蜀因之今縣二

中下南浦縣本羊渠蜀建興八年更名屬巴東郡晉宋齊因之後周立安鄉郡後改郡曰萬川縣曰安鄉隋開皇初郡廢十八年改縣曰南浦屬巴東郡唐武德二年立南浦州八年州廢屬夔州九年復爲萬州治焉有高梁山大江

下武寧縣本漢臨江縣地後周置源陽縣及立南州南都後改郡曰懷德縣曰武寧隋屬巴東郡唐武德二年屬南浦州八

年州廢屬臨州九年復來屬有木歷山大江

下開州春秋戰國爲巴地秦二漢屬巴郡晉宋齊梁屬巴東郡西魏置開州及万安江會二郡後周置周安萬世二郡省江會入周安隋開皇初郡並廢大業初州廢分屬通川巴東二郡義寧二年析置萬世郡唐武德元年曰開州天寶元年曰盛山郡前蜀後蜀因之今縣二

上開江縣本漢豐宋置屬巴東郡西魏改曰永寧隋開皇末改曰盛山屬巴東郡唐立開州廣德元年縣因名故西流縣本後魏置漢興縣西魏更名立開州及萬安江會二郡後周廢江會入周安隋開皇初萬安郡廢大業初州廢屬通川郡義寧二年來屬唐正觀元年省入故新浦縣宋置屬巴東郡後周立周安郡隋開皇初郡廢屬巴東義寧二年來屬唐因之

皇朝慶曆四年省入有盛山疊江

中清水縣本萬世後周置及立萬世郡隋開皇初郡廢屬通川郡義寧二年來屬唐正觀二十三年更名万歲寶曆元年省尋復　皇朝改曰清水有石門山清水東南五里有靈洞唐正元九年雷雨震開

下涪州春秋戰國爲巴地秦二漢屬巴郡建安二十一年蜀分立涪陵郡晉因之後廢而復立隋開皇初又廢屬渝州唐武德元年析置涪州天寶元年曰涪陵郡前蜀後蜀因之今縣三

下涪陵縣漢舊縣東漢及晉因之後改曰漢平置涪陵郡隋開皇初郡廢屬渝州十八年改曰涪陵後廢爲鎮唐武德元年以鎮立涪州二年置涪陵縣溫山鎮本溫山縣唐置屬南濱州後來屬　皇朝熙寧三年省入有鷄鳴峽山大江黃石灘一名横石東漢岑彭破公孫述將侯丹于黃石即此内江即黔江也南通黔中昔秦使司馬錯泝此水南上擊奪楚黔

中地

下樂溫縣唐武德二年析巴縣置屬南潾州又析巴縣涪陵置永安縣九年樂溫來屬開元二十一年省永安入焉有樂溫山

下武龍縣唐武德二年置有武龍山

下恭州古巴子之都戰國爲秦所併立巴郡二漢因之初平六年分巴爲二郡以江州爲永寧郡建安六年復爲巴郡蜀晉宋齊因之梁兼立楚州西魏後周因之隋開皇初郡廢改州曰渝州大業初州廢爲巴郡唐武德元年曰渝州天寶元年曰南平郡蜀王氏孟氏因之 皇朝崇寧元年更今名今縣三

中巴縣本江州古巴國也周武王封同姓爲巴子七國時與蜀俱稱王秦惠王既滅蜀因使張儀虜巴王而取其地以立巴郡二漢因之建安中劉璋使嚴顏爲太守張飛攻陷之蜀

以後皆爲巴郡而改江州爲巴縣梁曰楚州隋唐曰渝州
皇朝曰恭州有縉雲山明月峽大江
中下江津縣本漢江州縣地後魏改江州爲巴縣乃於此別置
江州西魏改曰江陽立七門郡隋開皇初郡廢屬渝州十八
年曰江津唐因之故萬壽縣本萬春唐武德三年析江津置
五年更名　皇朝乾德三年省故南平縣唐置屬霸州正
觀十三年州廢來屬　皇朝雍熙五年省入江津
下壁山縣唐至德二載析巴江津萬壽置有重壁山油溪
珍州古蠻夷之地二漢晉隋屬牂柯郡唐屬珍州元和三年州
廢屬溱州後復屬西高州唐羡棄之　皇朝大觀二年大駱
解上下族帥駱世華駱文貴等獻地東西四百五里南北三百
五十一里以立珍州亦曰樂源郡今縣一
中樂源縣唐正觀十六年置屬珍州後廢　皇朝大觀二年

立珍州復置樂源為州治焉

承州春秋戰國及秦為蠻夷地二漢晉屬牂牁郡通代恃險不

聞臣服隋煬帝時屬明陽郡兼屬黔安唐武德四年立夷州正

觀元年州廢四年復置天寶元年曰義泉郡唐襄棄之

皇朝大觀三年蕃平帥任漢崇等獻地東西三百五十九里南

北六百六十五里改為承州今縣五

綏陽縣隋末置屬明陽郡唐武德二年屬義州正觀十一年來

屬西自都上徙州治焉有綏陽山

都上縣唐武德元年析彭水置屬黔州正觀四年立夷州十一

年州徙治綏陽義泉縣隋末置屬明陽郡唐武德二年屬義

州五年屬智州正觀十一年屬牢州州自信安徙治焉十六

年州廢來屬

洋川縣唐武德二年置屬義州正觀十六年州廢來屬

寧夷縣隋末廢唐初屬思州武德四年立夷州正觀元年州廢
屬務州開元二十五年來屬自都上以下四縣故基荒廢不
可考驗 皇朝收復但據夷人所指以置縣然原其始析
置務屬黔州都上當近黔州寧夷當近思州也

溱州古蠻夷地自漢至隋屬牂牁郡唐正觀十六年開山洞立
溱州天寶元年曰溱溪郡唐末棄之 皇朝熙寧七年招收
置榮懿寨屬南平軍崇寧中復立溱州舊縣二

中榮懿縣唐正觀十六年置爲州治後廢 自皇朝以爲榮懿
寨隸南川縣唐又置樂末縣咸亨元年省

中下扶歡縣唐正觀十六年置

梁山軍 皇朝開寶三年以石氏屯田務立軍今縣一

中下梁山縣西魏析朐䏰置隋屬巴東郡唐武德二年屬南浦
州八年州廢屬夔州是年復立浦州又來屬後改爲萬州

皇朝開寶三年立軍以爲治焉有栢枝山髙梁水紵溪

同下州南平軍春秋戰國爲巴地秦屬巴郡二漢晉宋齊因之後爲蠻夷所據唐武德二年開南蠻立南州二年改曰僰州四年復曰南州天寶元年曰南川郡唐末棄之 皇朝熙寧七年招收西南蕃部立南平軍今縣二

中下南川縣本隆陽唐武德二年置爲南州治先天元年更名唐末廢 皇朝皇祐五年復置屬渝州熙寧七年以縣之銅佛壩立南平軍而省南川爲鎮入隆化元豐元年復置有松山得勝山七渡水

中隆化縣唐貞觀十一年置屬涪州先天元年改爲賓化後復故名 皇朝熙寧七年來屬有永隆山羅緣溪夾溪胡陽溪

同下州遵義軍歷代地理與播州同 皇朝大觀二年蕃帥

楊文貴獻地東西二百二十二里南北六百一十二里置遵義軍今縣一

遵義縣漢且蘭縣地屬牂柯郡唐貞觀元年析牂柯置屬郎州十一年州廢縣亦省十三年復立播州亦復置縣十四年更名羅蒙十六年更名遵義後自播川徙州治焉唐衰播州為楊氏兩族所分據一居播川一居遵義以仁江水為界其後居播川者曰光榮得唐所給州銅牌居遵義者曰文貴得州銅印　皇朝大觀二年兩族各獻其地皆自以為播州議者以光榮為族長重違其意乃以播川立州遵義立軍焉

同下州大寧監自五代以前地理與夔州同　皇朝開寶六年立監今縣一

中下大昌縣本泰昌晉大康初分秭歸置屬建平郡宋齊因之後周避文帝名改曰建昌而立永昌郡尋廢又改縣曰大昌

隋屬巴東郡唐屬夔州　皇朝以縣之鹽泉所置大寧監
端拱元年來屬爲監治焉故比井縣晉屬建平郡宋齊梁因
之後周省入有巫溪鹹泉

夔州路化外州

下費州古蠻夷地二漢晉宋屬牂柯郡山川險阻爲俚獠所居
多不賓附至後周始置爲費州以費水爲名後廢隋屬黔安郡
唐武德初屬思州貞觀四年立費州天寶元年曰涪川郡領縣
四

中下涪川縣隋開皇五年置屬黔安郡後廢唐武德四年析務
川置屬思州貞觀四年立費州爲州治

中下扶陽縣隋仁壽四年置屬巴東郡唐武德四年屬思州正
觀四年來屬

中下多田縣唐武德四年置屬思州貞觀八年來屬

中下城樂縣唐武德四年置屬思州正觀八年來屬

下西高州春秋爲蠻夷地戰國秦漢爲夜郎國元鼎六年開夜郎屬牂柯郡東漢蜀晉宋因之其後不屬唐正觀十六年開山洞立珍州天寳元年曰夜郎郡元和三年州廢學溱州後復立

西高州領縣四内樂源縣先歸附別立珍州

中下夜郎縣本漢夜郎國有豚東南至番爲牂水又東南至番禺城下入海所謂牂柯江也武帝代南越唐蒙言夜郎精兵可得十万浮船牂柯出不意此制越一竒也上乃使蒙從巴符關入見夜郎侯約爲置吏及以爲犍爲郡後且蘭反殺揵爲太守漢滅且蘭立牂柯郡而犍爲郡從治僰道焉夜郎侯入朝上以爲夜郎王至成帝時夜郎王興與鈎町漏卧更舉兵相攻牂柯太守陳立諭告興不從命立出行縣至興國且同亭召興入見立數責因斬之以其地爲縣屬牂柯郡東

漢以後因之後廢唐正觀十六年開山洞置夜郎縣爲珍州治寧白沆夜郎即此元和三年州廢屬溱州後復立曰西高州

中下麗高縣或作麗皐唐正觀十六年置

中下榮德縣唐末置

輿地廣記卷第三十三

輿地廣記卷第三十四

福建路

大都督府福州春秋爲七閩地戰國越王無彊爲楚所滅子孫分散或居閩地以朝服於楚秦爲閩中郡而越後世曰無諸從諸侯平秦漢高帝五年封爲閩越王都此及武帝時閩越反國險徙其民於江淮之間其地遂空後有逃遁山谷者頗出立爲治縣屬會稽郡東漢因之吳分屬建安郡晉太康三年立晉安郡宋齊因之陳兼立閩州後改曰豐州隋平陳郡廢改州曰泉州大業初州廢立建安郡唐武德六年曰泉州景雲二年曰閩州開元十三年改今名天寶元年曰長樂郡後升威武軍節度唐末爲閩王氏所據石晉時入吳越後周改彰武軍 皇朝太平興國二年復曰威武軍今縣十二

望閩縣漢封閩越王無諸都此後隸冶縣屬會稽郡東漢爲侯

官都尉吳屬建安郡晉太康三年分立晉安郡及置原豐縣以為郡治宋齊因之後省入東侯官隋開皇九年郡廢改縣曰原豐十二年更今名大業初置建安郡唐曰泉州又曰閩州又曰福德有九仙山烏山金崎山

望侯官縣東漢置侯官都尉晉曰侯官縣屬晉安郡宋齊因之後曰東侯官而省原豐入焉隋開皇九年改東侯官曰原豐唐武德六年復置與閩縣分治郭下八年省長安二年析閩復置元和三年省五年復置有閩山螺江昔閩人謝端釜得異螺因名之有侯官浦

望福清縣本長樂地唐聖曆二年析長樂置天寶元年改為福清唐朱梁改為永昌後唐同光初復故名晉天福初改為南臺後復故後更今名有練門江

望懷安縣 皇朝太平興國六年析閩豐有方井塘江

望長溪縣唐武德六年置尋省入連江長安二年復置有仙遊山白水江

望連江縣本溫麻晉太康四年以溫麻船屯置縣屬晉安郡宋因之後省唐武德六年析閩地置尋更名有材塘唐貞觀元年築

望古田縣唐永泰二年析侯官尤溪置有石塘山古田口

緊長樂縣本新寧唐武德六年析閩置尋更名有海壇山濱江

緊永福縣本永泰唐咸通一年析連江及閩置 皇朝崇寧元年更名有高蓋山

中閩清縣朱梁乾化元年王審知於梅溪場置有竹山鍾湖

中羅源縣本永貞五代置 皇朝天禧五年改為永昌乾興元年改今名有四明山

中寧德縣五代置有大海

上建州春秋爲七閩地戰國爲越人所居秦屬閩中郡二漢屬會稽郡吴永安三年分置建安郡晉宋齊因之陳屬閩州後屬豐州隋平陳郡廢屬泉州大業初州廢屬建安郡唐武德四年立建州天寶元年曰建安郡唐末爲閩王氏所有升鎮武軍節度石晉時入南唐改永安軍又改忠義軍後降軍事

皇朝端拱元年升建寧軍今縣七

望建安縣蓋越王句踐冶鑄之所漢誅閩越徙其民以空其地有遁逃山谷者後頗出焉乃立爲冶縣屬會稽郡東漢分冶地爲會稽東南二部都尉東部台州是也南部今縣是也吴置建安縣以爲郡治晉以後因之隋廢郡屬泉州州廢屬建安郡唐立建州有白鶴山葵山建安水東溪

望甌寧縣　皇朝治平三年析建安建陽浦城置與建安分治郭下熙寧三年省元祐四年復置

望建陽縣晉太康中置屬建安郡宋以後因之後省唐武德四
年復置八年省入建安垂拱三年復置有浮石山建陽溪
望浦城縣漢末置漢興縣吳改曰吳興屬建安郡晉宋因之後
省隋末復置唐武德四年改爲唐興後省入建安載初元年
復置天授二年曰武寧神龍元年復曰唐興天寶元年更今
名有孤山大湖山
望崇安縣　皇朝淳化五年升崇安場爲縣有武夷山
緊關隷縣　皇朝咸平五年升關隷鎮爲縣有洞宫山
上松溪縣五代時置有松溪
上泉州春秋爲七閩地戰國爲越人所居秦屬閩中郡漢屬閩
越國後及東漢屬會稽郡吳屬建安郡晉屬晉安郡宋齊因之
後置南安郡隋平陳郡廢屬泉州唐初亦屬焉聖曆二年立武
榮州三年廢久視元年復置景雲二年更名天寶元年曰清源

郡唐末爲閩王氏所有石晉時附于南唐升清源軍節度

皇朝太平興國三年改平海軍今縣七

上晉江縣唐開元八年析南安置而自南安徙州治此有泉山

晉江

中南安縣吳置東安縣晉改曰晉安屬晉安郡宋以後因之後

置南安郡隋平陳郡廢改縣曰南安屬泉州唐武德五年置

豐州正觀元年州廢屬泉州聖曆二年立武榮州後改爲泉

州而徙治晉江有金雞山晉水

中同安縣晉屬晉安郡後省五代復置

中惠安縣　皇朝淳化五年析晉江置有錦田山洛陽江

中永春縣五代置有石鼓山

下清溪縣五代置有盧山溪水

下德化縣五代置有靈馨香山

上南劍州春秋爲七閩地戰國爲越人所居秦屬閩中郡漢屬閩越國後及東漢屬會稽郡吳屬建安郡晉宋齊梁陳因之隋屬泉州唐屬建福汀三州南唐李景立劍州亦曰劍浦郡　皇朝太平興國四年爲南劍州今縣五

緊劍浦縣本延平晉屬建安郡後省五代置及劍浦縣南唐立建州初治延平後徙劍浦而延平省入有延平津晉張華雷煥所佩龍泉太阿二寶劍後躍入水化爲二龍即此津也

上將樂縣晉宋屬建安郡後省唐武德五年析邵武復置撫州七年省垂拱四年析邵武及故綏城地復置屬建州元和三年省五年復置　皇朝太平興國四年來屬

上尤溪縣唐開元二十九年開山洞置屬福州南唐時來屬

中沙縣宋曰沙村縣屬建安郡後省唐武德四年置沙縣屬建州後省入建安永徽六年復置大曆十二年屬汀州

下順昌縣南唐置

下汀州春秋爲七閩地戰國爲越人所居秦屬閩中郡漢屬閩越國後及東漢屬會稽郡吳屬建安郡晉宋以後屬晉安郡隋屬泉州唐開元二十四年開福撫二州山洞置汀州天寶元年曰臨汀郡唐末爲閩王氏所有石晉將歸南唐後改爲州

皇朝乾德二年復故名今縣五

望長汀縣本晉新羅縣地屬晉安郡唐開元二十四年開山洞置治新羅大曆四年徙治白石皆長汀縣地有靈蛇山鄞江溪

望寧化縣唐開元二十四年開山洞置有鐵石山黃連洞

上上杭縣本長汀縣之上杭場　皇朝淳化五年升為縣有香嶺山鍾嵒

上武平縣本長汀縣之武平場　皇朝淳化五年升為縣有

靈洞山

清流縣　皇朝元符元年析長汀寧化置

下漳州春秋七閩地戰國爲越人所居秦屬閩中郡漢屬閩越國後及東漢屬會稽郡吴屬建安郡晉宋以後屬晉安郡隋屬泉州唐垂拱二年析福州西南境置天寶元年曰漳浦郡唐末爲閩王氏所有石晉時入南唐今縣四

望龍溪縣梁置屬南安郡隋唐屬泉州聖曆二年屬武榮州開元二十九年來屬乾元二年州自李澳川徙治焉有九龍山

望漳浦縣唐垂拱二年置爲州治開元四年徙治李澳川故懷恩縣與漳浦同置二十九年省入有九侯山李澳溪

望龍巖縣唐開元二十四年置屬汀州大曆十二年來屬

望長泰縣五代置屬泉州　皇朝太平興國五年來屬有鼓鳴山

同下州邵武軍歷代地理與建州同　皇朝太平興國五年

立邵武軍今縣四

望邵武縣本昭武吳置屬建安郡晉武帝更名宋齊因之後省

隋開皇十二年復置屬撫州唐武德四年析置綏城縣屬建

州七年邵武亦屬正觀三年省綏城入焉　皇朝太平興

國五年立軍有飛猿嶺邵武溪

望光澤縣　皇朝太平興國六年析邵武置有烏君山烏嶺

望泰寧縣本歸化南唐置屬建州　皇朝太平興國五年來

屬元祐元年更名有梅溪

望建寧縣本歸化南唐置屬建州　皇朝太平興國五年來

屬有百丈山三溪

同下州興化軍歷代地理與泉州同　皇朝太平興國四年立

興化軍今縣三

望莆田縣隋開皇中屬泉州尋省入南安唐武德五年析南安復置　皇朝以縣之游洋百丈二鎮地立太平軍尋改興化有壺公山昔有人隱於此遇一老翁引至絕頂見宮闕臺殿云此壺中日月也

望仙遊縣本清源唐聖曆二年析莆田置屬泉州天寶元年更名　皇朝太平興國四年來屬有九仙山大目溪

中興化縣　皇朝太平興國四年析莆田置有百丈溪

輿地廣記卷第三十四

輿地廣記卷第三十五

廣南東路

中都督府廣州古蠻夷之地春秋戰國爲百越在禹貢職方州域之外秦并天下略定楊越立南海郡秦滅南海尉趙佗自立爲南越武王漢高帝因立佗爲南越王元鼎中相呂嘉王建德反武帝興兵滅之及東漢以後皆爲南海郡建安十五年兼立交州吴永安六年分立廣州晉宋齊梁陳因之隋平陳郡廢仁壽元年曰番州大業初州廢復立南海郡唐武德四年平蕭銑立廣州天寶元年曰南海郡後建清海軍節度五代爲南漢劉氏所據　皇朝開寶四年收復今縣七

望南海縣本秦番禺縣地爲南海郡二世時南海尉任囂召龍川令趙佗謂曰番禺負山險阻南北東西數千里此亦一州之主可爲國佗後遂自立爲南越武王漢末立交州牧

吳立廣州後改番禺爲南海縣隋曰番州唐曰廣州
皇朝開寶五年省咸寧常康二縣入焉有羅浮山
上番禺縣秦漢舊縣後改爲南海隋平陳分南海置尋省入後
復置與南海分治郭下有番禺山尉佗葬於此
中清遠縣漢中宿縣地屬南海郡晉宋屬安興郡後立清遠郡
隋平陳郡廢置清遠縣屬廣州唐因之
中增城縣漢番禺縣地吳置及晉屬南海郡成帝分立東官郡
宋以後因之隋平陳郡廢屬廣州唐因之有猊山增水
中懷集縣漢四會縣地晉置懷化縣後改爲懷集屬新會郡隋
省之後復置屬廣州唐武德五年立威州并置興平霍清威
成三縣正觀元年州廢省三縣入懷集屬南綏州十三年州
廢來屬開元二年省永固縣入焉故游水縣本漢封陽縣地
屬蒼梧郡齊置游安縣隋省之唐復置屬廣州至德二載改

今名　皇朝開寶五年省入有寶山綏連溪

中下東莞縣隋曰寶安唐至德二載更今名　皇朝開寶五年省入增城六年復置有寶山

下新會縣漢番禺縣地晉恭帝立新會郡及置新會縣宋以後因之隋平陳郡廢後爲封州後又改爲允州後又改爲岡州以地有金岡名之大業初州廢屬南海郡唐武德四年復立岡州并析置封平封樂二縣正觀十三年州廢省封平封樂是年復立岡州開寶二十三年州廢以新會來屬有利山

中韶州春秋爲百越地戰國屬楚秦屬南海郡二漢屬桂陽郡吳甘露元年分立始興郡晉因之宋改曰廣興郡齊復曰始興梁陳因之隋平陳郡廢屬廣州唐武德四年平蕭銑立番州尋改爲東衡州正觀元年更今名天寶元年曰始興郡唐爲盧光稠所據後入南漢今縣五

望曲江縣二漢屬桂陽郡吳屬始興郡晉宋以後爲郡治焉隋
屬南海郡唐立番州改曰東衡州又改曰韶州有錢石山玉
山曲江桂水有韶石高百仞廣圓五里兩石對峙相去一里
小大略等似雙闕州取名焉
望翁源縣梁置陳又立清遠郡隋廢屬廣州後省唐武德五年
復置屬湟州正觀元年來屬有靈池山翁水
中樂昌縣漢曲江縣地梁置梁化縣又分置平石縣隋開皇十
二年省平石入梁化屬廣州十八年更名唐武德四年來屬
有昌山武溪溪自臨武東南流入曲江界巖崖峻岨湍浪震
驚名曰瀧水韓愈詩南行踰六旬始下樂昌瀧險惡不可狀
舡石相舂撞是也
中仁化縣唐垂拱中析曲江置屬廣州後來屬　皇朝開寶
五年省入樂昌咸平三年復置有白星山潼溪五渡水

建福縣　皇朝崇寧元年以岑水場析曲江翁源置

下循州古百越之地秦屬南海郡二漢吴晉因之宋分屬南海東官二郡齊因之隋平陳屬循州大業初州廢屬龍川郡唐武德五年屬循州南漢改循州爲貞州而析州之北境又立循州於此　皇朝因之今縣三

望龍川縣秦屬南海郡二世時趙佗爲令於此二漢晉因之宋以後屬東官郡隋屬循州開皇十一年省入河源南漢復置以爲循州治焉有龍川江[illegible]湖

望興寧縣漢龍川縣地後置興寧隋屬龍川郡唐屬循州正觀元年省齊昌縣入焉有揭陽山興寧江

上長樂縣　皇朝熙寧四年置有寛黄山熱水

下潮州春秋爲七閩地戰國爲越人所居秦屬南海郡漢屬南越後又東漢屬南海晉屬東官郡安帝分立義安郡宋齊以後

因之梁立揚州改曰瀛州及陳時州廢隋平陳郡廢立潮州大業初州廢復爲義安郡唐武德五年曰潮州天寶元年曰潮陽郡五代爲南漢所有今縣二

望海陽縣漢揭陽縣地屬南海郡東越王餘善請以卒八千擊南越至揭陽以海風波爲解即此地也後置海陽縣爲義安郡治隋唐曰潮州有鳳凰山惡溪溪有鱷魚爲害刺史韓愈爲文以祭之是夕大風雨鱷魚南徙自此無患

緊潮陽縣陳以前屬義安郡隋唐屬潮州有曾山

下連州春秋爲百越戰國屬楚秦屬長沙郡二漢屬桂陽郡吳晉屬始興郡宋明帝立宋安郡後廢屬廣興郡齊復屬始興郡梁立陽山郡隋平陳郡廢置連州大業初州廢置熙平郡唐武德四年平蕭銑立連州天寶元年曰連山郡唐末爲楚馬氏所有後入南漢今縣三

望桂陽縣二漢屬桂陽郡所謂小桂也唐曰連州有金銀山桂陽山湟水漢討南越伏波將軍路博德出桂陽下湟水是也一名匯水一名洭水有海陽湖正女峽相傳昔有女子取螺遇風雨晝晦化爲石

中陽山縣漢屬桂陽郡東漢改曰陰山吴省之晉復置陽山屬始興郡宋屬廣興郡梁屬陽山郡隋屬熙平郡唐屬連州有陽巖山茂溪水

中連山縣晉武帝分桂陽立廣德縣梁改曰廣德隋改曰廣澤屬連州仁壽元年更今名唐因之有銅山滑水

下封州古百越地秦屬南海郡二漢屬蒼梧郡晉屬晉康郡宋齊因之梁分立梁信郡兼立成州隋平陳郡廢改州曰封州大業初州廢屬蒼梧郡唐武德四年平蕭銑立封州天寶元年曰臨封郡五代爲南漢所有今縣二

下封川縣二漢廣信縣地屬蒼梧郡晉屬晉康郡梁爲梁信郡治焉隋唐曰封州隋大業初省封興縣入封州唐武德四年復置後省

下開建縣漢封陽縣地屬蒼梧郡宋文帝分置開建縣以縣立宋建郡大明元年郡廢屬臨慶國梁立南靜郡隋平陳郡廢屬遠州後省唐武德四年復置來屬有忠讜山封溪水

下端州古百越地秦屬南海郡二漢吳晉屬蒼梧郡宋齊屬南海陳立高要郡隋平陳郡廢立端州大業初州廢立信安郡唐武德元年曰端州天寶元年曰高要郡五代爲南漢所有

聖朝建中靖国元年升興慶軍節度今縣二

中高要縣二漢晉屬蒼梧郡宋齊屬南海郡陳立高要郡隋立端州又曰信安郡唐曰端州正觀十三年省博林入焉故平興縣唐武德中析置清泰縣正觀十三年省入平興

皇朝開寶五年省平興入高要有爛柯山端溪西江鵠奔亭
漢交阯刺史何敞行部夜半有婦人訴冤自謂廣信蘇施妻
名始珠敞命掘之有雙鵠奔其處
下四會縣二漢吳晉屬南海郡隋屬廣州大業初省始昌縣入
焉唐武德三年立南綏州正觀八年更名湞州十三年州廢
屬廣州
　皇朝熙寧六年來屬有雞籠山滑水
下新州古百越之地秦屬南海郡二漢屬合浦郡晉屬蒼梧郡
穆帝分立新寧郡宋齊因之梁立新州隋平陳郡廢大業初州
廢屬信安郡唐武德四年平蕭銑立新州天寶元年曰新昌郡
後改曰新興五代爲南漢所有今縣
中新興縣二漢臨允縣地屬合浦郡晉置新寧縣屬蒼梧郡穆
帝分立新寧郡後改曰新興梁置新州隋因之大業初省索
盧入焉唐武德四年析置索盧新昌單牒永順四縣後並省新

昌單牒乾元復又省百樂盧 皇朝開寶五年省永順皆入
焉信安鎮本義寧縣宋置屬新會郡隋屬廣州開皇十年省
新夷初置二縣入義寧省始康縣入封平大業初省封平入
焉唐屬廣州 皇朝太平興國元年改曰信安熙寧五年
省入新興元祐元年復置紹聖二年又省 有天露山利山新

江封水

望康州古百越地秦屬南海郡二漢吴晉屬蒼梧郡穆帝分立
晉康郡宋以後因之梁又立開陽平原羅陽等郡隋平陳郡俱
廢屬端瀧二州大業初屬信安永熙二郡唐武德四年立瀧州
六年立康州天寶元年改康州曰晉康郡瀧州曰開陽郡五代為
南漢所有 皇朝開寶五年廢康州入端州尋復立六年廢
瀧州入晉康州今縣二

下端溪縣二漢屬蒼梧郡晉立晉康郡唐武德六年立南康州

九年州廢正觀元年復立十一年又廢十二年又立更名康
州初武德五年析博林置撫納縣後省入焉悦城鎮本樂城
縣隋屬信安郡都城鎮本都城縣隋屬蒼梧郡故晉康縣本
遂安唐至德二載更名三縣皆屬康州　皇朝開寶五年
並省入端溪有端山西江端溪

下瀧水縣漢端溪縣地梁置開陽平原羅陽三郡隋平陳並廢
以名縣屬瀧州開皇十八年改平原縣曰瀧水羅陽縣曰正
義大業初以瀧水立永熙郡而省開陽正義入焉唐武德四
年立瀧州復置開陽正義後省故鎮南縣本安南隋大
業初省入永熙唐武德四年析瀧水復置屬南建州正觀八
年改州曰藥州十八年州廢屬瀧州至德二載更名故安遂
縣梁立建州及廣熙郡尋郡廢隋大業初州廢屬永熙郡唐
武德四年屬南建州州廢入焉故建水縣本永熙隋屬永熙

郡唐武德四年屬南建州五年改爲永寧正觀十八年屬龍州天寶元年更名　皇朝開寶六年州廢三縣皆省有靈陽山羅田水

下南恩州古百越之地秦屬南海郡二漢屬合浦郡吳屬高興郡晉以後因之齊立齊安郡梁立桂陵陽春二郡隋平陳郡廢屬高州後屬高凉郡唐武德四年立春州正觀二十年立恩州天寶元年恩州曰恩平郡春州曰南陵郡五代爲南漢所有

皇朝開寶五年廢春州入恩州六年復立熙寧六年又廢入焉慶曆八年加南字今縣二

中陽江縣晉海安縣地屬高興郡隋末置陽江縣唐屬恩州後爲州治焉故恩平縣本齊安立齊安郡隋平陳郡廢屬高州開皇十八年改曰海安唐武德五年復曰齊安正觀二十三年屬恩州至德二載改曰恩平大順二年自西一半徙治後又

徙陽江故西平縣晉屬高興郡後省入高涼梁爲高州隋爲高涼郡唐武德五年改曰西平正觀二十三年以縣立恩州而高州徙良德後州徙治恩平而西平省入焉故杜陵縣梁立杜陵郡隋平陳郡廢屬高州開皇十八年改縣曰杜原唐武德五年復曰杜陵正觀二十三年來屬 皇朝開寶五年省恩平杜陵入陽江有恩平江

下陽春縣漢高涼縣地後置陽春縣梁立陽春郡隋平陳郡廢屬高州唐武德四年平蕭銑立春州天寶元年曰南陵郡 皇朝開寶元年州廢來屬六年復立縣還屬焉大中祥符九年州廢屬新州改曰新春天禧四年復立縣又屬焉熙寧六年州廢來屬故銅陵縣本龍潭宋置後改焉隋屬信安郡唐武德四年屬春州是年以縣立勤州五年州廢万歲通天二年復立長安中復廢開元十八年復立州治富林洞因析銅

陵置富林縣　皇朝開寶五年州廢省富林入銅陵屬春州熙寧六年州廢省入陽春有鑾鳥山漠陽江

下梅州春秋為七閩地戰國屬越秦屬南海郡漢屬南越後及東漢屬南海郡晉屬東官郡後又屬義安郡宋以後因之隋唐屬潮州五代時南漢立敬州　皇朝開寶四年改曰梅州熙寧六年州廢入潮州元豐五年復立領縣一

中程鄉縣隋屬義安郡唐屬潮州南漢立敬州　皇朝曰梅州州廢屬潮州復立又來屬為州治有古陽山程江

下南雄州春秋為百越地戰國屬楚秦屬南海郡二漢屬豫章郡吳晉屬始興郡宋改為廣漢齊復為始興梁陳因之隋廢郡屬廣州唐屬韶州五代時南漢立雄州　皇朝加南字今縣二

望保昌縣本漢湞陽縣唐光宅元年析始興置屬韶州南漢立雄州

皇朝加南字而縣改名有大庾嶺浄水所出龍川界西逕湞
陽南右注溱水有樓舡水漢討南越楊僕為樓舡將軍出豫
章下横浦即此浄水矣
下始興縣漢南野縣地屬豫章郡吴屬南康郡孫皓分置始興
縣屬始興郡晉以後因之齊改曰正階梁復曰始興立安遠
郡陳置東衡州隋平陳郡廢屬廣州唐屬韶州 皇朝開
寶四年來屬有東嶠山即大庾嶺在五嶺之最東故曰東嶠
有修仁水斜階水齊范雲為始興太守賦詩云且汲修仁水
不飲斜階流
下英州古越地戰國屬楚秦屬南海郡二漢屬桂陽郡吴屬始
興郡晉宋以後因之梁入立衡州入陽山郡隋平陳郡並廢改
州曰洭州開寶二十年州廢屬韶州唐因之五代時南漢立英
州今縣二

望真陽縣本湞陽二漢屬桂林郡晉宋屬始興郡泰始三年改
湞為貞後復為湞隋省入曲江後復曰真陽唐屬廣州正觀
六年復曰湞陽南漢立英州　皇朝乾興元年改曰真陽
有皋石山始興江
上浛光縣本浛洭二漢屬桂陽郡晉宋屬始興郡隋唐屬廣州
皇朝更名開寶四年隸連州六年來屬有堯山白鹿山晉張
方為含洭令有德化感白鹿群遊因以名山有洭水
下惠州古百越地秦屬南海郡二漢吳晉因之成帝以後及宋
齊屬南海東官二郡隋平陳立循州大業初州廢立龍川郡唐
武德元年曰循州天寶元年曰海豐郡五代時南漢改曰貞州
而別立循州於北境　皇朝天禧五年改曰惠州今縣四
中歸善縣漢博羅縣地屬南海郡宋置歸善縣隋立循州及龍
川郡唐析置龍川縣正觀元年省入焉南漢改曰貞州

皇朝政曰惠州有寅山

緊河源縣隋屬循州有新豐縣開皇十八年改曰休吉大業初省入焉唐亦屬循州武德五年析置石城縣正觀元年省入

南漢屬貞州有龍屯山

中博羅縣二漢屬南海郡晉以後因之隋屬循州唐初置羅陽縣正觀元年省入南漢屬貞州有羅浮山

下海豐縣宋置屬東官郡隋屬循州唐武德五年析置陸安縣正觀元年省南漢屬貞州

輿地廣記卷第三十五

輿地廣記卷第三十六

廣南西路上

下都督府桂州古百越之地戰國屬楚秦屬桂林郡二漢屬零陵蒼梧二郡吴甘露元年立始安郡晉因之宋明帝改爲始建國齊復曰始安郡梁兼立桂州隋平陳郡廢大業初州廢復爲始安郡唐武德四年平蕭銑立桂州天寶元年曰始安郡唐末升静江軍節度爲楚馬氏所有後入南漢今縣十

緊臨桂縣本始安縣二漢屬零陵郡吴立始安郡晉以後因之梁立桂州唐因之正觀八年更名慕化鎮本慕化縣唐武德四年置曰純化永正元年改曰慕化後改今名　皇朝嘉祐六年省有灕山隱山桂江即灕水也其源多桂不生雜木有陽江

望興安縣本臨源唐武德四年析始安置屬桂州大曆四年更

名全義石晉開運三年馬希範奏立溥州改縣爲德昌後復
爲全義　皇朝乾德中州廢來屬太平興國三年更今名有
陽海山灕水湘水二水皆出一山而分源南流爲灕北流爲
湘漢討南越戈船下瀨將軍出零陵下灕水即此
望靈川縣唐龍朔二年析始安置有冷石山銀江
望陽朔縣隋屬始安郡唐屬桂州有陽朔山灕水
望荔浦縣漢屬蒼梧郡晉宋以後屬始安郡梁屬桂州唐武德
四年立荔州貞觀十二年州廢來屬永寧鎮故永寧縣
皇朝熙寧四年省元祐元年復置紹聖二年又省有方山荔
水
上永福縣唐武德四年析始安置有永福山白石水
中修仁縣本建陵吳置及晉屬蒼梧郡宋末屬始建國齊梁陳
屬始安郡隋屬桂州唐貞觀元年立晏州十二年州廢來屬

長慶元年更名　皇朝熙寧四年省爲鎮入荔浦元豐元
年復置有崇仁山駱駝山
中義寧縣有思江
下理定縣本興安隋屬桂州大業初省入始安後復置唐至德
二載更名有蘭麻山有靈渠引離水故秦史祿所鑿後廢唐
寶曆初觀察使李渤立斗門十八以通漕俄又廢咸通九年
刺史魚孟威以石爲鏵隄亘四十里植大木爲斗門至十八
重乃通巨舟
下古縣唐乾寧二年析慕化置有常安水
下都督府容州古百越之地秦屬象郡漢屬南越後及東漢屬
合浦郡晉宋以後因之隋爲合浦永平二郡唐武德四年平蕭
銑立銅州正觀八年改爲容州天寶元年曰普寧郡五代爲南
漢所有升爲寧遠軍節度　皇朝開寶五年廢繡禺順三州

入焉今縣三

上 普寧縣本漢合浦縣地梁置陰石縣梁立陰石二郡隋廢郡改縣爲奉化屬藤州開皇十九年又改今名唐分屬容州元和中州自北流徙治於此故繡州本二漢河林縣地唐武德四年立陵州六年更名繡州天寶元年曰常林郡 皇朝開寶五年州廢及省常林阿林羅繡三縣入普寧 故欣道縣本隋寧人唐正觀二十三年更名來屬 故渭龍縣唐武德四年折普寧置開寶五年並廢入普寧 有容江繡江

中 北流縣隋置屬合浦郡唐武德四年立銅州正觀八年曰容州元和中州徙治普寧故禺州本東峩州唐乾封四年折日辯竇容四州置總章元年更名天寶元年曰溫水郡 皇朝開寶五年州廢及省峩石扶萊羅辯三縣入北流 故陵城縣唐武德四年折北流置開寶五年省入 有句漏山縣南

三十里兩石相對口闊三十步俗號鬼門關漢馬援討林邑經此刻石紀事龜趺尚存唐李德裕謫崖州過關詩云一去一萬里千知千不還崖州在何處生度鬼門關

中陸川縣本屬東峩州唐末來屬故順州順義郡唐大曆八年析禺羅辯白四州置 皇朝開寶五年州廢及省龍化溫水南河龍豪四縣入陸川有鷄籠山龍化水

下都督府邕州秦屬桂林郡二漢以後屬鬱林郡唐武德四年立南晉州貞觀八年更名天寶元年曰朗寧郡五代爲南漢所有外爲建武軍節度 皇朝曰永寧郡今縣二

下宣化縣本漢領方縣地故朗寧縣唐武德五年析宣化置故思籠縣唐乾元後開山洞置二縣開寶五年省入故如和縣唐武德五年析南宿安京置屬欽州景龍二年來屬 皇朝景祐二年省入有如和山鬱水水即夜郎豚水也與溫

閩本、央作依

中融水縣本潭中縣地二漢屬鬱林郡齊置齊熙縣及郡東寧

州隋改州曰融州改縣曰義熙後州廢以縣屬始安郡唐復

三十里兩石相對口闊三十步俗號鬼門關漢馬援討林邑

經此刻石紀事龜趺尚存唐李德裕謫崖州過關詩云一去

一萬里千知千不還崖州在何處生度鬼門關

中陸川縣本屬東峩州唐末來屬牢順州順義郡唐大曆八年

析禺羅辯白四州置　皇朝開寶五年州廢及省龍化溫

水南河龍豪四縣入陸川有鷄籠山龍化水

下都督府邕州秦屬桂林郡二漢以後屬鬱林郡唐武德四年

立南晉州貞觀八年更名天寶元年曰朗寧郡五代爲南漢所

有外爲建武軍節度　皇朝白承寧　郡今縣二

下宣化縣本漢領方縣地故朗寧縣唐武德五年析宣化置故

思籠縣唐乾元後開山洞置二縣開寶五年省入故如和縣

唐武德五年析南賓安京置屬欽州景龍二年來屬

皇朝景祐二年省入有如和山鬱水水即夜郎豚水也與溫

水合之與灕水合亦名駱越水自蠻境七源州流出州民常苦之唐景雲中司馬呂仁引渠分流以殺水勢自是無漂溺之害民乃夾水而居有灕水

下武緣縣隋屬鬱林郡大業初省入嶺山唐武德五年復置故豐陵縣唐乾元後開山洞置　皇朝開寶五年省入故樂昌縣本晉興唐武德五年析宣化置開寶五年更名景祐三年省入有武緣水西有都棱鎮

中融州春秋戰國爲百越秦屬桂林郡二漢屬鬱林郡吳分鬱林郡晉以後因之隋屬始安郡唐武德四年平蕭銑置融州天寶元年曰融水郡五代爲南漢所有　皇朝政和三年外爲清遠軍節度今縣一

中融水縣本潭中縣地二漢屬鬱林郡齊置齊熙縣及郡東寧州隋以州曰融州改縣曰義熙後州廢以縣屬始安郡唐復

立融州武德六年縣更名武陽鎮本武陽縣唐天寶初併黃水臨牂二縣更置　皇朝熙寧七年省爲鎮羅城鎮本羅城縣開寶五年分桂州置熙寧七年省爲鎮

下象州古百越之地秦屬桂林郡二漢屬鬱林郡吳屬桂林郡晉宋齊因之陳置象州因象山爲名隋平陳因之煬帝廢屬始安郡唐武德四年立象州天寶元年曰象郡五代爲楚馬氏所有後入南漢　皇朝開寶七年廢嚴州入焉今縣三

中下陽壽縣本漢潭中縣地吳分立桂林郡後又立象郡及置陽壽縣隋屬始安郡唐武德四年析桂林置武德縣仍於縣立象州正觀十三年州徙治武化天寶元年省武德入陽壽大曆十一年州徙治焉故武化縣唐武德四年析建陵置屬桂州後屬晏州正觀十三年州廢來屬五代時省有象山陽水

中下來賓縣唐乾封二年招致生獠以秦故桂林郡地置及立
嚴州又置歸化縣　皇朝開寶七年州廢省歸化入來賓
來賓有大江
下武仙縣唐武德四年析桂林置乾封元年省桂林入焉有仙
人山鬱水
下賀州秦屬南海郡二漢屬蒼梧郡吳分立臨賀郡晉因之宋
改爲臨慶國齊復爲臨賀郡梁陳因之隋平陳郡廢置賀州大
業初州廢屬始安郡唐武德四年平蕭銑立賀州天寶元年曰
臨賀郡五代爲楚馬氏所有後入南漢今縣三
緊臨賀縣二漢屬蒼梧郡吳立臨賀郡宋爲臨慶國隋立賀州
大業初州廢省臨賀入富川唐武德四年復置爲州治故封
陽及　蕩山一縣唐屬賀州　皇朝開寶四年省入有
臨賀山有臨水南流左合賀水縣對二水之會故取名焉臨

水又西南逕封陽爲封溪水又西南逕廣信而南注鬱水

上富川縣二漢屬蒼梧郡吳以後屬臨賀郡隋屬賀州唐因之天寶中更名富水後復故名故馮乘縣唐屬賀州　皇朝開寶四年省入有秦山富水

中桂嶺縣本建興吳置屬臨賀郡晉太康元年改爲興安隋開皇十八年更今名屬熙平郡唐武德四年來屬有桂嶺

下昭州秦屬桂林郡二漢屬蒼梧郡吳屬始安郡宋屬始建國齊以後復屬始安郡隋屬桂州唐武德四年平蕭銑立樂州正觀八年改爲昭州取昭潭爲名天寶元年曰平樂郡五代時爲楚馬氏所有後入南漢　皇朝開寶五年廢富州熙寧五年廢象州皆入焉今縣四

中平樂縣本漢荔浦縣地屬蒼梧郡吳分置平樂縣屬始安郡晉因之宋屬始建國齊以後復屬始安郡唐立樂州改曰昭

州故永平縣唐屬昭州　皇朝開寶五年省入有岂巖山
其巖如人目童子黑白分明
中立山縣本漢荔浦縣地隋置隋化唐武德五年更名立南恭
州正觀八年改曰蒙州天寶元年曰蒙山郡　皇朝熙寧
五年州廢以縣來屬初唐武德中析置東區純義二縣屬蒙
州永正元年改純義曰正義　皇朝太平興國中改正義
曰蒙山熙寧五年省東區蒙山入立山有東區山蒙江
中龍平縣本漢臨賀縣地屬蒼梧郡後置龍平縣屬始安郡唐
武德四年立靜州正觀八年改爲富州天寶元年曰開江郡
皇朝開寶五年州廢以縣來屬熙寧八年屬梧州元豐三年
復來屬初梁置開江縣隋省入豪靜唐復置屬梧州又屬柳
州天寶後置思勤縣長慶三年改開江曰馬江開寶五年二
縣皆省入有富豪山

下梧州古百越之地秦屬桂林郡漢屬南越以同姓趙光爲蒼梧秦王漢兵誅南越光降爲隋桃侯元鼎六年以其地立蒼梧郡東漢建安八年立交州牧治此十五年徙治番禺晉宋齊梁陳爲蒼梧郡隋平陳郡廢屬封州後屬蒼梧郡唐武德四年平蕭銑立梧州天寶元年曰蒼梧郡五代爲楚馬氏所有後入南漢今縣一

下蒼梧縣本漢廣信縣爲蒼梧郡治東漢以後因之隋平陳郡廢改廣信爲蒼梧縣唐立梧州正觀十二年省豪靜入焉孟陵鎮本猛陵縣漢屬蒼梧郡東漢以後因之隋屬始安郡大業初省入豪靜後蕭銑復置屬藤州唐正觀八年來屬更名戎城鎮本戎城縣梁置曰遂成隋更名屬藤州唐永徽中來屬 皇朝開寶五年二縣皆省入六年復置戎城熙寧四年又省有火桂江始安江

下藤州古百越之地秦屬南海郡漢屬蒼梧郡東漢晋因之穆帝分立永平郡宋齊以後因之隋平陳廢立藤州大業初州廢立永平郡唐武德四年曰藤州天寶元年曰感義郡五代時為南漢所有 皇朝熙寧四年廢南儀州入焉今縣二

中鐔津縣本漢猛陵縣地隋屬藤州初州治永平無鐔津又有隋安賀川寧人等縣皆正觀後省併更置鐔津爲州治以寧人屬容州永平屬昭州故寧風縣唐武德五年以縣立鷰州正觀三年徙治長恭七年更名泰州徙治寧風八年徙治安基復爲鷰州十八年州廢以寧風來屬故感義縣本淳民隋置唐武德中更名故義昌縣本安昌唐至德二載更名皇朝開寶五年省寧風感義義昌三縣入鐔津有鈆穴山鐔江漳江

上下岑溪縣本漢猛陵縣地隋屬永熙郡唐武德五年以永業

縣地立南義州及置龍城縣後廢置不常後第名義州天寶元年曰連城郡至德中改龍城爲岑溪　皇朝開寶三年州復曰南義州五年廢入竇州六年復置太平興國中改曰南儀州熙寧四年廢以岑溪來屬故永業縣本安義唐至德中更名故連城縣武德五年析正義置開寶六年並省入岑溪

下　龔州　古百越之地秦屬桂林郡二漢吳晉屬蒼梧郡穆帝以後分屬永平郡後因之唐正觀七年以鸞州故治立龔州天寶元年曰臨江郡五代爲南漢所有　皇朝開寶五年廢思明州入焉今縣一

中下　平南縣　本漢猛陵縣地唐正觀七年置治入山武陵徙州治此故陽川縣本陽建後更名故武陵縣隋屬藤州唐武德七年來屬故隋建縣隋屬藤州唐正觀十二年來屬故太吉縣正觀七年置　皇朝開寶六年四縣皆省入平南故武郎

縣唐永隆二年析龔蒙象三州立思唐州及置武郎平原二縣長慶三年改平原曰思和石晉天福初改州曰思化漢初復舊開寶五年改州曰思明六年州廢省思和入武郎來屬嘉祐二年省武郎入平南有石鷰山龔江

下潯州古百越之地秦屬桂林郡漢以後屬鬱林郡隋屬永平鬱林二郡唐立潯州後廢屬龔州後復置天寶元年曰潯江郡五代爲南漢所有今縣一

下桂平縣本漢布山縣地鬱林郡所治也後分置桂平縣梁立桂平郡隋屬鬱林郡唐屬鷰州後立潯州故大賓縣隋屬永平郡唐屬鷰州後來屬五代時省焉故皇化縣本漢阿林縣地隋置後省入桂平唐武德四年復置繡州正觀七年來屬皇朝開寶五年省入桂平有潯江鬱江

下貴州古西甌駱越之地秦屬桂林郡徙謫人居之漢屬鬱林

郡東漢以後因之隋開皇初郡廢屬尹州大業初屬鬱林郡唐武德四年平蕭銑立南尹州正觀九年改爲貴州天寶元年曰懷澤郡五代爲南漢所有今縣一

下鬱林縣本漢廣鬱縣地屬鬱林郡谷永爲太守降烏滸十萬人置七縣即此地也晉改爲鬱平縣宋齊以後因之唐置南尹州後曰貴州 皇朝開寶四年改曰鬱林故懷澤縣宋置隋省唐復置故潮水縣唐置故義山縣本馬嶺唐武德四年改曰馬度正觀後省天寶後復置更名 皇朝開寶五年省三縣入鬱林有馬度山南山鬱江

下柳州古百越之地秦以後地理與象州同唐平蕭銑立昆州是年改曰南昆州正觀八年又以地當柳星更名天寶元年曰龍城郡五代爲南漢所有今縣三

中馬平縣本漢潭中縣地屬鬱林郡吴分屬桂林郡後置馬平

縣及郡隋廢郡入象州後州廢屬始定郡唐立昆州後改曰柳州有柳江羅池唐柳宗元貶爲刺史死三年神降于州之後堂部將歐陽翼等見而拜之其夕夢翼而告曰館我於羅池即此地

中洛容縣唐正觀中置故象縣隋屬始安郡唐屬桂州後來屬皇朝嘉祐四年省入有洛青山

中柳城縣本龍城梁置隋屬始安郡唐武德四年立龍州并置柳嶺縣正觀七年州廢省柳嶺以龍城來屬　皇朝景德三年改曰柳城有龍江潯江

輿地廣記卷第三十六

輿地廣記卷第三十七

廣南西路下

下宜州秦屬象郡後徙復沒于蠻夷唐開置粵州乾封中更名天寶元年曰龍水郡五代時爲楚馬氏所有後入南漢 皇朝慶曆三年以撫水州入焉今縣五

上龍水縣唐與州同置并置崖山東璽等縣後皆省故洛曹縣本洛封唐屬柳州元和十三年更名 皇朝淳化元年來屬後改曰洛下嘉祐七年省入龍水有宜江龍江

中下忻城縣唐置及立芝州後廢後爲羈縻州 皇朝慶曆三年廢州以縣來屬

下天河縣唐與州同置有浚江

下思恩縣唐正觀十二年開山洞置環州同置屬焉後州沒于蠻夷 皇朝熙寧八年以縣來屬

下河池縣本羈縻智州　皇朝治平二年來屬
下賓州秦屬桂林郡自漢至齊屬鬱林郡梁立領方郡隋屬鬱
林郡唐武德四年屬南方州貞觀五年立賓州天寶元年曰安
城郡五代爲南漢所有　皇朝開寶五年州廢入邕州六年
復立端拱三年以澄州入焉今縣三
下嶺方縣二漢屬鬱林郡晉宋以後因之梁立領方郡唐立賓
州　皇朝開寶五年屬邕州六年復爲賓州治故琅邪縣
故保城縣本安城唐至德二載更名屬賓州開寶五年並屬邕
州六年皆省入焉有古漏山賓水
中遷江縣本思剛州唐爲羈縻州隸邕州都督府　皇朝天
禧四年廢爲遷江縣來屬有都泥山賀水
中下上林縣唐武德四年析嶺方置及立南方州貞觀八年改
曰澄州天寶元年曰賀水郡　皇朝開寶五年州廢以縣

屬邕州端拱三年來屬故止戈無虞二縣與上林同置屬澄州故賀水縣武德四年析馬平置屬柳州八年屬澄州開寶五年皆省入上林有上林洞都灃水

下橫州　春秋戰國為駱越之地秦屬桂林郡漢屬鬱林合浦二郡吳亡寧浦郡晉宋齊因之梁分立簡陽郡隋平陳二郡並廢立簡州開皇十八年改為緣州大業二年州廢屬鬱林郡唐武德四年立簡州六年改曰南簡州正觀八年更名橫州天寶元年曰寧浦郡五代為南漢所有　皇朝開寶五年廢巒州入焉今縣二

下寧浦縣本漢廣鬱縣地吳分置寧浦縣及立郡晉以後因之梁分立簡陽郡隋立簡州改為緣州唐為南簡州改為橫州

故從化縣本淳風武德四年分寧浦置正觀元年更名故樂山縣本漢[illegible]縣地屬合浦郡梁立樂陽郡隋平陳郡廢為

樂陽縣屬合州開皇十八年更名唐武德四年來屬皇朝開寶五年並省入合浦

下永定縣唐武德四年立淳州及置永定靈竹三縣而州治永定天寶元年曰永定郡永正元年曰巒州　皇朝開寶五年三州廢省武羅靈竹二縣入永定來屬熙寧四年省永定入合浦元祐三年復置

下化州古百越之地秦屬象郡漢屬南越後及東漢屬合浦郡吳屬高興郡晉以後屬高涼郡梁復高興隋平陳郡廢屬羅州大業初州廢屬高涼郡唐武德五年屬羅州六年立南石州正觀九年改爲辯州天寶元年曰陵水郡天祐元年朱全忠以辯汴聲近更名勳州後復故五代爲南漢所有　皇朝開寶五年廢羅州入焉太平興國五年改曰化州今縣二

下石龍縣本漢高涼縣地屬合浦郡　皇朝改曰化州

故陵羅龍化二縣並與石龍同置開寶五年省入焉有陸水羅

水

中吳川縣隋屬高涼郡唐屬羅州　皇朝開寶五年州廢以

吳川來屬故廉江縣本石城昔宋將檀道濟於陵羅江口築

石城立羅州梁陳因之唐天寶元年改名故幹水縣本石龍

唐改曰招義又改曰幹水零綠鎮本零綠縣三縣皆屬羅州

招義郡開寶五年州廢皆省入吳川

下高州古百越之地秦屬南海郡漢屬南越東漢屬合浦蒼

梧二郡吳立高涼郡晉以後因之梁兼立高州隋平陳郡廢大

業初州廢復立高涼郡唐武德六年立高州本治高涼正觀二

十二年徙治良德天寶元年置高涼郡大曆十一年徙治電白

五代爲南漢所有　皇朝開寶五年廢潘州熙寧四年廢竇

州皆入焉今縣三

下電白縣梁立電白郡隋廢屬高州唐大曆中州自良德徙治
此故良德本務德陳置後更名隋屬永熙郡唐武德中來屬
正觀中州自高涼徙治此而高涼更名西平入分屬恩州故保
寧縣本連江梁立連江郡隋平陳郡廢屬高州唐開元五年
改曰保安至德二載更名 皇朝開寶五年皆省入焉有
高涼山
中下信宜縣本信義唐武德五年析懷德置而自懷德徙南扶
州治焉正觀元年州廢屬瀧州二年復置五年又廢屬瀧州
六年復置八年更名竇州天寶元年曰懷德郡 皇朝大
平興國元年改縣曰信宜熙寧四年州廢來屬故懷德縣本
漢端溪縣地屬蒼梧郡梁置梁德縣及梁德郡隋平陳郡廢
開皇十八年改縣曰懷德屬瀧州大業初屬永熙郡唐武德
四年立南扶州後徙治信義故潭峩縣武德四年置故亮縣

五年置　皇朝開寶六年三縣皆省入信宜有潭峩山信

義水

下茂名縣西甌之地後置茂名縣屬高興郡隋屬高州唐正觀元年屬南宕州八年改州曰潘州後自定川徙州治此後州廢屬高州永徽元年立天寶元年曰南潘郡　皇朝開寶五年廢州省南巴潘水二縣入茂名來屬

下雷州古百越之地秦象郡地二漢以後屬合浦郡梁分立合州大同末以合肥爲合州以此爲南合州隋平陳復爲合州大業初州廢屬合浦郡唐武德五年復立南合州正觀元年改爲東合州八年又更今名天寶元年曰海康郡五代爲南漢所有

今縣一

下海康縣本漢徐聞縣地屬合浦郡梁立南合州隋爲合州置海康縣唐復爲南合州改曰雷州故遂溪縣本隋鐵把椹川

二縣屬合浦郡唐武德四年來屬後併入省更名[illegible][illegible]閒縣本
隋康正觀二年更名　皇朝開寶四年皆省入有蘖雷山
蘖雷水
下欽州古百越之地秦屬象郡漢以後屬合浦郡宋立宋壽郡
齊以後因之梁兼立安州隋平陳郡廢開皇十八年改州曰欽
州大業初州廢立寧越郡唐武德四年改曰欽州天寶元年曰
寧越郡五代為南漢所有今縣二
望靈山縣本漢合浦縣地隋開皇十八年置南賓縣唐正觀十
年更名後自欽江從州治此　皇朝開寶五年省欽江遵
化內亭三縣入焉
下安遠縣本安京舊置安京郡隋平陳郡廢屬欽州唐至德二
載改曰保京後復曰安京　皇朝景德三年改曰安遠有
安京山如洪水

下鬱林州古蠻夷之地春秋戰國爲西甌秦立桂林郡後爲南越尉佗所并漢以後屬合浦鬱林二郡隋平陳郡廢屬尹越二州大業初復屬合浦鬱林二郡唐立牢黨鬱林三州天寶元年爲定州寧仁鬱林三郡五代以後爲南漢所有　皇朝開寶七年廢黨牢二州政和元年廢[illegible]省入焉今縣三

中下南流縣本隋北流縣地屬合浦郡唐屬牢州爲州治焉皇朝開寶七年廢牢州省定川安川二縣入南流來屬而自鬱林縣徙州治此故撫安縣本西甌之地唐永淳元年開古黨洞立黨州并置撫安善勞善文寧仁安仁懷義福陽古符八縣二年析安仁以下四縣立平琴州垂拱三年州廢神龍元年復置天寶元年黨州曰寧仁郡平琴州曰平琴郡至德中更安仁曰容山後廢平琴州入黨州後又省善文寧仁福陽古符四縣開寶七年廢黨州省撫安善勞文山懷義入南流

有大龍山牢江

下興業縣本石南縣地梁置石南郡隋廢屬鬱林郡唐貞觀中屬貴州麟德二年以石南立鬱州乾封元年更名鬱林州而析石南置興業縣後州徙治鬱林而省石南入興業後又徙治興業　皇朝開寶五年省鬱林興德二縣入焉

中博白縣本漢合浦縣地唐武德四年析立南州兼置博白周羅建寧等縣而州治博白六年更名白州天寶元年曰南昌郡　皇朝開寶五年廢白州省周羅建寧南昌三縣入博白屬廉州七年復立政和元年又廢以博白來屬有鍾山博白溪

下廉州古百越之地秦屬象郡漢合浦郡東漢因之吳改曰珠官郡晉復曰合浦宋分立臨漳郡兼立越州齊梁陳因之隋平陳郡廢大業初改州曰祿州尋改為合州又廢而立合浦郡唐

武德四年立越州正觀八年改名天寶元年曰合浦郡五代爲南漢所有　皇朝太平興國八年廢爲太平軍咸平元年復立今縣二

上合浦縣漢立合浦郡吳曰珠官郡晉復爲合浦郡宋兼立越州時州始立以西江督護陳伯紹爲刺史鑿山爲城門以威服俚獠齊梁陳因之隋廢大業初復立唐爲越州正觀中改爲廉州以本大廉洞地　皇朝開寶五年省封山蔡龍大廉三縣入合浦太平興國八年省合浦入石康咸平元年復置故封山蔡龍唐武德五年置屬姜州正觀十年來屬故大廉縣武德五年分合浦置有糠頭山昔南越王佗屯軍於此舂穀積糠如山有廉江瘴江一名合浦有珠母海郡人採珠之所東漢時郡政煩苛珠徙交趾孟伯周爲守有惠化去珠復還

下石康縣太常樂州南漢立及置博電零綠鹽場三縣
皇朝開寶五年廢州省縣以其地置石康縣來屬
下瓊州漢珠崖郡地自合浦徐聞南入海得大州東西南北方千里武帝元封元年略以爲儋耳珠崖郡自初爲郡縣吏卒中國人多侵陵之故率數歲一反昭帝廢儋耳併珠崖元帝用賈捐之言又棄珠崖郡東漢置珠崖縣屬合浦郡吳赤烏五年復立珠崖郡晉平吳郡廢入合浦後復立朱崖郡梁陳立崖州隋陳因之唐正觀五年析崖州立瓊州天寶元年曰瓊山郡自乾封後没山洞蠻正元五年嶺南節度使李復討平之五代爲南漢所有今縣五
中瓊山縣隋末置屬崖州唐正觀五年立瓊州十三年析置曾口顏羅容瓊三縣正元七年省容瓊入焉五代時省曾口顏羅故舍城縣隋末置唐武德四年立崖州　皇朝開寶五

年州廢以縣來屬熙寧四年省入瓊山自縣北渡海便風揚
帆日一夜至雷州有瓊山
中澄邁縣隋屬珠崖郡唐屬崖州　皇朝開寶五年來屬有
澄邁山
下文昌縣本平昌唐武德五年置隸崖州正觀元年更名
皇朝開寶五年來屬
下臨高縣本臨機唐初隸崖州正觀五年來屬開元元年更名
下樂會縣唐顯慶五年置
同下州昌化軍漢屬珠崖郡梁兼入崖州隋以爲珠崖郡治焉
唐武德五年立儋州天寶元年曰昌化郡五代爲南漢所有
皇朝熙寧六年廢州爲昌化軍今縣三
下宜倫縣本義倫隋爲珠崖郡治唐立儋州州城即漢儋耳郡
城也　皇朝太平興國元年改義倫曰宜倫有毗耶山昭

山倫江

下昌化縣隋屬珠崖郡唐武德五年來屬　皇朝熙寧六年省爲鎮入宜倫元豐三年復置有昌化石極爲靈異祈禱多應有南崖江

下感恩縣隋屬珠崖郡唐武德五年來屬　皇朝熙寧六年省爲鎮入宜倫元豐四年復置有感勞山滴龍江故富羅縣本毗善隋屬珠崖郡唐武德五年更名來屬南漢省之故洛陽縣唐乾元後置　皇朝省之

同下州萬安軍隋珠崖郡地唐正觀五年屬瓊州十三年屬崖州龍朔二年立萬安州天寶元年曰萬安郡至德二年更名萬全郡後復故名五代爲南漢所有　皇朝熙寧七年廢州爲萬安軍今縣二

下萬安縣本萬安唐正觀五年析文昌置屬萬安州開元九年

州徙治陵水至德二年曰萬全正元元年州復徙治此後復
故名　皇朝改爲萬寧有赤隴山金仙水
下陵水縣唐置本隷振州後來屬　皇朝熙寧七年省爲鎮
入萬安元豐三年復置有靈山陵柵水故富　雲溥遼三縣
唐正觀五年置南漢皆省之
同下州朱崖軍隋珠崖郡地唐武德五年立振州臨振郡又曰
寧遠郡天寶元年曰延德郡五代爲南漢所有　皇朝開寶
五年改爲崖州熙寧六三廢州爲朱崖軍令鎮二
臨川鎮本臨川縣隋末置
藤橋鎮初唐振州領寧遠延德吉陽臨川落屯五縣南漢時省
延德臨川落屯三縣熙寧六年省寧遠吉陽二縣爲臨川藤
橋二鎮焉

二百三十

輿地廣記卷第三十七

輿地廣記卷第三十八

廣南路化外州

安南大都督護府古駱越之地秦屬象郡漢屬南越元鼎六年立交趾郡東漢建安八年兼立交州治龍編十五年徙治蒼梧之廣信十六年又徙南海之番禺尋復治龍編吳分立武平郡晉因之宋又分立宋平郡齊以後因之隋平陳三郡並廢大業初州廢復立交趾郡唐武德五年曰交州調露元年曰安南都護府至德二載改曰鎮南大曆三年復曰安南領縣七

上宋平縣宋置及立郡隋平陳郡廢屬交州大業初州廢立交趾郡唐武德四年立宋州六年曰南宋州貞觀元年州廢來屬寶曆元年府自交趾徙治此故南定縣唐武德四年以宋平置隸宋州貞觀元年來屬後省

中下太平縣本隆平唐武德四年置以縣立隆州六年曰南隆

州正觀元年州廢來屬先天元年更名

中下 交趾縣本漢羸𨻻縣地高帝立南侯織爲南海王居此武帝以爲交趾郡治焉隋置交趾縣後省唐武德五年立慈州并置慈廉烏延武立三縣正觀元年州廢省三縣更置杜佑云今南方夷人其足大指開廣並足而立其指交故名

上 朱鳶縣漢屬交趾郡晉以後因之隋屬交州唐武德四年立鳶州并置高[illegible]安定二縣正觀元年州廢省三縣以朱鳶來屬故苟漏縣漢晉屬交趾郡產丹沙葛洪乞爲苟漏令以求丹沙即此交州記云有潛水牛上岸共鬭角軟還[illegible]生後縣者

中下 龍編縣漢屬交趾郡初置縣城有交龍盤編於南北二津之間因取名焉東漢自羸𨻻移郡治此兼立交州晉以後因之隋屬交趾郡唐武德四年立龍州并置武寧中樂二縣正

觀元年州廢省二縣以紘龍編屬仙州州廢來屬
中下平道縣自未為郡縣時其地有雒田隨海潮上下民墾食
其田因名為雒民君長曰雒王臣佐曰雒侯設諸雒將後蜀
王子討雒王滅之自稱安陽王居此後南越王佗舉衆攻安
陽王王有神弩一發殺三百人南越知安陽不可克乃遣太
子始詐降亦事之王女曰眉珠私與始通始令眉珠取神弩
視之則竊以鋸截弩逃歸報南越進兵攻安陽王王逃敗亡
入海其地并於南越有王宮城故基在焉東漢為封溪縣地
屬交趾郡晉屬武平郡齊置昌國縣梁陳因之隋更名屬交
州唐武德四年立道州并置昌國縣六年曰南道州[illegible]年更
名仙州貞觀七年州廢省昌國以平道來屬
中下武平縣本吳漢封溪縣地吳置武寧縣及[illegible]以
後因之後改縣曰武定隋屬交州開皇十八年改縣曰隆平

唐武德四年改曰武平隸道州五年來屬

下都督峯州古文朗國亦陸梁地秦屬象郡漢屬交趾後及東漢屬交趾郡吳分立新興郡晉武帝改曰新昌郡宋齊因之陳兼立興州隋平陳郡廢為峯州大業初州廢入交趾郡唐武德四年復立峯州天寶元年曰承化郡領縣五

下嘉寧縣本漢麊泠縣地東漢分屬封溪吳分置嘉寧縣晉屬新興郡晉武帝改郡曰新昌後以嘉寧為郡治宋以後因之陳兼立興州隋平陳郡廢開皇十八年改州曰峯州大業初州廢屬交趾郡唐復立峯州初東漢建武中朱鳶雒將子名詩娶麊泠雒將女徵側為妻側為人有膽勇將詩起兵攻破郡縣徵側為王治麊泠得交趾九真二郡光武遣伏波將軍馬援討之側詩走金溪穴中二年乃克於是置封溪縣吳晉因之屬武平郡後省隋末復置唐武德四年來屬[illegible]正觀元年

省入嘉寧

下承化縣

下新昌縣舊屬新昌郡隋屬交趾郡唐武德四年來屬

下嵩山縣唐元和後置

下朱綠縣唐元和後置

堅瀼州隋大將軍劉方始開此路置鎮守尋廢不通唐貞觀中清平公李弘節遣劉方故道開置瀼州以達交趾今州在鬱林之西南交趾之東北天寶元年曰臨潭郡領縣四

下瀼江縣

下波零縣

下鵠山縣

下弘遠縣三元後没入蠻夷州縣名存而已

下巖州唐調露二年析橫貴二州立以巖岡之地因爲名天寶

元年曰常樂郡領縣四
下常樂縣本安樂蕭銑分興德置正觀元年省乾封元年復置
屬鬱林州永隆元年來屬至德二載更名
下恩封縣本伏龍洞當牢白二州之境調露二年與高城石巖
同置
下高城縣以高城水爲名
下石巖縣
下田州唐開元中開蠻洞立天寶元年曰横山郡領縣五
下都救縣
下惠佳縣
下武龍縣
下横山縣
下如賴縣皆與州同置

下愛州秦象郡地漢屬南越元鼎六年立九真郡東漢以後因之梁兼立愛州隋平陳郡廢大業初州廢復立九真郡唐武德五年復爲愛州天寶元年曰九真郡領縣六

下九真縣梁立愛州陳因之隋立九真郡治此唐復立愛州縣省

下安順縣本常樂晉屬九真郡隋更名唐武德五年立順州并析置東河建昌邊河三縣正觀元年州廢省三縣入安順來屬

下崇平縣舊曰高安隋開皇十八年改曰隆安屬九真郡唐武德五年立安州并置教山建道都握三縣又置山州并置岡山真潤古安西安建初五縣正觀元年廢安州省教山建道都握入隆安來屬又廢山州省岡山真潤古安西安入建初來屬八年省建初先天元年更隆安曰崇安至德二載又更

名

下日南縣本漢居風縣地屬九真郡吳改曰移風後析置日南
縣隋屬九真唐武德五年立積州并置積善津梧方載三縣
又以移風縣立前真州并置七阜建正真寧三縣又以胥浦
縣立胥州并置攀龍如侯博犢鎮星四縣九年更積州曰南
陵州正觀元年曰後真州是年廢前真州省九阜建正真寧
以移風隸南陵州又廢胥州省攀龍如侯博犢鎮星以胥浦
隸南陵州十年州亦廢以軍安日南胥浦來屬天寶中省移
風胥浦漢晉九真郡治胥浦後治移風義熙九年交州刺史
杜慧度造九真水口與林邑王范胡達戰禽斬胡達二子虜
獲百餘人胡達退五月慧度自九真水歷都粟浦復襲九真
長圍跨山重柵斷浦驅象前鋒接刃城下連日交戰津梧晋
屬九真郡後省唐復置後又省有居風山山上有風門常有

風山有金牛往往夜見照耀十里時鬪則海水沸溢

下長林縣本無編二漢屬九真郡晉省之唐復置後更名漢西

干縣故城在縣東

下驩州古越裳氏之國重九譯者也秦屬象郡漢屬九真郡吴分立九德郡晉宋齊因之梁兼立德州隋改曰驩州大業初州廢立日南郡唐武德五年立南德州八年曰德州正觀元年更名天寶元年曰日南郡領縣三

中下九德縣古越裳氏之國也周時獻白雉於成王秦屬象郡二漢屬九真郡其地爲[illegible]蠻所居子孫綱紀黨相代而立黨服從吴[illegible]時孫皓改置九德郡又九德縣晉以後因之梁立德州齊同驩州唐武德五年置安遠曇羅光安三縣是年以光安置源州又置水源安銀河龍長江四縣正觀八年更名阿州十三年州廢省水源河龍長江以光安安銀來屬

下福祿州自隋以前地與福祿郡同總章二年智州刺史謝法成招慰生獠昆
明北樓等七千餘落以故唐林州地置福祿州以處之或與福祿郡至德二載更郡
曰唐林領縣八

同本無其字

風山有金牛往往夜見照耀十里時鬬則海水沸溢

下長林縣本無編二漢屬九真郡晉省之唐復置後更名漢西

下縣故城在縣東

下驩州古越裳氏之國重九譯者也秦屬象郡漢屬九真郡吴分立九德郡晉宋齊因之梁兼立德州隋改曰驩州大業初州廢立日南郡唐武德五年立南德州八年曰德州正觀元年更名天寶元年曰日南郡領縣三

中下九德縣古越裳氏之國也周時獻白雉於成王秦屬象郡二漢屬九真郡其地爲[illegible]舉所居子實綱孫黨相代而立黨服從吴[illegible]是孫皓改置九德郡又九德縣晉以後因之梁立德州隋曰驩州唐武德五年置安遠曇羅光安三縣是年以光安置源州又置水源安銀河龍長江四縣正觀八年更名阿州十三年州廢省水源河龍長江以光安安銀來屬

下浦陽縣晉屬九德郡隋屬[illegible]郡唐屬[illegible]州

下越裳縣隋屬日南郡唐武德[illegible]屬[illegible]日南郡之南

谷金寧二縣並智州正觀元年[illegible]南智州省新鎮閩員十三

其萬安明引明定入越裳隸[illegible]日南後廢智州省文谷金寧入

越裳來屬

下懷驩縣本咸驩二漢屬九真郡晉屬九德郡隋屬日南郡唐武德五年立驩州并置安人扶演相景西源四縣治安人正觀元年更名演州十三年省相景十六年州廢省安人扶演西源以咸驩來屬後更咸驩曰懷驩

下陸州秦屬象郡漢屬交趾郡晉宋齊因之梁立黃州及寧海郡隋平陳郡廢改黃州曰玉州大業初州廢入寧越郡唐武德五年立玉山州正觀二年州廢入欽州高宗上元二年復立更

名陸州天寶元年曰玉山郡領縣三

下烏雷縣唐自安海徙陸州治此

下華清縣本玉山隋大業初省入安海唐復置天寶中更名

下寧海縣本安平梁置及立黃州寧海郡隋改州爲玉州改縣曰安海唐立玉州後徙治烏雷改曰陸州至德二載改縣曰寧海

下福禄州自隋以前地理[illegible]年智州刺史謝法成[illegible]袾州地立福禄州以處之[illegible]福禄郡至德二載更郡曰[illegible]

[illegible]撩[illegible]據唐[illegible]

環州[illegible]縣[illegible]逐唐至德[illegible]

領縣[illegible]縣

下龍溪縣

下銑勉縣

下思恩縣

下武石縣

下□良縣

下銅蔡縣

□□與州

下長山縣

下其常縣以上皆與州同

下湯州本秦象郡地唐立湯州領縣三

下湯泉縣

下淥水縣

下羅韶縣以上皆與州同置

下演州歷代地理與驩州同唐武德五年立驩州正觀九年改

爲演州而別立驩州十六年蠻盧入驩州廣德二年析驩州復

立本忠義郡亦曰龍池郡又曰湯水郡領縣二

開本 寰宇記後有 下中義县 下龍池县

（宋）歐陽忞 撰

宋本輿地廣記

第二册

國家圖書館出版社

第二册目録

也十二

屬趙州唐初屬定州大曆三年屬恒州　皇朝端拱元年
來屬
中深澤縣漢曰南深澤屬涿郡後漢屬安平國晉屬博陵國元
魏屬博陵郡北齊廢之隋開皇六年復置曰深澤屬博陵郡
唐屬定州景福二年屬祁州　皇朝熙寧六年省入鼓城
元祐元年復置
望趙州春秋時晉地戰國屬趙秦屬邯鄲郡漢屬常山鉅鹿郡
後漢因之兼置冀州晉爲趙國後魏爲趙郡明帝兼置殷州北
齊改爲趙州隋改爲欒州後復爲趙郡唐爲趙州天寶元年曰
趙郡　皇朝崇寧四年升慶源軍節度今縣七
望平棘縣二漢屬常山郡晉屬趙國後魏爲趙郡治隋開皇
初郡廢大業初復置唐爲趙州宋子縣昔高漸離匿作於
宋子擊筑而歌即此地漢屬鉅鹿郡後漢省之元魏復置屬

鉅鹿郡隋大業初省入平鄉縣故城在今縣北

寍音縣本癭陶縣地漢屬鉅鹿郡後漢晉元魏爲郡治焉隋屬趙郡唐屬趙州天寶元年改爲寧晉

臨城縣本晉邑左傳哀四年趙稷奔臨是也二漢爲房子縣屬常山郡晉爲趙國治焉元魏屬趙郡北齊省之隋開皇六年復置屬趙郡唐屬趙州天寶元年改爲臨城有泜水韓信斬成安君於此

也隆平縣本廣阿漢屬鉅鹿郡後漢省之元魏復置屬趙郡兼置郡州後改爲趙州隋開皇十六年置欒州仁壽元年改廣阿爲象城大業初州廢改縣爲大陸屬趙郡唐屬趙州武德四年復改爲象城天寶元年改爲昭慶以有建初啓運二陵故也　皇朝開寶五年改爲隆平熙寧六年省入臨城元祐元年復置

中高邑縣本曰鄗晉邑也左傳哀四年齊國夏伐晉取鄗即此漢屬常山郡後漢光武即位於此更名高邑又爲冀州刺史治焉晉屬趙國元魏及隋屬趙郡唐屬趙州栢鄉鎮漢縣屬鉅鹿郡後漢省之隋開皇十六年復置屬趙郡唐屬趙州皇朝熙寧五年省入高邑贊皇縣隋開皇十六年置取贊皇山爲名屬趙郡唐屬趙州　皇朝熙寧五年省入高邑

下保州五代以上地理與莫州同　皇朝置保塞軍後升爲保州政和三年爲清苑郡縣一

望保塞縣本漢涿郡之樊輿中山之北新城地後廢置不常北齊省入永寧縣改爲樂鄉隋開皇十八年改爲清苑屬河間郡唐屬瀛州景雲二年屬莫州　皇朝建隆元年以縣地置保塞軍太平興國六年升爲保州改清苑爲保塞縣

同下州安肅軍[illegible]五代以上地理與易州同　皇朝置靜戎

軍後改爲安肅軍今縣一
中安肅縣本易州遂城縣地　皇朝太平興國六年以遂城
之宥戎鎮置靜戎軍及靜戎縣景德元年改軍與縣皆爲安
肅焉
同下州永寧軍自五代以上地理與中山府同　皇朝置寧
邊軍後改爲廣寧軍今縣一
望博野縣本蠡吾縣地漢屬涿郡後漢屬中山國桓帝以蠡吾侯𦵏
此追尊爲孝崇皇其陵曰博陵因分蠡吾置博陵縣晉改曰博陸
爲高陽國治後魏改爲博野北齊省蠡吾入焉隋屬河間郡
唐武德四年置蠡州貞觀元年州廢屬瀛州永泰中屬深州
周屬定州　皇朝熙寧四年以博野縣地置寧邊軍景德
元年改永定天聖四年改永寧
同下州廣信軍自五代以上地理與易州同　皇朝置威虜

軍後改爲廣信軍今縣一

中遂城縣本北新城漢屬中山國後漢屬涿郡晉屬高陽國後曰武遂北齊改曰新昌隋開皇十八年改曰遂城屬上谷郡唐屬易州　皇朝太平興國六年置威虜軍景德元年改曰廣信

中下州順安軍自唐以上地理與瀛州同如意元年析河間縣置武興屬瀛州神龍元年更名唐興景雲二年屬莫州五代時屬瀛州後廢焉　皇朝太平興國七年以廢唐興縣地置唐興寨淳化三年升爲順安軍今縣一

中高陽縣漢屬涿郡後漢屬河間國晉屬高陽國後置高陽郡隋開皇初郡廢十六年置蒲州大業初州廢屬河間郡唐武德四年置蒲州正觀元年州廢屬瀛州　皇朝至道三年屬順安軍

河北路化外州

安東上都護府春秋戰國屬燕秦立遼東二漢因之漢末爲公孫度所據魏晉亦爲遼東郡後慕容廆居之後魏時高麗國都其地唐總章元年李勣平高麗得城百七十六分其地爲都督府九州四十二縣一百置安東都護府於平壤城以統之用其酋渠爲都督刺史縣令上元三年徙遼郡故城儀鳳二年又徙新城聖曆元年更名安東都督府神龍元年復故名開元二年徙于平州天寶二年又徙于遼西故郡城至德後廢領羈縻州十四

新城州都督府　遼城州都督府　哥勿州都督府

建安州都督府　南蘇州　木底州

蓋牟州　代那州　倉巖州

磨米州　積利州　黎山州

延津州　　安市州

大都督幽州武王封召公奭於燕都此及秦滅燕以為上谷郡漢高帝分立燕國昭帝元鳳元年為廣陽郡宣帝太始元年更為國東漢建武中併入上谷郡永平八年復立為郡兼立幽州魏晉為燕國前燕慕容儁初都其地元魏立幽州及燕郡北齊置東北道行臺後周平齊置揔管府隋開皇初郡廢大業初府廢立涿郡唐武德元年為幽州天寶元年曰范陽郡升為盧龍軍領縣九

望薊縣周武王克商封帝堯之後於薊又封召公於北燕其後燕國都薊與六國俱稱王為秦所滅屬上谷郡二世時韓廣自立為燕王項氏封臧荼漢高帝封盧綰相繼為王皆都其地後改為廣陽國東漢為郡兼立幽州魏晉為燕國前燕慕容儁自和龍徙都於此後又徙鄴元魏亦為幽州及燕郡隋

煬帝立涿郡唐爲幽州

望一幽都縣本薊縣地隋於營州之境汝羅故城置遼西郡以處粟末靺鞨降人武德元年曰燕州領遼西盧河懷遠三縣是年省盧河六年自營州遷于幽州城中以首領世襲刺史正觀元年省懷遠開元二十五年徙治幽州北桃谷山天寶元年曰歸德郡建中二年爲朱滔所滅巳廢爲縣與薊分治郭下在府北一里

上廣平縣天寶元年析薊置三載省至德後復置

上潞縣二漢屬漁陽郡晉屬燕國元魏屬漁陽後爲郡治隋開皇初郡廢屬涿郡唐武德二年自無終徙漁陽郡於此置玄州正觀元年州廢來屬

上武清縣本雍奴二漢屬漁陽郡晉屬燕國隋屬涿郡唐屬幽州天寶元年更名

緊永清縣本武隆唐如意元年析安次置景雲元年曰會昌天
寶元年更名
上安次縣漢屬勃海郡東漢屬廣陽郡晉屬燕國元魏屬燕郡
隋屬涿郡唐屬幽州
望良鄉縣　漢屬涿郡晉屬范陽國元魏屬燕郡隋屬涿郡唐
屬幽州聖曆元年改曰固節神龍元年復故名有大防山
望昌平縣漢屬上谷郡東漢屬廣陽郡晉屬燕國元魏省後置
東燕州及平昌郡後周州郡皆廢後又置平昌郡隋開皇初
郡廢屬涿郡唐因之北十五里有軍都陘西北三十五里有
納款關即居庸故關亦謂之軍都關其北有防禦軍古夏陽
川也有[illegible]
上涿州歷代[illegible]州同漢高帝立涿郡東漢因之魏文帝
更名范陽[illegible]為范陽國以封宣帝弟子綏為王元魏

北齊後周[illegible]隋開皇初郡廢屬涿郡唐大曆四年節度使
朱希彩奏[illegible]後同涿郡領縣四
上范陽縣[illegible]涿郡魏范陽郡晉曰范陽國元魏以後
復爲郡[illegible]涿縣屬涿郡唐武德七年改涿縣曰范陽屬
幽州[illegible]
上固安縣本[illegible]漢屬廣陽國東漢屬涿郡晉屬范陽國
元魏屬[illegible]唐正觀元年自章信城移固安縣治此
屬幽州後來屬
上新昌縣漢屬涿郡東漢省之唐大曆四年析固安復置
上新城縣本漢涿縣地唐大和六年析范陽置有督亢陂溉田
號爲膏腴燕太子丹使荊軻以督亢地圖獻秦王即此
上易州歷代地理與幽州同秦屬上谷郡二漢屬涿郡魏屬范
陽郡晉屬范陽國元魏復屬范陽郡隋開皇初立易州及黎郡

尋廢大業初州廢立上谷郡唐為易州天寶元年曰上谷郡領

縣四

上易縣本　漢故安縣屬涿郡魏晉元魏屬范陽郡北齊省故安

縣隋立易州及易縣[illegible]谷郡唐因之漢故安縣故城在

今縣南易水所出燕[illegible]送荊軻入秦祖道於水上軻起

為壽歌曰風蕭蕭[illegible]寒壯士一去兮不復還即此

上淶水縣本二漢[illegible]郡晉屬范陽國元魏屬范陽郡後

周省之隋開皇[illegible]屬易州六年改曰固安八年

省十年置永陽縣[illegible]淶水唐因之

中滿城縣漢北[illegible]元魏置永樂縣為樂浪郡僑

治北齊屬黎[illegible]廢屬易州唐天寶元年更名

滿城有郎山

中下五回縣唐開元二十[illegible]縣晉升置樓亭板城二縣

天寶後二縣省

下檀州歷代地理與幽州同[illegible]漁陽右北平二郡地二漢因之元魏立密雲廣陽安樂三縣[illegible]安州北齊廢密雲廣陽二郡入安樂後周改州爲玄州隋開皇初郡廢十六年州徙尋立檀州大業初州廢復[illegible]唐武德元年復爲檀州天寶元年曰密雲郡領縣二

中密雲縣本二漢厗奚縣地屬漁陽郡後省元魏立密雲郡及密雲縣北齊郡廢屬安樂郡省白檀要陽二縣入焉隋屬檀州後屬安樂郡唐自燕樂徙檀州治焉元魏又立安樂郡領安市土垠二縣北齊省土垠入安市後周省安市入密雲隋開皇初郡廢故白檀要陽二縣漢屬漁陽郡東漢省之元魏復置分屬故土垠縣二漢及晉屬右北平郡元魏屬漁陽郡後分屬

中燕樂縣元魏置屬廣陽郡兼立安州北齊郡廢屬安樂郡省
廣興方城二縣入焉後周改州曰玄州隋徙玄州尋立檀州
後為安樂郡唐屬檀州
下薊州歷代地理與幽州同[illegible]為漁陽右北平二郡地漢因之
後廢隋文帝徙玄州於此復置總管府煬帝初置漁陽郡唐武
德元年郡廢入幽州開元十八年分立薊州天寶元年曰漁陽
郡領縣三
中漁陽縣漢舊縣屬漁陽郡[illegible]之復置元魏屬漁陽郡後又
省隋末後置唐屬幽州開元十八年[illegible]置薊州有鮑丘水
中三河縣唐開元四年析幽州[illegible]
中玉田縣本無終春秋無終子國也[illegible]漢及晉屬右北平郡元
魏屬漁陽郡後省北齊復置[illegible]郡治[illegible]武德二
年[illegible]置屬幽州正觀元年省[illegible]二年後置[illegible]元年

更名祿龍元年屬營州[illegible]八年復[illegible]營州十
一年又屬幽州十八年來屬[illegible]至孝
父母沒葬之於無終山山高八十里[illegible]置飲焉
有人就飲與石一斗令種之[illegible]石[illegible]名曰玉田後
因以名縣故徐無縣二漢及晉[illegible]右北平郡元魏屬漁陽郡
後周廢入無終
上嬀州歷代地理與幽州同秦立上谷郡二漢因之晉太康中
分立廣寧郡二魏曰廣寧郡北齊立北燕州及長寧永豐二郡
後周去北字隋開皇初郡廢大業初州廢入涿郡唐武德七年、
平高開道立北燕州正觀八年更名天寶元年曰嬀川郡領縣
一
上懷戎縣本二漢潘縣屬上谷郡晉屬廣寧郡北齊改置懷戎
縣及立北燕州後周曰燕州唐為北燕州後改曰嬀州天寶

中析置嬀川縣尋省嬀水貫中故涿鹿縣二漢屬上谷郡晉屬廣甯郡後省昔黃帝與蚩尤戰於涿鹿即此涿鹿城東一里有阪泉黃帝與炎帝戰於阪泉即此東北五十里有居庸塞東連盧龍碣石西屬大行常山實天下之險有鐵門關有磨笄山趙襄子滅代其姊磨笄自殺因爲名代人憐之爲立祠

下平州商時爲孤竹國春秋時山戎肥子二國地戰國屬燕秦爲遼西右北平二郡地二漢因之晉屬遼西郡元魏屬遼西北平二郡兼立平州北齊廢遼西入北平隋開皇初郡廢大業初州廢復爲北平郡唐武德二年曰平州天寶元年曰北平郡領縣三

中盧龍縣本肥如春秋晉滅肥肥子奔燕燕封於此故曰肥如二漢及晉屬遼西郡元魏爲郡治兼立平州北齊屬北平郡

隋開皇十六年省肥如入新昌十八年改新昌曰盧龍爲郡治焉唐爲平州故令支縣二漢屬遼西郡晉省之有孤竹故城伯夷叔齊讓國於此漢靈帝時遼西太守廉翻夢人謂已曰余孤竹君之子伯夷之弟也遼海漂吾棺槨聞君仁善願見藏覆明日視之水上有浮棺吏笑者無疾而死於是改葬之爲立祠焉有盧龍塞道自無終縣東出渡濡水向林蘭陘東越清陘至凡城二百許里自凡城東北出趣平罡故城可百八十里向黃龍則五百里故魏志言田疇引軍出盧龍塞塹白檀歷平罡登白狼望柳城是也有濡河

中石城縣本臨渝二漢屬遼西郡晉省入陽樂隋末復置唐武德七年省正觀十五年復置萬歲通天二年更名故絫縣漢屬遼西郡故驪成縣漢屬右北平郡東漢皆省焉有碣石碣石山秦皇漢武皆登之以望巨海其石碣然而立在海旁故

名之晉太康地志云秦築長城所起自碣石在今高麗界非
此碣石也有臨渝關
中馬城縣本海陽縣地二漢及晉皆屬遼西郡唐開元二十八
年置馬城縣以通水運
上都督府營州商時孤竹國地春秋時屬山戎戰國屬燕秦屬
遼西郡二漢及晉因之前燕慕容皝自徙河之青山徙都于此
後燕慕容寶北燕馮跋亦都焉元魏立營州領昌黎建德遼東
樂浪冀陽營丘六郡北齊廢昌黎遼東樂浪營丘併入建德冀
陽二郡後周平齊其地爲高寶寧所據隋開皇初克之大業初
州廢立遼西郡　唐武德元年曰營州萬歲通天元年爲契丹所
陷聖曆二年僑治漁陽開元五年又還治柳城天寶元年曰柳
城郡領縣一
中柳城縣漢屬遼西郡爲西部都尉治東漢省慕容皝以柳城

之北龍山之南福德地也乃營建都邑改柳城曰龍城而徙居於此時有黑龍白龍各一鬬於龍山皝親觀之祭以太牢二龍交首嬉翔解角而去皝悅號新宮曰和龍宮後慕容寶馮跋相繼都焉元魏立營州及昌黎郡北齊廢郡隋開皇初改龍城縣曰龍山十八年復改曰柳城後立遼西郡唐曰營州漢交黎縣屬遼西故城在東南徒河縣屬遼西故城在東北青山慕容廆所據在東百九十里棘城高陽氏之墟在東南百七十里鮮卑山在東南二百里有鷄鳴山白狼水

輿地廣記卷第七一

輿地廣記卷第十三

陝西永興軍路上

次府京兆府本周室所居謂之宗周平王東遷地入于秦至孝公徙都焉始皇置内史漢元年屬塞國二年爲渭南郡高帝都此九年復爲内史武帝建元六年分爲右内史太初元年更爲京兆尹王莽既敗更始赤眉相繼據之後漢都洛陽仍以此爲京兆尹獻帝亦嘗都此魏改尹爲太守後改爲秦國復爲京兆國晉爲京兆郡兼置雍州愍帝亦都之其後爲劉曜符堅姚興所據後魏亦爲京兆郡兼置雍州後周復爲京兆尹隋初置雍州後改爲京兆郡唐初爲雍州開元元年改爲京兆府後周隋唐皆爲帝都昭宗遷洛廢爲佑國軍梁初改京兆府曰大安佑國軍曰永平軍後唐復爲西京晉廢爲晉昌軍漢改曰永興軍

今縣十五

次赤長安縣本宗周之地文王作豐今縣西北靈臺鄉豐水上是也武王作鎬今昆明池北鎬陂是也秦爲咸陽縣地漢高帝五年置長安縣惠帝元年城之經緯各長十五里城中皆屬長安今長安故城是也後漢因之晉及後魏爲京兆郡後周都焉隋開皇三年自漢長安故城東南移二十里置新都前直子午谷後枕龍首山左臨灞岸右抵灃水唐因之有終南山灃水鎬水

次赤萬年縣本漢長安縣地後周始於長安城中置萬年縣取漢縣名也隋文帝龍潛封號大興開皇三年改曰大興縣唐武德元年復故名漢杜陵縣故杜伯國周成王滅唐而遷之於此宣王以無罪殺杜伯杜伯之神射王于鎬故有周右軍將杜主祠秦武公十一年縣之漢宣帝以杜東原上爲初陵故更名杜爲杜陵屬京兆尹後漢及晉因之後魏改曰杜城

後周廢之故城在今縣南漢霸陵縣本秦芷陽文帝葬其巳改曰霸陵陵在霸水之西霸水故滋水也秦穆公更名以顯霸功晉曰霸城後魏曰西霸城後周廢之故城在今縣東南漢南陵縣故城在今縣東南有白鹿原長樂陂本滻坡隋文帝更名有灞水注

次繼鄠縣古有扈國有甘水出南山甘谷北入渭秦孝文王起萯陽宫於此二漢屬右扶風晉屬始平郡隋屬京兆郡唐因之

次繼藍田縣漢屬京兆尹後漢晉皆因之後周置藍田郡尋廢隋屬京兆郡唐因之南有藍田關故嶢關也漢高帝自武關攻秦用張良計破秦於此

次繼咸陽縣秦孝公十二年作咸陽築冀闕自櫟陽徙都之其後始皇以爲咸陽人多先王之宫庭小吾聞豊鎬之間帝王

之都也乃營作朝宫渭南上林苑中先作前殿阿房東西五百步南北五十丈為複道自阿房渡渭屬之咸陽以象天極閣道絶漢抵營室也後項籍屠咸陽燒其宫室漢高帝元年更名新城七年罷屬長安武帝元鼎三年别為渭城縣屬右扶風後漢省之唐武德元年析涇陽始平置咸陽縣屬京兆府秦咸陽故城在縣東十五里漢渭城故城在今縣東北故杜郵也秦白起遷陰密出咸陽西門十里至杜郵賜死即此地漢長陵縣高帝所葬屬左馮翊後漢屬京兆尹晉省之故城在今縣境

次畿醴泉縣漢谷口縣屬左馮翊故城在今縣北鄭子真其縣人也後漢省之後魏置寧夷縣西魏置寧夷郡後周改為秦郡後廢隋開皇十八年改縣曰醴泉屬京兆郡唐因之有九嵏山

次畿涇陽縣本秦故縣昭王封其弟涇陽君於此二漢及晉爲池陽縣地後置涇陽縣及咸陽郡隋開皇初郡廢屬京兆郡唐因之有焦護澤謂之瓠中

次畿櫟陽縣秦獻公自雍徙居櫟陽而天雨金周太史儋見獻公曰周故與秦國合而別別五百歲復合七十歲而霸王出焉項羽立司馬欣爲塞王都此漢高帝初取亦嘗居之太上皇葬櫟陽起萬年陵因分置萬年縣後漢省櫟陽入萬年晉屬京兆郡後周徙萬年置於長安城中而移廣陽縣置於故萬年城隋開皇三年改萬年爲大興而復改廣陽爲萬年屬京兆郡唐武德元年復改大興爲萬年而改萬年爲櫟陽屬京兆府

次畿高陵縣本秦故縣昭王封弟高陵君於此二漢屬左馮翊魏文帝改曰高陸晉屬京兆郡隋大業初復改曰高陵屬京

兆郡唐屬京兆府

次畿興平縣本周犬丘懿王都之秦改曰廢丘項羽立章邯爲雍王都此漢高帝三年更名槐里屬右扶風晉置始平郡後置扶風郡而改槐里曰始平縣隋開皇初郡廢屬京兆郡唐屬京兆府景龍四年中宗送金城公主入蕃别於此因改曰金城縣至德二年改曰興平

次畿臨潼縣驪山在南故驪戎國周幽王遇犬戎之禍於此秦曰驪邑漢高帝七年太上皇思東歸高帝於是改築城寺街里以象豐徙豐民以實之命曰新豐屬京兆尹後漢及晉皆因之唐屬京兆府垂拱二年改曰慶山神龍元年復故名三年析新豐萬年置會昌縣七年省新豐入焉改曰昭應屬京兆府　皇朝大中祥符八年改曰臨潼唐置宮在驪山下咸亨二年始名温泉宮天寶元年更名驪山曰會昌山六年

更名溫泉曰華清宮宮治湯井爲池環山列宮室又築羅城
置百司及十宅焉有鴻門漢高帝會項羽於此有戲水陳涉
遣將周章西入關至戲是也
次畿武功縣本邰邑后稷所封邰亦作斄漢屬右扶風後漢省
入郿武功亦漢縣本在渭南屬右扶風後漢因之晋屬始平
郡後周置武功郡建德中郡廢而置武功於故斄城今縣是
也隋屬京兆郡唐屬京兆府漢美陽縣屬右扶風後漢及晋
皆因之後周省入武功故城在今縣北七里有太壹山禹貢
所謂終南有垂山禹貢所謂敦物也
次畿乾祐縣本安業縣唐萬歲通天元年析商州之豐陽置景
龍三年屬雍州景雲元年屬商州乾元元年改爲乾元縣漢
改曰乾祐屬京兆府
次畿奉天縣唐文明元年析醴泉始平好畤武功永壽置以奉

乾陵陵在北五里屬京兆府德宗避涇卒之亂出居於此爲朱泚所圍賴守臧扞城得以不陷乾寧二年以縣置乾州　皇朝熙寧三年州廢復來屬

次盩厔縣本漢盩厔縣地唐武德二年析置終南縣正觀八年省後爲清平鎮　皇朝大觀二年復置

次府河中府周時爲魏國春秋時屬晉以封大夫畢萬戰國時魏惠王徙都大梁而其地入秦後置河東郡二漢晉皆因之兼置雍州後魏改爲秦州後周改爲蒲州隋初郡廢煬帝初州廢復置河東郡唐初爲蒲州開元八年置中都爲府是年罷都爲州乾元三年復爲河中府尋罷後爲河中節度　皇朝太平興國七年改爲護國軍今縣八

次赤河東縣故蒲坂舜之所都有歷山嬀汭水春秋文十二年晉人秦人戰于河曲在縣南戰國屬魏秦昭襄王四年取蒲

坂後屬河東郡二漢及晉因之後魏後周皆爲郡焉隋開皇初郡廢十六年析置河東縣大業初復置郡省蒲坂入焉唐初爲蒲州後爲河中府

次畿臨晉縣本桑泉左傳僖二十四年晉公子重耳濟河入桑泉是也漢爲解縣地隋開皇十六年析猗氏置桑泉縣屬河東郡唐屬河中府天寶十三年改爲臨晉解本春秋時解梁二漢及晉屬河東郡後魏後徙焉故城在今縣東南

次畿猗氏縣本令狐左傳僖二十四年晉公子重耳濟河圍令狐是也縣南對澤即猗頓之故居頓魯之窮士聞朱公富往問術焉朱公曰子欲速富當畜五牸於是乃適西河大畜牛羊十年之間其畜不可計貲擬王公故遂以猗氏名縣漢屬河東郡後漢晉皆因之西魏改曰桑泉後周復故隋屬河東郡唐屬河中府有郇城周文王子所封詩所謂郇伯勞之者

也

次畿虞鄉縣本漢解縣地元魏分置虞鄉縣隋因之唐武德元年改虞鄉爲解縣而於解西五十里别置虞鄉縣屬蒲州後屬河中府

次畿萬泉縣唐武德三年析稷山安邑猗氏汾陽龍門置屬絳州大順二年來屬

次畿龍門縣古耿國商祖乙自相徙居之春秋時晉獻公滅耿以賜大夫趙夙戰國時屬魏爲皮氏縣秦惠王渡河取皮氏二漢屬河東郡魏晉屬平陽郡後魏改爲龍門兼置郡隋開皇初郡廢屬河東郡唐武德二年秦州徙治此正觀十七年州廢屬絳州元和初來屬有龍門山禹貢所謂導河積石至于龍門是也

次畿榮河縣本魏之汾陰縣秦惠王渡河取汾陰即此漢屬河

東郡武帝立后土祠於汾陰睢上親望拜如上帝禮後漢亦屬河東郡晉省之後魏復置兼置汾陰郡隋開皇初郡廢屬河東郡唐武德元年改曰泰州正觀十七年州廢來屬開元十年明皇祀后土獲寶鼎因改爲寶鼎縣　皇朝大中祥符四年改寶鼎縣曰榮河置慶成軍熙寧元年廢軍以榮河來屬

永樂縣古魏國詩序所謂魏地狹隘者也春秋時晉獻公滅魏以賜大夫畢萬漢爲北縣屬河東郡魏晉皆因之後縣東徙焉唐武德元年分芮城置永樂縣以永樂澗爲名屬芮州州廢屬鼎州正觀八年來屬後又屬虢州神龍元年復來屬

禹貢雷首山在北山南曰首陽伯夷叔齊隱居其下

大都督府陝州昔周召分陝之所春秋虢國之地所謂北虢也戰國屬韓秦屬三川郡二漢及晉皆屬弘農郡後魏置弘農郡

兼置陜州隋開皇初郡廢大業初州廢屬河南郡義寧元年置
弘農郡唐武德元年曰陜州天寶元年更曰陜郡天祐元年昭
宗居陜升爲興唐府哀帝初復故號曰保義軍　皇朝太平
興國元年改保平軍今縣八

上陜縣古虢國所謂上陽也故城在今縣東漢屬弘農郡後漢
及晉皆之後魏置陜州及弘農郡後周因之隋屬河南郡唐
復爲陜州有焦國周武王封炎帝之後於此有莘原魯莊公
三十二年有神降于莘即此石壕鎮本崤縣後魏置唐武德
八年來屬正觀十四年改爲硤石縣姚崇其邑人也　皇朝
熙寧六年省爲鎮有禹貢底柱山山有三門河所經唐太宗
勒銘扵此

上平陸縣本虞虢之地吴山在西上有虞城舜始封於此至周
武王時封太王子仲雍之後是爲虞公春秋時晉所滅號下

陽邑在東北漢爲太陽縣屬河東郡後漢及晉皆因之後廢焉而置河北縣及河北郡隋開皇初郡廢屬蒲州唐正觀元年來屬天寶元年太守李齊物開三門以利運漕得古刃有篆文曰平陸因更名有傅巖在北即傅說築處有茅津在西南對陜城魯文公時秦伯伐晉晉人不出遂自茅津濟即此

上夏縣本夏禹之都漢爲安邑縣地後置夏縣及安邑郡隋開皇初郡廢屬虞州唐正觀十七年屬絳州乾元三年來屬有巫咸山蓋神巫所遊故山得其名

上靈寶縣古函谷關秦人恃之以爲險因漢武帝徙關于新安而以故關置弘農郡及弘農縣東漢晉因之元魏置弘農郡隋開皇十六年置桃林縣屬洛州唐武德元年來屬天寶元年得天寶靈符於古函谷關因改元兼改縣靈寶關在縣西南十里老子西遊至關關令尹喜先見其氣知真人當過物

邑而得之曰子將隱矣強爲我著書孟嘗君自秦逃歸夜半至關其客效雞鳴遂得出關戰國時九國伐關而攻秦秦人開關延敵九國之師逡巡而不敢進曹陽亭在縣東十三里秦章邯敗陳涉將周文於此漢獻帝歸至此爲李傕郭汜所逼遂露次焉曹公改爲好陽縣西南境即古桃林之野東北有桑田亭春秋虢公敗戎于桑田即此

中下芮城縣本魏國地魯桓公時芮伯萬爲母姜氏所逐自今馮翊縣界出居于魏即此地也漢爲河北縣地後周改曰芮城置永樂郡郡後廢焉隋屬河東郡唐武德二年置芮州貞觀元年州廢來屬

中下湖城縣本曰湖黃帝采首山之銅鑄鼎於荆山下鼎既成有龍垂胡頿下迎黃帝後世因名其處曰鼎湖漢武帝改曰湖屬京兆尹戾太子敗亡至此自殺後漢屬弘農郡晉因之

後曰湖城隋改爲閿鄉縣唐屬虢州　皇朝太平興國三年來屬縣之南境諸山東北連函谷西北連潼関皆古桃林之地

中下閿鄉縣本漢湖縣之閿鄉後湖城縣徙此焉隋開皇十六年改爲閿鄉屬河南郡唐武德元年屬鼎州正觀八年屬虢州　皇朝太平興國三年來屬漢戾園在今縣東南

中都督府延安府春秋白狄之地秦屬上郡漢初爲翟國尋復爲上郡後漢因之漢末羌胡大擾戶口流散郡縣皆廢焉後魏置東夏州西魏改曰延州置總管府隋置延安郡唐復爲延州梁號忠義軍後唐改曰彰武　皇朝升延安府今縣七

中膚施縣秦屬上郡二漢因之後廢焉隋大業三年置延安郡唐爲延州豐林鎮本漢臨河縣地元魏置廣武縣隋改曰豐林屬延安郡唐屬延州　皇朝熙寧五年省入膚施金明

寨本秦高奴縣項羽立董翳爲狄王都高奴即此漢屬上郡東漢因之漢末廢焉元魏置廣樂縣隋改曰金明屬延安郡後廢焉唐武德二年析膚施復置以縣置北武州正觀二年州廢來屬　皇朝熙寧五年省入膚施

中延川縣漢臨河縣地屬朔方郡東漢省之西魏置縣曰文安及置郡隋開皇初郡廢改縣爲延川屬延安郡唐屬延州延水鎮本安民縣唐武德二年析延川置　皇朝熙寧八年省入延川

中延長縣漢膚施縣地西魏置延安縣隋屬延安郡唐屬延州廣德二年改爲延長

中門山縣後周置隋大業初省入汾川唐武德三年復置屬丹州廣德二年來屬

中臨真縣漢高奴縣地元魏置臨真縣西魏又置伷水郡真川

縣後周郡廢隋大業初省真川入臨真縣屬延安郡唐屬延州

中敷政縣本因城元魏置後周廢尋又置隋屬延安郡唐武德二年徙治金城鎮更名金城貞觀八年屬延州天寶元年更名敷城

中下甘泉縣唐武德元年分洛交置伏陸屬鄜州天寶元年改爲甘泉後屬延州

望同州周爲芮伯韓侯國春秋時屬秦晉戰國時屬秦魏秦屬内史項羽分屬塞國漢高帝置河上郡景帝分爲左内史武帝改爲左馮翊東漢因之魏除左字但爲馮翊郡晉及元魏皆因之兼置華州西魏改曰同州取禹貢所謂漆沮既從灃水攸同以名焉隋初郡廢大業州廢復置馮翊郡唐武德元年曰同州天寶元年曰馮翊郡梁曰忠武軍 皇朝太平興國七年外

定國軍今縣六

緊馮翊縣本芮國漢爲臨晉縣地屬左馮翊元魏置華陰縣西魏改曰武鄉里天郡隋開皇初郡廢大業初改縣曰馮翊置郡唐爲同州治有沙苑周文帝敗齊神武于此有洛水商原所謂商顔

緊澄城縣漢徵縣地屬左馮翊左傳所謂取北徵是也徵澄音相近東漢省之元魏置澄城縣及澄城郡隋開皇初郡廢屬馮翊郡唐屬同州

緊朝邑縣故荔戎國秦厲共公獲之更名臨晉以築高壘臨晉國故也漢屬左馮翊東漢因之晉爲馮翊郡治焉元魏置南五泉縣西魏改曰朝邑隋屬馮翊郡唐屬同州臨晉縣故城在今縣西南

上郃陽縣古莘國其女太姒爲周文王后詩所謂在郃之陽是也漢爲郃陽縣屬左馮翊東漢晉隋皆因之唐屬同州夏陽

鎮故梁國秦取之更名夏陽二漢屬左馮翊後省焉今入郃

陽

中白水縣二漢衙縣地屬左馮翊故城在今縣東北後省焉元

魏置白水縣隋屬馮翊郡唐屬同州春秋文二年晉侯及秦

師戰于彭衙即此亦漢粟邑縣地屬左馮翊東漢及晉皆因

之後省焉

中韓城縣故韓國漢爲夏陽縣地屬左馮翊隋開皇十八年置

韓城縣屬馮翊郡唐屬同州有禹貢梁山詩韓奕篇弈弈梁

山即此有韓原魯僖公時秦伯伐晉戰于此有龍門山即禹

導河至于龍門也魚集其上即爲龍

望華州本鄭國春秋時屬晉戰國屬秦魏秦屬內史漢屬京兆

尹東漢屬京兆弘農郡晉因之元魏置華山郡及東雍州西魏

改曰華州隋初郡廢大業初州廢屬京兆馮翊郡唐武德元年

改曰華州垂拱二年避武氏諱改曰太州神龍元年復故名天寶元年曰華陰郡乾寧四年升興德府梁爲感化軍後唐改爲鎮國軍　皇朝皇祐五年改鎮潼軍今縣五

上鄭縣鄭相公始封此至子武公東徙新鄭漢屬京兆尹後漢及晋皆因之元魏置華山郡及東雍州西魏改曰華州隋屬京兆郡唐屬華州郭子儀其邑人也有少華山

望下邽縣秦武公伐邽戎取其人來置此縣以有上邽故曰下邽漢屬京兆尹東漢屬弘農郡晋屬馮翊郡後置延壽郡隋開皇初郡廢屬馮翊郡唐垂拱元年來屬漢蓮勺縣屬左馮翊東漢及晋皆因之隋大業初省入焉故城在今縣東北

望蒲城縣西魏置隋屬馮翊郡唐屬同州開元四年更名奉先屬京兆府天祐三年復屬同州　皇朝開寶四年復爲蒲城天禧四年來屬有金粟山

緊華陰縣禹貢華陰之地戰國時曰陰晉屬魏秦得之惠文王五年更名寧秦漢高帝八年更名華陰屬京兆尹東漢及晉屬弘農郡元魏置華山郡隋屬京兆郡唐屬華州禹貢太華山在縣東水經注云河水南流潼激關山因謂之潼關漢末曹公西征與韓遂馬超相持於此

上渭南縣漢新豐縣地蓋苻秦時置元魏置渭南郡後周郡廢隋屬京兆郡唐因之周顯德三年來屬

輿地廣記卷第十三

輿地廣記卷第十四

陝西永興軍路下

緊耀州春秋戰國屬秦秦屬内史項氏分屬塞國漢初屬河上郡後屬左馮翊東漢及晉皆因之元魏置北雍州西魏改爲宜州及置北地郡尋改爲通川郡隋開皇初郡廢大業初州廢屬京兆郡義寧二年置宜君郡唐武德四年改曰宜州貞觀十七年州廢天授二年復置宜州大足元年又廢天祐三年岐王李茂貞墨制置耀州仍升義勝軍節度梁末帝時茂貞養子温韜以州降梁梁改爲崇州靜勝軍後唐同光元年爲耀州以爲順義軍　皇朝開寶五年爲感義軍太平興國元年改感德軍

今縣七

上華原縣隋屬京兆郡唐因之垂拱二年改華原曰永安神龍元年復故名唐末李茂貞據鳳翔僭行墨制建爲耀州以温

韜爲節度使唐諸陵在其境内者悉發掘之郭崇韜以爲劫陵賊有土門山

望富平縣本漢懷德地東漢省之元魏置富平縣及北地郡後周改爲中華郡尋廢隋屬京兆郡唐因之後屬耀州有荆山

望三原縣漢池陽縣地屬左馮翊東漢因之晉爲扶風郡治後省焉苻秦於嶻嶭山北置三原護軍元魏罷護軍置三原縣後周置建忠郡尋廢隋屬京兆郡唐因之後屬耀州

上雲陽縣漢屬左馮翊秦有林光宫漢曰甘泉宫武帝立泰時以祠太一東漢因之晉省焉後復置元魏屬北地郡後周置雲陽郡隋開皇初郡廢屬京兆郡唐因之後屬耀州

上同官縣本漢祋祤縣屬左馮翊東漢因之晉省焉苻秦於祋祤城東北銅官川置銅官護軍元魏罷護軍置銅官縣屬北地郡隋曰同官屬京兆郡唐因之梁開平三年屬同州後唐

同光初屬耀州

中美原縣本頻陽縣秦厲公置在頻水之陽漢屬左馮翊東漢晉元魏皆因之景明元年析置土門縣隋大業初省入華原唐咸亨二年析富平華原蒲城於故土門縣置美原縣屬京兆郡天祐三年李茂貞置鼎州梁改爲裕州屬順義軍節度後不見其廢時唐同光三年割屬耀州

中淳化縣本雲陽縣之梨園鎮 皇朝淳化四年置縣屬耀州

緊邠州古豳國春秋戰國皆屬秦秦屬内史漢屬右扶風安定北地郡漢末置新平郡兼屬安定晉因之西魏置豳州後周及隋皆因之煬帝初州廢屬安定北地郡義寧二年復置豳州唐開元十三年以字類幽改作邠焉天寶三載以爲新平郡後升爲靜難軍節度今縣四

望新平縣本二漢漆縣屬右扶風漢末置新平郡晉因之後改漆縣爲白土西魏置豳州隋開皇四年改縣爲新平大業初州廢義寧二年復置苻堅墓在此

望宜祿縣漢鶉觚縣地屬北地郡後魏置宜祿縣以宜祿川爲名後周省入鶉觚屬安定郡唐正觀二年析新平保定靈臺復置屬豳州

上三水縣漢三水栒邑二縣地三水屬安定郡東漢因之晉省焉後復置西魏置恒州尋廢隋屬北地郡義寧二年屬豳州漢之栒邑即故豳國周之先公劉所居屬右扶風東漢因之鄧禹遣馮愔宗歆守栒邑二人爭權愔遂殺歆即此晉省焉故城在今縣東北有萬壽湫唐大曆八年因風雷而成

下永壽縣唐武德二年分新平置神龍元年屬雍州唐隆元年來屬

上鄜州春秋屬白翟秦屬上郡漢爲上郡及左馮翊東漢屬上郡魏武帝省焉晉陷于戎狄元魏置東秦州後改爲北華州西魏改爲敷州隋爲鄜城郡尋改爲上郡唐爲鄜州天寶元年爲洛交郡後升保大軍節度今縣四

緊洛交縣本漢雕陰縣地屬上郡東漢因之魏晉廢焉隋開皇三年置洛交縣大業三年置上郡唐置鄜州三川鎮本漢翟道縣屬左馮翊東漢省之苻秦於長原城置長城縣元魏改爲三川以華池水黑水洛水所會爲名隋屬上郡唐屬鄜州皇朝熙寧七年省入洛交

上洛川縣本漢鄜縣地元魏置洛川縣隋屬上郡唐屬鄜州

上鄜城縣昔秦文公夢黃蛇自天下屬地其口止於鄜衍史敦曰此上帝之祥君其祠之於是作鄜畤祭白帝焉漢屬左馮翊東漢省之元魏置敷城縣隋大業初改爲鄜城屬上郡唐

屬坊州唐末置翟州梁改爲遷州又改鄜城曰昭化後唐同光元年復改爲鄜城屬鄜州

中下直羅縣本漢雕陰縣地唐武德三年分三川洛交於直羅城置縣以城枕羅川水其川平直故

中解州自唐以上地理與河中府同漢乾祐元年割河中之聞喜安邑解三縣置解州　聖朝因之今縣三

中解縣春秋時謂之解梁晉惠公因秦返國許賂秦以河外列城五內及解梁城是也漢屬河東後漢及晉皆因之元魏分置虞鄉縣後省解入焉唐武德元年改虞鄉曰解縣而於解西五十里別置虞鄉皆屬河中府漢乾祐元年置解州有鹽池左傳成六年晉人謀去故絳諸大夫皆曰必居郇瑕氏之地沃饒而近盬是也

望聞喜縣本曲沃晉文侯封其弟成師謂之曲沃栢叔秦改爲

左邑屬河東郡漢武帝元鼎六年將幸緱氏至左邑桐鄉聞南越破以爲聞喜縣東漢及晉因之元魏置正平郡隋屬絳郡唐屬絳州後屬河中府漢乾祐元年來屬

緊安邑縣夏禹所都春秋時魏絳自魏徙此武侯二年城安邑蓋增廣之耳秦昭王二十一年魏獻安邑以爲河東郡二漢及晉皆因之元魏曰北安邑屬河北郡隋開皇十六年置虞州大業初州廢屬河東郡唐屬河中府漢乾祐元年來屬有鳴條陌湯與桀戰于鳴條即此有鹽池

中府慶州周之先不窋所居春秋時爲義渠之戎秦滅之屬北地郡二漢因之魏晉以後荒廢西魏置朔州後周廢焉隋文帝置慶州煬帝初置弘化郡唐爲慶州天寶元年曰安化郡至德元載曰順化郡升定安軍節度後唐降之　皇朝乾德二年復爲安化郡今縣二

中安化縣本漢郁郅縣地屬北地郡東漢省之後置弘化縣隋開皇十六年置弘州大業初州廢屬弘化郡唐為慶州治焉天寶元年曰安化至德元載曰順化 皇朝乾德二年復曰安化有不窋城同川縣本三泉隋義寧二年析彭原郡之彭原置唐武德三年改名同川屬慶州 皇朝乾德二年省入安化

望合水縣本合川唐武德元年置是年又析置蟠交縣正觀元年省合川入弘化天寶元年更蟠交曰合水後廢焉 皇朝熙寧四年復置華池鎮本西魏置蔚州後周廢之隋仁壽初置華池縣屬弘化郡唐屬慶州 皇朝熙寧四年省入合水故樂蟠縣本漢略畔道屬北地郡後省焉隋義寧二年析合水置樂蟠縣略畔與樂蟠音相近故訛耳唐屬慶州

皇朝熙寧四年省入合水

緊彭原縣本漢彭陽縣屬安定郡東漢因之元魏置西北地郡隋開皇初郡廢十八年改縣曰彭原屬北地郡唐武德元年置彭州正觀元年州廢屬寧州　皇朝熙寧三年改屬

雄虢州春秋時爲虢之南境虢亡屬晉戰國時屬秦魏二國秦平天下爲三川郡漢屬弘農郡東漢及晉皆因之元魏置西弘農郡後周廢之隋煬帝置弘農郡恭帝改爲鳳林郡唐初置鼎州因鼎湖爲名後爲虢州今縣三

中虢略縣左傳晉惠公許賂秦伯以河外列城五東盡虢略是也漢爲弘農縣地屬弘農郡東漢及晉皆因之隋大業中自湖城縣界與郡俱徙於弘農川即今治也唐武德元年置鼎州正觀八年廢自盧氏移虢州於此神龍初避孝敬皇帝諱改曰恒農開元十六年復故名　皇朝建隆元年避廟諱改曰常農至道三年又改曰虢略三城鎮故玉城縣西魏廢

之唐屬虢州　皇朝熙寧四年省入虢略

中盧氏縣漢屬弘農郡東漢因之西晉屬上洛郡元魏置洛安郡西魏改爲義川郡隋開皇初郡廢置虢州大業初州廢屬弘農郡義寧元年復置虢郡唐武德元年改爲虢州正觀八年州徙治弘農有禹貢熊耳山洛水所出

中朱陽縣元魏時置兼置朱陽郡後周郡廢隋屬弘農郡唐屬虢州

望商州商契始封於此春秋時屬晉戰國時屬秦爲内史地漢屬弘農郡東漢屬京兆尹晉初爲京兆南部後置上雒郡元魏因之西魏兼置洛州後周改爲商州隋初郡廢大業初州廢後爲上洛郡唐復爲商州天寶元年曰上洛郡今縣五

中上洛縣本晉地竹書紀年晉烈公三年楚人伐我南鄙至于上洛是也漢屬弘農郡東漢屬京兆郡晉泰始二年置上洛

郡隋開皇初郡廢大業初復置唐爲商州商山在縣西南秦
四皓所隱也州界有七盤十二繞其道隘險王莽命王級曰
繞霤之固南當荆楚蓋謂此地也有雄耳山
中下商洛縣古商邑契之所封秦以封衛鞅號曰商君漢屬弘
農郡東漢屬京兆尹晉屬上洛郡隋曰商洛亦屬焉唐屬商
州縣東有少習左傳哀四年楚司馬使謂晉陰地之大夫曰
晉楚有盟好惡同之不然將通於少習以聽命杜謂之武關
漢高帝游酈攻武關以入秦
中下洛南縣漢上雒縣地元魏置拒陽縣及拒陽郡隋開皇初
郡廢改縣爲洛南屬上洛郡唐屬商州
中下豐陽縣後周置隋屬上洛郡唐屬商州舊治吉川城麟德
元年移治豐陽川
中下上津縣漢長利縣地屬漢中郡宋置北上洛郡梁改爲南

洛州西魏爲上州隋大業初州廢屬上洛郡唐屬商州

望寧州夏公劉之邑春秋時爲義渠戎國地築城郭以自守而秦稍蠶食之戰國時戎王與秦昭王母宣太后亂有二子宣太后詐而殺戎王於甘泉遂起兵滅義渠始皇初屬北地郡漢屬北地上郡東漢屬北地安定郡晉國之後沒于戎狄元魏獻文置華州孝文改曰班州後爲豳州西魏改爲寧州後周分置趙興郡隋改寧州曰豳尋廢州而改趙興爲北地郡唐復爲寧州天寶元年曰彭原郡今縣四

緊定安縣漢泥陽縣地屬北地郡後周置趙興郡隋開皇初郡廢大業初置北地郡唐爲寧州

緊定平縣漢泥陽縣地唐武德二年析定安置屬寧州唐末置衍州周顯德五年州廢屬邠州後來屬

上襄樂縣漢襄洛縣地屬上郡元魏改洛爲樂置襄樂郡西魏

置燕州後周並廢隋屬北地郡唐屬寧州泥陽鎮本泥陽縣
二漢屬北地郡晉爲郡治元魏復置後省焉
下真寧縣漢陽周縣屬上郡東漢省之後復置西魏置顯州後
周廢焉隋開皇中改陽周縣爲羅川屬北地郡唐屬寧州天
寶元年獲玉真人像二十七因改羅川縣爲真寧有橋山黄
帝所葬
上坊州自隋以前地理與鄜州同後周天和中元皇帝爲敷州
刺史於此地爲寫坊武德二年分鄜州置坊州因以坊爲名
天寶元年曰中部郡今縣二
緊中部縣漢翟道縣地屬左馮翊後秦姚興置中部縣元魏因
之置中部郡隋避廟諱改曰内部開皇中郡廢屬上郡唐置
坊州有杏城姚萇置在今縣西
中宜君縣漢祋祤縣地屬左馮翊元魏置宜君縣後置宜君郡

隋開皇初郡廢屬京兆郡唐初屬宜州正觀二十年廢屬雍州龍朔三年來屬有玉華宫在今縣北唐貞觀二十年置

上丹州春秋時爲白翟戰國時屬秦秦屬上郡二漢因之晉亂沒于戎狄西魏置汾州及義川郡後改州爲丹州隋開皇初郡廢大業初州廢屬延安郡義寧元年置丹陽郡唐爲丹州天寶元年曰咸寧郡今縣一

中宜川縣本義川西魏置義川郡後周改縣爲丹陽隋開皇初復爲義川義寧元年置丹陽郡唐爲丹州 皇朝太平興國元年改 縣曰宜川故咸寧縣本永寧西魏改爲太平隋開皇中改爲咸寧屬延安郡唐屬丹州 皇朝太平興國三年省焉汾川鎮本安平縣元魏置後周改曰汾州隋屬延安郡唐屬延州 皇朝熙寧三年省入宜川雲巖鎮本雲巖縣唐武德元年析義川置屬丹州 皇朝熙寧七年省入

宜川

下環州自元魏以上地理與靈州同後周置會州隋改曰環州以大河環曲爲名大業初州廢屬靈武郡唐武德二年復置會州正觀六年更置環州九年州廢還屬靈州咸亨三年置安樂州以居吐谷渾部落至德後沒吐蕃大中三年收復更名威州後廢焉晉天福四年復置威州割靈州之方渠寧州之馬嶺木波三鎮爲屬而治方渠周廣順二年改曰環州顯德四年廢爲通遠軍　皇朝淳化五年復爲環州今縣一

上通遠縣本方渠漢屬北地郡東漢省之隋開皇十九年置鳴沙縣屬靈武郡唐置威州晉以方渠鎮復置威州周改爲環州後廢州爲通遠軍而改方渠爲通遠縣　皇朝天聖四年復改爲通遠軍木波鎮本爲領縣西漢爲北地郡治東漢徙治富平而省焉[illegible]

下府銀州春秋為[illegible]戰國屬秦後屬上郡二漢屬西河郡魏晉荒廢元魏立開光郡後周立真鄉郡兼立銀州隋開皇初二郡皆廢大業初州廢入雕陰郡唐正觀二年平梁師都立銀州天寶元年曰銀川郡唐末陷為拓跋氏　皇朝景德四年收復舊領縣四

中儒林縣二漢圁陰縣地屬西河郡苻秦有驄馬城土俗呼驄馬為乞銀因號乞銀谷後周於是立銀州隋開皇三年置儒林縣大業初州廢屬雕陰郡唐復立銀州東北有無定河即圁水也圁與銀音同而漢志作圜陰顔師古注云圜本作圁縣在圁水之陰因以為名王莽改為方陰則是當時已誤為圜字今有銀州銀水即是舊名猶存但字變耳以此考之則九域圖所載乞銀之說未可據也

中下真鄉縣西魏置後周立真鄉郡隋開皇初郡廢後屬雕陰

郡唐正觀二年來屬西北有茹盧水

中開光縣元魏立開光郡後周因之隋開皇三年郡廢屬雕陰郡後省唐正觀二年平梁師都復置隸綏州八年隸柘州十三年州廢來屬

中下撫寧縣西魏置隋屬雕陰郡唐初隸綏州正觀八年來屬

同下州綏德軍春秋時爲白狄戰國時屬秦秦屬上郡漢初屬翟國後屬上郡東漢因之西魏置安樂郡兼置綏州隋開皇初郡廢大業初廢綏州而置上郡尋改爲雕陰郡唐復爲綏州未年陷于西戎 皇朝熙寧二年收復廢爲綏德城屬延州後升爲軍唐治龍泉縣統縣五

中龍泉縣漢膚施縣地元魏置上縣西魏以爲安寧郡隋爲雕陰郡唐爲綏州天寶元年改縣爲龍泉漢上郡故城在縣西南

中下延福縣本延陵西魏置隋開皇中改曰延福屬雕陰郡唐屬綏州

中下綏德縣西魏置隋屬雕陰郡後廢之唐武德二年復置屬綏州

中下城平縣西魏置隋屬雕陰郡唐屬綏州

中下大斌縣唐武德七年置治魏平取稽胡懷化文武雜半以爲名正觀二年移治今所

同下州保安軍自五代以上地理與延州同　皇朝太平興國二年以延州永安鎮置保安軍統寨二

德靖寨天禧四年置建子城天聖元年改爲德靖寨

順寧寨慶曆四年置

輿地廣記卷第十四

輿地廣記卷第十五

陝西秦鳳路上

次府鳳翔府春秋以來爲秦都始皇時屬内史漢初屬雍國後分爲中地郡九年復屬内史建元六年分爲右内史太初元年更名主爵都尉爲右扶風東漢因之魏晉爲扶風郡元魏爲秦平郡兼置岐州西魏改郡爲岐陽隋開皇初郡廢大業初州廢復置扶風郡唐復爲岐州至德二載肅宗自順化幸扶風是年克復兩京置鳳翔府號爲西京後罷京名今縣十

次赤天興縣故雍縣秦德公既立卜居雍曰後子孫飲馬於河遂都雍至孝公乃徙焉二漢屬右扶風有五時以祠上帝説者以爲四面積高曰雍宜爲神明之隩故立羣祠云晉屬扶風郡元魏置秦平郡及岐州隋爲扶風郡唐爲岐州至德二年改雍曰鳳翔仍析置天興縣寶應元年省鳳翔入天興有

槖泉宮秦孝公起有析年宮秦惠公起有鳳臺秦穆公時有簫史者善吹簫能致白鳳穆公女弄玉好之公為作鳳臺以居之一旦乘鳳而去秦回中宮在縣西漢文帝十四年匈奴入蕭関回中宮候騎至雍即此

次岐山縣漢雍縣地後周三龍縣隋開皇十六年改為岐山屬扶風郡唐屬鳳翔府有禹貢岐山有五將山苻堅為姚萇將吴忠所執於此

次扶風縣漢美陽縣地後周置燕川唐武德二年置湋川縣正觀八年更名扶風屬岐州岐陽鎮昔周太王去邠踰梁山邑于岐山之下即此詩所謂居岐之陽也文王始亦治焉二漢為美陽縣地屬右扶風晉因之唐正觀七年置岐州元和三年省入扶風

次盩厔縣漢武帝置屬右扶風山曲曰盩水曲曰厔因山

水之曲以爲名東漢省之元魏復焉後周置周南郡及恒州尋並廢隋屬京兆郡唐因之天寶元年改爲宜壽至德二載復故名天復元年來屬有駱谷關司竹園

次畿郿縣二漢屬右扶風晉因之元魏改爲平陽縣西魏復曰郿城後周廢入周城隋開皇十八年改周城爲渭濱大業二年又改渭濱曰郿屬扶風郡唐屬岐州有郿塢漢末董卓所築號曰萬歲塢斜水出縣西南衙嶺山北歷斜谷徑五丈原東又北流入渭蜀諸葛亮帥師攻魏軍五丈原與司馬宣王對壘即此

次畿寶雞縣故陳倉昔秦文公遊獵於陳倉北阪獲若石云其色如肝寶而祠之故曰陳寶其神來常以夜光輝若流星從東南來集于祠城形若雄鷄其聲若雷野鷄夜雊說者曰此寶夫人祠也歲歲與葉君合葉神來時天爲之雷鳴雉爲雊

漢屬右扶風東漢及晉皆因之元魏改曰宛川西魏後曰陳倉後周置顯州[illegible]州縣俱廢隋開皇十八年復置陳倉縣屬扶風郡唐屬岐州至德二載更名寶鷄陳倉故城在今縣東魏爲重鎮明帝大定二年蜀諸葛亮圍魏將郝昭於此不克而退大散關在縣西南有渭水汧水

次畿虢縣本周虢[illegible]謂之西虢秦武公十一年滅小虢是也漢屬右扶風東漢省之後復置元魏置武都郡西魏改縣曰洛邑後周置翔州州尋廢隋開皇初郡廢大業初復改縣曰虢屬扶風郡唐屬鳳翔府平陽鎮秦寧公二年徙居平陽是也漢爲郿縣地磻溪水出南山茲谷北流注于渭即呂氏春秋所謂太公釣茲泉者也其投竿跽餌兩膝遺跡猶存

次畿麟遊縣隋義寧元年於仁壽宮置鳳棲郡及麟遊縣二年以仁壽宮中獲白麟更郡曰麟遊唐武德元年曰麟州貞觀

元年州廢縣屬岐州改仁壽宮爲九成宮
次畿普潤縣二漢杜陽縣地隋大業初置屬扶風郡唐屬鳳翔府有杜水漆水岐水
次畿好畤縣祭天之所曰畤封禪書曰雍旁故有吳陽武畤皆廢無祠蓋黃帝時嘗用事雖晚周亦郊焉後以爲縣漢屬右扶風東漢省之元魏復置爲扶風郡治隋大業三年省入上宜唐武德二年析醴泉置好畤屬雍州貞觀八年省上宜入岐陽二十一年省好畤以岐陽復置上宜更上宜曰好畤乾寧二年屬乾州　皇朝熙寧五年來屬
下府秦州周孝王封非子於此春秋戰國屬秦秦平天下屬隴西郡漢武帝分置天水郡東漢建武中更名漢陽郡兼爲涼州刺史治焉魏爲重鎮晉爲天水略陽二郡兼置秦州元魏因之又置漢陽郡隋開皇初郡廢大業初復置天水郡唐爲秦州升

雄武軍節度今縣四

上成紀縣包羲氏生於此漢屬天水郡東漢屬漢陽郡晉屬天水郡後廢焉後周復置隋屬天水郡唐屬秦州州本治上邽而成紀本治小坑川開元二十二年地震州自上邽徙治成紀之敬親川縣亦移入新城天寶元年州還治上邽寶應元年陷吐蕃大中三年復故地徙治成紀而上邽廢有嶓冢朱圉山邽山渭水瓦亭山

上天水縣漢上邽縣地屬隴西郡唐寶應時陷吐蕃後收復置天水縣屬秦州唐末廢之後唐長興三年復置以赤砂鎮為治所有龍馬泉

中隴城縣漢為隴縣屬天水郡東漢屬漢陽郡隋開皇六年改曰隴城屬秦州唐因之漢略陽道故城在今縣西北阿陽縣故城亦在縣西北有大隴山瓦亭山街泉亭秦谷秦非子始

封於此
中清水縣漢屬天水郡東漢省之晉復置屬略陽郡元魏因之
後置清水郡隋開皇初郡廢屬秦州唐因之有小隴山清水
伏羌城本冀戎地秦武公十年伐冀戎縣之漢屬天水郡王
莽末隗囂自稱西伯據此東漢為漢陽郡治焉晉屬天水郡
苻置秦州元魏改曰當亭縣後周改曰冀城隋屬天水郡唐
屬秦州武德二年更名伏羌後陷吐蕃　皇朝建隆二年
置伏羌寨熙寧三年以為城有苽瓜縣元魏置及置漢陽郡
後廢
上涇州春秋戰國屬秦秦屬北地郡漢武帝分置安定郡東漢
晉因之元魏太武兼置涇州蓋以涇水為名隋為安定郡唐為
涇州天寶元年曰安定郡後升彰義軍節度　皇朝太平興
國元年改彰化軍今縣四

望保定縣本安定漢屬安定郡東漢省之後魏復置爲郡治焉元魏爲涇州隋爲安定郡唐爲涇州至德元載更名保定漢烏氏縣故城在今縣東

上靈臺縣本鶉觚漢屬北地郡東漢屬安定郡晉因之後置趙平郡後周郡廢隋屬安定郡唐屬涇州天寶元年更名靈臺亦商時密國之地周文王所伐者也秦爲陰密縣白起被遷於此漢亦屬安定郡元魏屬平涼郡後省隋大業初以其地置靈臺縣二年省入鶉觚蓋取文王伐密而民始附之意故以靈臺名縣焉

上良原縣隋大業末初置屬安定郡唐屬涇州

長武縣唐爲長城隸邠州宜祿　皇朝咸平四年置保定縣來屬五年省爲寨大觀二年復置

上熙州春秋戰國皆爲西羌秦置隴西郡二漢晉因之惠帝分

置狄道郡前涼張駿置武始郡元魏置臨洮郡隋開皇初廢武始郡屬蘭州唐因之天寶三載分置臨州後陷吐蕃號武勝軍皇朝熙寧五年收復置熙州臨洮郡升鎮洮軍節度今縣一

中下狄道縣秦漢爲隴西郡晉爲狄道郡張駿置武始郡元魏置臨洮郡及龍城縣唐置臨州　皇朝置熙州有白石山在東清源堡漢首陽縣地屬隴西郡東漢及晉皆因之元魏改首陽曰渭源隋屬隴西郡唐上元二年復改曰首陽而於渭源故城別置渭源縣屬渭州儀鳳三年省首陽入渭源没蕃後廢　皇朝熙寧五年置渭源堡屬熙州有禹貢鳥鼠同穴山渭水所出今謂之青雀山

上隴州春秋戰國屬秦秦屬內史二漢屬右扶風晉屬扶風郡西魏置隴東郡兼置東秦州後改爲隴州隋開皇三年郡廢大業三年州廢屬扶風郡唐復爲隴州天寶元年曰汧陽郡今縣

四

望汧源縣本汧縣漢屬右扶風後漢及晉皆因之西魏曰汧陰
縣後改曰杜陽後周復曰汧陰隋改曰汧源屬扶風郡唐爲
隴州治焉有高盲岍山汧水所出有龍山弦蒲藪
緊汧陽縣二漢隃麋縣地屬右扶風晉省之元魏置汧陽縣又
汧陽郡後周郡廢隋屬扶風郡唐屬隴州有隃麋澤
中吳山縣漢汧縣地元魏孝文置長蛇縣隋開皇末省入南由
唐武德元年復置屬隴州貞觀元年更名吳山有吳岳故南
由縣元魏置屬武都郡隋屬扶風郡唐元和三年省
中隴安縣 皇朝開寶元年析汧陽置有秦嶺山
中下成州秦以前爲白馬氐漢屬武都郡東漢及晉爲郡治焉
後爲楊茂搜所據楊氏數世皆封仇池公元魏置南秦州西魏
改爲成州隋開皇初郡廢大業初州廢置漢陽郡唐復爲成州

天寶元年更名同谷郡今縣二

中同谷縣本漢下辨道屬武都郡東漢及晉皆爲郡治焉元魏屬脩武郡後爲白石縣置廣業郡西魏改縣曰同谷後周兼置康州隋開皇初郡廢大業初州廢屬河池郡唐武德元年以縣置西康州正觀六年州廢屬成州州初治上禄本漢縣屬武都郡東漢因之晉省焉後置仇池縣曰上禄唐改郡曰成州寶應元年没吐蕃後廢咸通十三年復置徙治同谷有仇池山其上方百頃四面壁立峭絶險固自然有樓櫓却敵之狀高七里餘蟠道三十六回上有豐水泉煮土成監漢末爲氐楊茂搜所據

中栗亭縣元魏蘭倉縣地置漢陽郡後唐清泰三年置栗亭縣屬成州有雷牛山栗亭川

下鳳州春秋時爲氐羌所居秦屬隴西郡二漢屬武都郡晉因

之惠帝時沒于氐楊茂搜元魏置道郡兼置南岐州西魏改郡曰歸真後周郡廢改州曰鳳州隋大業初州廢置河池郡唐爲鳳州天寶元年曰河池郡今縣三

上梁泉縣本故道秦文公時伐南山大梓化爲牛入水秦爲立怒特祠於故道即此漢王引兵從故道襲雍後屬武都郡東漢及晉因之元魏置固道郡及梁泉縣隋置河池郡唐爲鳳州

緊河池縣漢屬武都郡東漢及晉因之後廢焉元魏置廣化縣及廣化郡隋開皇初郡廢仁壽初改縣曰河池屬河池郡唐屬鳳州　皇朝徙治固鎮

上兩當縣本漢故道縣地元魏置兩當縣及兩當郡隋開皇初郡廢屬河池郡唐屬鳳州　皇朝徙治廣鄉鎮廣鄉即水經所謂廣香川也有兩當水出陳倉縣之大散關西南流入故

道

下岷州秦屬隴西郡二漢及晉因之西魏置岷州及同和郡隋開皇初郡廢大業初州廢屬臨洮郡唐復爲岷州天寶元年曰和政郡後陷吐蕃　皇朝熙寧六年收復今縣三

祐川縣本臨洮縣地二漢晉屬隴西郡西魏置溢樂縣及同和郡隋改溢樂爲臨洮唐武德元年復爲溢樂置岷州又置基城縣先天元年改基城爲祐川沒蕃後並廢　皇朝崇寧四年復置祐川

中大潭縣漢冀縣地屬天水郡　皇朝建隆三年以良恭大潭二鎮置大潭縣屬秦州熙寧六年來屬有禹貢朱圉山

緊長道縣本漢上祿縣地屬武都郡元魏分置長道縣隋屬漢陽郡唐屬成州天寶末廢咸通十三年復置屬秦州

皇朝熙寧六年來屬有祁山蜀諸葛亮率諸軍攻祁山南安

天水安定郡叛魏應亮即此

輿地廣記卷第十五

輿地廣記卷第十六

陜西秦鳳路下

下府渭州秦屬北地郡二漢屬安定郡晉因之元魏屬太平郡隋初屬原州後屬平涼郡唐屬原州寶應元年渭州沒吐蕃元和四年以原州之平涼縣置行渭州廣明元年爲吐蕃所破中和四年復置後曰隴西郡今縣五

中平涼縣漢朝那涇陽二縣地屬安定郡後周置平涼縣屬原州隋屬平涼郡唐屬原州元和四年置行渭州今因之有笄頭山禹貢涇水所出西有隴山有六盤關西北五里有吐蕃會盟壇唐貞觀五年築

中潘原縣本陰槃二漢屬安定郡晉省之後復置元魏置平涼郡隋開皇初郡廢屬安定郡唐屬涇州天寶元年改爲潘原縣周顯德六年來屬

中安化縣故屬儀州　皇朝熙寧五年州廢來屬

中崇信縣　皇朝乾德元年以舊崇信軍地置崇信縣屬鳳翔府淳化中屬儀州熙寧五年州廢來屬

中下華亭縣隋大業初置屬安定郡唐元和三年省入汧源後復置兼置儀州　皇朝熙寧五年州廢來屬

望原州自唐已上地理與涇州同廣德元年原州没吐蕃置行原州於靈臺之百里城正元十九年徙治平凉元和三年又徙治臨涇大中三年收復關隴歸治平高廣明後没吐蕃又僑治臨涇元屬涇州後唐清泰三年割屬原州後曰平凉郡今縣二

中臨涇縣漢屬安定郡東漢及晉爲郡治焉元魏亦屬安定後廢之隋大業初置湫谷縣尋改曰臨涇屬安定郡唐屬涇州後爲原州治所有漢朝那縣故城

中彭陽縣二漢屬安定郡晉省之後復置元魏置西北地郡隋

改縣爲彭原唐武德二年析彭原置豐義縣屬寧州

皇朝太平興國元年改曰彭陽至道三年來屬

中下階州古爲白馬氐國西戎之別種也漢武帝開之置武都郡東漢晉因之後没于氐楊茂搜元魏置武街郡西魏置武州隋開皇初郡廢大業初州廢置武都郡唐武德元年置武州天寶元年曰武都郡因没吐蕃廢大曆二年復置爲行州咸通中始得故地龍紀初遣使招葺之景福元年更名階州今縣二

中下福津縣漢武都縣地元魏置兟當縣及武街郡西魏又於今縣東北三十里萬郡故城置覆津縣後周省兟當入覆津隋開皇初武階郡廢屬武州唐因之景福元年改覆津曰福津後爲州治故盤堤縣本西魏置南五部縣後改名隋屬武都郡唐屬武州没蕃後不復置

中下將利縣故白馬氐國漢爲武都縣爲郡治焉天池大澤在

其西東漢及晉皆因之元魏改武都縣曰石門西魏改曰安育置武州後周改安育曰將利仍置武都郡隋開皇初郡廢大業初復置唐爲武州治後徙福津

上河州古西羌地秦屬隴西郡漢屬金城隴西二郡東漢屬隴西郡漢末宋建自稱河首平漢王據此曹公遣夏侯淵討平之晉惠帝時置晉興郡前秦苻堅置河州西秦乞伏乾歸又據於此元魏亦置河州後周置枹罕郡隋開皇初郡廢大業初州廢復置枹罕郡唐武德二年平李軌置河州天寶元年曰安昌郡領縣三

中下枹罕縣本罕羌侯邑漢爲枹罕縣屬金城郡東漢省之晉屬晉興郡苻秦置河州元魏因之後周置枹罕郡隋因之唐爲河州

中下大夏縣漢屬隴西郡東漢因之晉屬晉興郡前凉張駿置

大夏郡隋屬枹罕郡唐屬河州正觀元年省入枹罕五年復置

中下鳳林縣本白石縣漢屬金城郡東漢屬隴西郡張駿改白石爲永固屬晉興郡唐正觀七年於縣置烏州十一年州廢置安昌縣來屬天寶元年更名鳳林廣德元年州沒吐蕃皇朝熙寧六年收復置枹罕縣七年省之今曰安鄉郡縣一

寧河縣本寧河寨　皇朝崇寧四年升爲縣

下蘭州古西羌地秦屬隴西郡漢屬金城隴西二郡東漢魏晉因之前涼張寔分置廣武郡張駿又分置武始郡後爲西秦乞伏國仁南涼禿髮烏孤所據元魏後周屬武始郡隋開皇初郡廢置蘭州大業初州廢復置金城郡唐武德二年平薛舉置蘭州以皋蘭山爲名天寶元年曰金城郡領縣二

下五泉縣本金城縣漢屬金城郡爲西羌所據東漢及晉因之

有故苑川城西秦乞伏國仁據此後曰子城縣置金城郡隋開皇初郡廢置蘭州大業初州廢置金城郡復改縣曰金城後改曰五泉唐咸亨二年復曰金城天寶元年復曰五泉下金城縣本漢允吾縣爲金城郡治所張駿置廣武郡南涼禿髮烏孤據此隋廢郡爲廣武縣唐屬蘭州乾元二年更名金城漢浩亹允吾二縣故城在西南廣德元年州陷吐蕃

皇朝元豐四年收復今縣一

蘭泉縣

鞏州古雍州地春秋時屬羌戎秦屬隴西郡二漢因之靈帝分立南安郡晉屬隴西南安二郡元魏爲隴西南安安陽三郡兼置渭州後周併爲南安郡隋開皇初郡廢大業初州廢復置隴西郡唐武德元年置渭州天寶元年曰隴西郡寶應元年没吐蕃後廢　皇朝皇祐四年以渭州地置古渭寨熙寧五年改

通遠軍崇寧三年改爲鞏州今縣三

隴西縣本襄武縣地二漢屬隴西郡晉爲郡治焉元魏置渭州隋爲隴西郡唐渭州沒吐蕃廢　皇朝爲通遠軍元祐五年於郭下置隴西縣隋舊有隴西縣本獂道縣漢屬天水郡在襄武之東靈帝置南安郡晉因之又置中陶縣後省獂道入中陶隋開皇初南安郡廢改中陶爲内陶又改爲武陽十年又改爲隴西唐因之沒蕃後廢

永寧縣本永寧寨　皇朝升爲縣

寧遠縣本寧遠寨　皇朝崇寧四年升爲縣

會州古爲西羌秦屬隴西郡漢屬金城安定二郡地後漢屬金城武威二郡西魏置會州後周廢之隋屬平涼郡唐武德二年平李軌置會州天寶元年曰會寧郡領縣二

上會寧縣本漢枝陽縣地屬金城郡晉張寔分屬廣武郡西魏

置會州後周廢之隋開皇十六年置會寧縣屬平涼郡唐置

會州

上烏蘭縣本漢祖厲縣地屬安定郡東漢屬武威郡晉省之後周置烏蘭關唐武德九年置縣後州没吐蕃　皇朝收復

今縣一

敷川縣

西安州秦漢屬北地郡唐屬靈州　皇朝置西安州

西寧州古西羌所居漢武帝西逐諸羌乃度河湟築令居塞昭帝時屬金城郡東漢末置西平郡晉因之永嘉後禿髮烏孤初稱西平王其弟利鹿孤復都西平即此地也後魏置鄯州後周置樂都郡隋開皇初郡廢大業初州廢置西平郡唐武德二年平薛舉置鄯州天寶元年曰西平郡領縣三

中湟水縣二漢破羌縣地屬金城郡建安中改爲西平郡晉因

之元魏置鄯州後周置樂都郡隋開皇十八年改西都曰湟
水大業初爲西平郡唐爲鄯州破羌縣故城在縣西
中龍支縣漢允吾縣地東漢爲龍耆縣元魏改曰北金城西魏
改曰龍支隋屬枹罕郡唐屬鄯州
中鄯城縣唐儀鳳三年置屬鄯州並廢西平郡故城在西有土樓
山上元二年州没于吐蕃 皇朝收復改爲西寧州隴右
節度加號寶德軍
湟州古雍州地漢晉後屬西平郡唐屬鄯州 皇朝置湟州
有湟水東入河
廓州古西羌地東漢延熹中護羌校尉段熲追燒河大豪至河
首積石山出塞二千餘里即此地也漢末屬西平郡前涼置湟
河郡元魏屬鄯州後周武帝逐吐谷渾置廓州及洮河郡隋開
皇初州郡並廢大業初置澆河郡唐武德二年置廓州天寶元

年曰寧塞郡領縣三

下廣威縣本燒當羌地元魏置廣威縣隋仁壽初改爲化隆縣屬西平郡唐置廓州先天元年改化隆曰化成天寶元年曰廣威

下達化縣後周置達化郡并縣隋開皇初郡廢屬澆河郡有故澆河城晉時吐谷渾主阿豺所築在縣西一百二十里

下米川縣漢枹罕縣地屬金城郡唐正觀五年置米州及米川縣十年州廢屬河州永徽六年來屬廣德元年州没吐蕃

皇朝收復

下洮州古爲諸羌之地後爲吐谷渾所據至後周武帝逐吐谷渾置洮陽郡兼置洮州隋開皇初郡廢大業初州廢置臨洮郡唐武德二年置洮州天寶元年曰臨洮郡領縣一

中臨潭縣本吐谷渾地後周置美相縣唐正觀四年徙治洪和

城以故地置旭州五年又置臨潭縣八年州廢以臨潭屬洮
州徙州來治復遷于洮陽城仍於舊洪和城置美相縣天寶
中省美相併入有禹貢西傾山後名西強山吐谷渾主阿豺
嘗升西強山觀墊江源問於群僚曰此水東流更有河名由
何郡國入何水也其長史曾和曰此水經仇池過晉壽出宕
渠始號墊江至巴郡入江度廣陵會於海阿豺曰水尚知歸
吾雖塞表小国而獨無所歸乎遣使通宋獻其方物宋少帝
封為澆河公西傾之北則洮水所出北流入河寶應元年州
陷吐蕃　皇朝收復

同下州鎮戎軍秦屬北地郡東漢因之晉屬新平郡元魏太武
置高平鎮後為高平郡兼置原州隋初郡廢大業初州廢置平
涼郡唐武德元年曰原州天寶元年曰平涼郡廣德元年没吐
蕃後廢　皇朝至道元年以故平高縣地置鎮戎軍

高平寨慶曆二年置本漢高平縣爲安定郡治焉東漢屬安定郡光武自征隗囂河西太守竇融率五郡太守與車駕會高平是也晉省之元魏置高平鎮後改爲平高縣置原州隋爲平涼郡唐爲原州

同下州德順軍自五代以前地理與渭州同　皇朝慶曆三年以渭州隴干城置德順軍令縣一

隴干縣　皇朝元祐八年置

同下州懷德軍本平夏城　皇朝大觀二年升爲懷德軍以蕭關等寨隸之與西安鎮戎互爲聲援應接蕭關爲邊面之壯焉蓋唐之武州蕭關縣地也

同下州積石軍本漢之金城郡河關縣地唐置軍隸隴右節度府後没吐蕃　皇朝復置有積石山禹導河自此始河水出崑崙自昔言者皆失其實禹本紀山海經水經固以迂恠誕妄

而班固所載張騫窮河源事亦爲臆説騫使大夏見葱嶺于闐二河合流注蒲昌海其水亭居皆以爲潛行地中南出于積石爲中國河此乃意度之非實見蒲昌海與積石河通流也漢武帝以于闐山出玉按古圖書因名河所出曰崑崙至唐之時吐蕃爲大國居積石西唐之聘使往來非一始見黄河在吐蕃中西南數千里向東北流與積石河相連而吐蕃又言崑崙在其國内長慶中劉元鼎新爲盟會使言河之上流由洪濟梁西南行二千里水益狹冬春可涉夏秋乃勝舟其南三百里三山中高而四下曰紫山直大羊同國古所謂崑崙者也虜曰悶摩黎山東距長安五千里河源其間流澄緩下稍合衆流色赤行益遠它水并注則濁河源東北直莫賀延磧尾隱測其地盖劍南之西元鼎所經見大略如此

輿地廣記卷第二十六

輿地廣記卷第十七

陝西路化外州

安西大都護府漢爲龜茲國唐立安西府初治西州顯慶二年平賀魯析其地立濛池崑陵二都護府分種落列置州縣西盡波斯國皆隷安西又徙府治高昌故地三年又徙治龜茲都督府而故府復爲西州咸亨元年吐蕃陷都護府長壽二年收復安西四鎮至德元載更名鎮西後復爲安西吐蕃旣侵河隴惟李元忠守北庭郭昕守安西與沙陀回紇相依攻之久不下建中二年元忠昕遣使間道入奏詔各爲大都護並爲節度正元三年吐蕃攻沙陀回紇北庭安西無援遂陷領四鎮

龜茲都督府都護府所治本龜茲國

毗沙都督府本于闐國

疏勒都督府本疏勒國

焉耆都督府本焉耆國

北庭大都護府在流沙之西北漢爲烏孫故地東漢爲車師後王庭歷代爲胡虜所居唐正觀中討高昌于時突厥屯兵於可汗浮圖城與高昌相影響及高昌既平懼而來降乃以其地立庭州長安二年改曰北庭都護府建中二年曰大都護正元三年陷吐蕃領縣四

下金滿縣

下輪臺縣唐大曆六年置

下後庭縣本蒲類隸西州後來屬寶應元年更名其三縣並正觀十四年置

下西海縣寶應元年置

大都督府靈州古爲戎狄地秦屬北地郡二漢魏晉皆因之元魏太武帝平赫連昌置薄骨律鎮河渚上舊是赫連果地至明

帝立靈州初治河北後徙治果園所築城後周立普樂郡隋開皇三年郡廢大業初州廢立靈武郡唐武德元年改曰靈州天寶元年曰靈武郡升為朔方軍節度領縣四

望回樂縣本二漢富平縣地屬北地郡晉及元魏因之後省焉故城在縣西南元魏置回樂縣及立靈州後周立普樂郡西魏立臨河郡隋開皇元年改臨河郡曰新昌三年州郡並廢大業初立靈武郡唐武德元年曰靈州四年析置豐安縣正觀四年於回樂境內立回州以豐安隸焉十三年州廢省豐安天寶末明皇西狩太子即位於靈武是為肅宗

上靈武縣漢屬北地郡東漢省之後周置曰建安又立歷城郡隋開皇三年郡廢屬靈州十八年改建安為廣潤仁壽元年改今名唐因之

緊懷遠縣漢富平縣地後周置又立懷遠郡隋開皇三年郡廢

屬靈州唐立豐州武德六年廢省九原永豐二縣入懷遠

上保靜縣本弘靜隋開皇十一年置唐神龍元年曰安靜至德

元載更名有賀蘭山

中都督夏州古爲戎狄秦屬上郡後爲匈奴所有漢武帝伐胡取河南地立朔方郡東漢因之後復没於戎狄晉末赫連勃勃建都於此國號大夏子昌爲元魏太武所滅以其地立夏州西魏立弘化郡隋開皇初郡廢大業初州廢立朔方郡唐正觀二年平梁師都改爲夏州天寶元年曰朔方郡後升靜難軍節度

領縣三

上朔方縣二漢屬朔方郡後廢晉末赫連勃勃於黑水之南營都號爲統萬蒸土以築城鐵錐刺入一寸即殺作人不及一寸行錐者死元魏立夏州及置巖綠縣西魏立弘化郡隋曰夏州復曰朔方郡後爲梁師都所據唐克之改爲夏州正觀

三年改巖綠爲朔方縣唐末柘跋思恭爲静難軍節度使其
後世擅立相承至今爲梗
中下德静縣隋末置唐正觀七年隸北開州八年曰化州十三
年州廢來屬
中下寧朔縣後周置隸弘化郡隋屬朔方郡唐武德六年立南
夏州正觀二年州廢縣省入朔方五年復置來屬長安三年
省開元四年又置九年省其後又置
中都督涼州古爲戎狄秦時屬匈奴使休屠王居其地漢武帝
太初四年開立武威郡東漢魏晉因之兼立涼州前涼張軌後
涼呂光皆據此涼且渠蒙遜亦自張掖徙居焉元魏後周亦曰
武威郡隋開皇初郡廢大業初州廢立武威郡唐武德二年平
李軌立涼州天寶元年曰武威郡復爲河西節度領縣五
中下姑臧縣本匈奴蓋臧城後人語訛遂曰姑臧二漢魏晉皆

爲武威郡治兼爲涼州刺史治焉前涼後涼北涼皆據此元魏後周亦爲武威郡隋唐爲涼州或爲武威郡漢鶉陰縣隸安定郡東漢來屬後省故城在今縣東南漢顯美縣屬張掖郡東漢來屬晉以後因之後周省入姑臧有禹貢豬野澤古休屠城蓋并得漢武威休屠二縣地

下神烏縣本漢鸞鳥縣屬武威郡後省唐總章元年於漢縣故城復置神龍元年更名

中昌松縣本漢蒼松縣屬武威郡魏晉因之後涼呂光改爲昌松元魏立昌松郡後周郡廢隋開皇初改縣爲永世後復曰昌松唐因之漢允街縣神爵二年置屬金城郡東漢魏晉因之後省故城在今縣東南漢揟次縣屬武威郡東漢以後因之元魏屬昌松郡後周省入昌松

中下天寶縣本番和[illegible]漢屬張掖郡晉屬武威郡元魏立番和

郡後周郡廢爲鎮隋開皇中爲縣併障燕支二縣入焉唐咸亨元年立雄州調露元年州廢來屬天寶三載以山出醴泉更名有焉支山

中嘉麟縣本鸞鳥二漢屬武威郡後省唐武德三年復置神烏縣正觀元年省神龍元年改武威縣爲神烏而於鸞鳥故城置嘉麟縣景龍元年省先天二年復置

中都督沙州昔舜竄三苗于三危即此其後世爲戎狄地出美瓜長者狐入其中食之首尾不出左傳所謂元姓之戎居于瓜州是也戰國及秦月氏有其地漢時入匈奴武帝開之屬酒泉郡後分立敦煌郡東漢魏晋因之西涼李暠初據此元魏亦曰敦煌郡兼立瓜州後周因之隋開皇初郡廢大業初州廢復爲燉煌郡唐武德二年曰瓜州五年改爲西沙州正觀七年曰沙州天寶元年曰燉煌郡自禄山之乱河右没于吐蕃大中後吐

蕃微弱首領張義潮以瓜沙十一州來歸而宣懿德微不暇疆理名存有司而已後唐莊宗時外爲歸義軍節度領縣二

下敦煌縣二漢爲郡治晉亦屬焉元魏立瓜州後周改縣爲鳴沙隋大業初復爲敦煌唐立沙州漢效穀縣屬敦煌郡晉因之元魏立效穀郡後周郡縣皆廢入焉禹貢三危山在東南有三峯有神沙山冬夏有聲如雷渥洼水漢元鼎中土人得奇馬以獻武帝欲異之乃云從渥洼水中出於是作天馬之歌

下壽昌縣本龍勒二漢屬敦煌郡晉因之元魏立壽昌郡後周郡縣皆廢入敦煌唐武德二年析燉煌置壽昌永徽元年省乾封二年復置開元二十六年又省後復置治漢龍勒縣故城陽關在縣西六里玉門關在西北一百十八里二關之西三百餘里有蒲昌海一名鹽澤廣袤三四百里則葱嶺于闐

兩河之所注也

下都督瓜州古西戎地戰國時月氏有之後入匈奴漢屬敦煌郡東漢魏晉皆因之元康五年立晉昌郡後廢元魏後周爲常樂郡隋開皇初郡廢屬瓜州唐武德五年改瓜州爲西沙州而析晉昌別立瓜州天寶元年曰晉昌郡領縣二

中下晉昌縣本冥安二漢晉屬敦煌郡東晉帝又屬晉昌郡北涼李暠改爲涼興郡元魏改爲會樂郡後周省冥安別置涼興郡隋開皇初郡廢屬瓜州改涼興爲常樂縣唐武德四年更名晉昌五年別立瓜州於此

中下常樂縣本廣至二漢屬敦煌郡魏分置宜禾縣晉立晉昌郡李暠改晉昌曰涼興元魏改郡曰常樂後周廢縣別置於冥安故城置隋改常樂縣爲晉昌武德元年別置常樂於此

二百五十

下都督鹽州春秋戎狄之地秦屬北地郡二漢因之魏晉荒廢
元魏立大興郡西魏改為五原郡兼立西安州後改州曰鹽州
又改郡為大興郡隋開皇初郡廢大業初州廢立鹽川郡唐武
德二年平梁師都立鹽州天寶元年曰五原郡正觀三年沒吐
蕃九年復城之領縣
上五原縣漢馬領縣地屬北地郡後置五原縣元魏立大興郡
西魏立鹽州隋曰鹽川郡唐曰鹽州有烏池白池細項池四
瓦窰池鹽
上白池縣本興寧隋末置唐景龍三年更名
中府勝州本春秋戎狄之地戰國屬趙秦屬雲中九原一郡二
漢屬雲中五原二郡魏晉後荒廢隋開皇二十年立勝州大業
初州廢立榆林郡唐武德中平梁師都立勝州天寶元年曰榆
林郡領縣二

中下榆林縣本漢雲中之沙南五原之五原地南界有榆溪塞即蒙恬爲秦侵胡闢地數千里累石爲城植榆爲塞是也隋開皇七年置榆林縣二十年立勝州大業初立榆林郡唐因之漢五原縣故城在今縣西有隋故榆林宮東有榆林關

中下河濱縣亦漢沙南縣地唐正觀三年置以東臨河岸故名及立雲州四年曰威州八年州廢來屬東北有河濱關

下都督西州漢爲車師前王國元帝置戊己校尉屯田車師故地地形高敞因名高昌壘前涼張駿立高昌郡元魏和平元年爲蠕蠕所并以闞伯周爲高昌王高昌稱王自此始孝文時金城麴嘉稱王於此傳數世至唐正觀十四年討平之以其地立西州開元中曰金山都督府天寶元年曰交河郡領縣三

下前庭縣本漢高昌壘有八城本中國人也張駿立高昌郡吕光且渠蒙遜皆因之後闞伯周始建國至麴文泰爲唐所

滅立西州後又置高昌縣寶應元年改爲前庭取車師前王庭以名之

下柳中縣取漢舊地爲名

中下交河縣漢車師前王國治交河城河水分流繞城下故號交河唐取以名縣

中蒲昌縣唐以始昌故城置本隸庭州後來屬東南有蒲類海胡人呼爲婆悉海

下天山縣其五縣皆唐貞觀十四年與州同置

下伊州在燉煌北大磧之外爲戎狄之地非九州之限東漢明帝時伐匈奴始取伊吾盧地置宜禾都尉以屯田竇憲班超初築城於此班勇爲西域長史乃居焉自後多爲屯田兵鎮之所未爲郡縣元魏始立伊吾郡後又爲鄯善所據唐貞觀四年西域雜胡內附乃立西伊州六年曰伊州天寶元年曰伊吾郡領

縣三王代時曰胡盧磧爲仲雲之族牙帳仲雲小月氏之遺種
也
下伊吾縣本匈奴地曰伊吾盧在敦煌之北大磧之外南去玉
門關八百里東去陽關二千七百三十里東漢以後爲屯田
兵鎮之所晉置伊吾縣屬敦煌郡元魏立伊吾郡後廢唐立
伊州復置縣有天山胡人呼爲折羅漫山每過之皆下馬拜
一名雪山
下納職縣唐正觀四年以鄯善所築故城置開元六年省十五
年復置
下柔遠縣唐正觀四年置取縣東柔遠故城以名之
下甘州春秋戰國爲戎狄秦及漢初爲匈奴所有使昆耶王居
之武帝太初元年昆耶王來降以其地立張掖郡東漢魏晉皆
因之北涼沮渠蒙遜始都於此元魏置張掖郡西魏置西涼州

尋改曰甘州因州東甘峻山爲名後周因之隋開皇初郡廢大業初州廢復爲張掖郡唐武德二年平李軌立甘州天寶年曰張掖郡領縣二五代時爲回鶻牙帳

上張掖縣晉舊縣本匈奴昆耶王地漢立張掖郡治觻得縣東漢因之晉改曰永平縣西魏立甘州隋廢郡大業初改永平爲張掖縣唐因之漢昭武縣屬張掖郡晉改曰臨澤故城在縣西北漢張掖縣屬武威郡東漢因之後省故城亦在縣西北漢居延縣張掖都尉治東漢興平二年立西海郡魏晉因之後廢故城在今縣東北故臨松郡前涼張天錫置元魏因之後廢爲縣後周省入有遮虜障漢將軍路博德所築有祁連山臨松山甘峻山合黎山居延澤禹貢所謂道弱水至于合黎餘波入于流沙居延澤即古流沙也

中下刪丹縣漢屬張掖郡東漢因之後分屬西郡晉因之元魏

改縣曰山丹隋大業初復改曰刪丹屬張掖郡唐屬甘州漢
日勒縣屬張掖郡東漢因之後分立西郡魏晉元魏因之改
縣曰永寧西魏郡廢又改縣曰弱水後周省入山丹故城在
縣東南有焉支山匈奴初失祁連焉支二山惜之歌曰奪我
祁連山使我六畜不繁息失我焉支山使我婦女無顏色
下肅州古月氏地後入匈奴漢太初元年開立酒泉郡東漢魏
晉因之西涼李暠自敦煌徙居於此元魏後周亦爲酒泉郡隋
開皇初郡廢仁壽中立肅州大業初州廢入張掖郡唐武德二
年分立肅州天寶元年曰酒泉郡領縣三
中下酒泉縣本福祿漢立酒泉郡城下有金泉味如酒因以名
焉東漢以後皆因之元魏置酒泉軍後復爲郡隋郡廢立肅
州州廢屬張掖郡義寧元年改福祿爲酒泉唐立肅州西南
有崑崙山周穆王見西王母於此漢平帝時金城塞外羌獻

魚鹽之地遂得西王母石室以爲西海郡後爲吐谷渾所都
隋大業三年討之復立西海郡
下福祿縣本漢樂涫縣屬酒泉郡東漢晉因之後省唐既改福
祿縣爲酒泉武德二年於樂涫故城復置
中下玉門縣漢屬酒泉郡時罷玉明關屯徙其人於此因以名
縣東漢魏晉因之元魏立會稽郡併新鄉延興入會稽縣隋
開皇中改縣爲玉門屬瓜州唐武德二年來屬貞觀元年省
後置開元中沒吐蕃因置玉門軍天寶十四年廢軍爲縣北
有獨登山出鹽以充貢有神雨以
下疊州歷代爲諸羌所據晉屬汶山郡宋齊因之後爲西魏後
周所有武帝立西疆恒香二郡兼立疊州隋開皇初二郡並廢
大業初州廢入臨洮同昌二郡唐武德二年復立疊州天寶元
年曰合川郡領縣二

下合川縣後周置及立西疆郡隋郡廢屬臨洮郡唐立疊州故

疊川縣後周置及立疊州隋廢州屬臨洮郡唐武德二年來屬正觀二年省入焉有白嶺山

下常芬縣後周置及立恒香郡隋郡廢屬同昌郡唐武德元年立芳州高宗上元二年陷吐蕃神龍元年州廢來屬有弱水

下宕州歷代爲諸羌所據元魏武帝時始內附封爲宕昌王後周立宕昌國武帝天和元年置宕州隋大業初州廢爲宕昌郡唐武德元年復爲宕州天寶元年曰懷道郡領縣二

下懷道縣後周置及立甘松郡隋開皇初郡廢屬宕州唐爲州治正觀三年省和戎縣入焉

下良恭縣本陽宕後周置及立宕昌郡兼立宕州隋郡廢後州廢復爲宕昌郡唐屬宕州正觀元年以成州之潭水來屬後省入焉

下都督府豐州春秋爲戎狄戰國屬趙秦屬九原郡漢屬五原郡東漢因之魏晉後爲匈奴所没隋文帝置豐州煬帝初州廢置五原郡唐正觀四年以突厥降户立豐州不領縣十一年州廢入靈州二十三年復立天寶元年曰九原郡領縣二

中下九原縣二漢屬五原郡後没匈奴唐永徽四年復置

中下永豐縣唐永徽元年置麟德元年別置豐安縣天寶末省

東受降城唐景雲二年朔方軍摠管張仁愿築三受降城

中受降城有拂雲堆祠

西受降城開元初爲河所圮十年摠管張説於城東別置新城

北三百里有鸊鵜泉

上宥州歷代地理與鹽州同唐調露元年於靈夏南境以降突厥置魯州麗州含州塞州依州契州以唐人爲刺史謂之六胡州長安四年併爲匡長二州神龍三年立蘭池都督府分六州

爲縣開元十年復立魯麗契塞四州十年平康待賓遷其人於
河南及江淮十八年復爲匡長二州二十六年還所遷胡戶立
宥州及延恩等縣天寶元年曰寧朔郡至德二載更郡曰懷德
乾元元年復故名寶應後廢元和九年於經略軍復置距故州
東北三百里十五年徙治長澤爲吐蕃所破長慶四年節度使
李祐復奏置領縣二

中延恩縣唐開元二十六年以故匡州地置又以故塞門縣地
置懷德縣以故蘭池州之長泉縣地置歸仁縣寶應後皆省
元和九年復置延恩有經略軍在榆多勒城天寶中王忠嗣
奏置

中下長澤縣本漢三封縣地屬朔方郡後省元魏置長澤及立
闡熙大安二郡又立長州隋開皇三年郡並廢大業三年州
廢入朔方郡唐正觀七年立長州十三年州廢隸夏州元和

十五年來屬有胡洛鹽池

輿地廣記卷第十八

河東路上

大都督府太原府春秋屬晉戰國屬趙秦昭襄王使蒙驁攻趙初置太原郡二漢因之兼置并州魏晉爲太原國後魏復爲郡北齊後周皆因之隋初曰并州後曰太原郡唐武德元年爲并州天授元年置北都開元十一年曰太原府後領河東節度周初劉崇竊據其地 皇朝太平興國四年克復降爲并州嘉祐四年升爲太原府河東節度今縣九

次赤陽曲縣本漢狼孟縣地故城在今縣東北屬太原郡東漢自今定襄縣移陽曲於此晉因之隋開皇六年改曰陽直十六年改曰汾陽唐武德七年復曰陽曲自劉氏竊據以前府治太原晉陽二縣 皇朝太平興國四年 王師克復遂徙州治陽曲而空其故城太原縣禹貢所謂既修太原是也秦

以來爲太原郡治東漢以後兼爲并州刺史治焉後魏尒朱
榮高歡父子皆據此隋開皇十年於州城中古晉陽置太原
縣唐高祖於此起義師以興王業　皇朝太平興國四年
省入榆次晉陽縣本漢舊縣北齊置龍山縣隋開皇十年改
曰晉陽　皇朝建隆四年以爲平晉軍太平興國四年廢
爲平晉縣熙寧三年省入陽曲有龍山晉水所出

次畿太谷縣本漢陽邑縣屬太原郡東漢及晉皆因之隋開皇
十八年更名唐因之有太谷山

次畿榆次縣本涂水晉大夫知徐吾之邑也秦莊襄王三年蒙
驁攻趙榆次漢屬太原郡東漢晉因之北齊改曰中都隋開
皇初復曰榆次唐因之

次畿壽陽縣晉泰始中置屬樂平郡後廢隋開皇十年復置屬
并州後曰受陽唐武德六年受州徙治此正觀八年州廢來

屬十一年復曰壽陽有方山
次畿盂縣本晉大夫孟丙邑漢屬太原郡東漢晉因之後廢隋
開皇十六年置原仇縣大業初復曰盂唐武德三年置受州
正觀八年州廢來屬
次畿交城縣隋開皇十六年分晉陽置屬并州唐先天二年析
置靈川縣開元二年省
次畿文水縣本太陵縣地昔趙武靈王遊大陵夢處女鼓琴而
歌即此漢屬太原郡東漢晉因之後曰受陽隋開皇十年改
曰文水屬并州唐武德中屬汾州正觀初還屬并州天授元
年以武后鄉里改爲武興神龍元年復爲文水
次畿祁縣本晉大夫祁奚邑晉滅祁氏以賈辛爲大夫漢屬太
原郡東漢晉因之北齊省隋開皇中復置屬并州唐因之
次畿清源縣本梗陽晉大夫魏戊邑漢爲榆次縣地隋置清源

縣以清源水爲名屬并州大業初省入晉陽唐武德元年復
置
大都督府潞州春秋時爲黎侯後赤狄奪其地而潞子嬰兒爲
晉所滅其地屬晉戰國時曰上黨爲韓之別都遠韓近趙秦攻
上黨韓不能救其守馮亭以地降趙秦攻取之置上黨郡二漢
晉因之後魏亦爲上黨郡後周置潞州隋罷韓州大業初州廢
復置上黨郡唐武德元年又爲潞韓二州正觀十七年併韓入
焉後領昭義軍節度　皇朝太平興國元年改昭德軍建中
靖國元年改隆德軍今縣七
望上黨縣故黎侯國書所謂西伯戡黎詩所謂狄人迫逐黎侯
是也漢爲壺關縣屬上黨郡東漢晉因之後魏分置上黨縣
爲上黨郡治後周及唐爲潞州治明皇嘗爲州別駕有啓聖
宮本明皇故弟

上屯留縣春秋時本爲純留屬晉左傳晉人執衛孫蒯于純留即此後趙肅侯奪晉君端氏而徙之屯留漢屬上黨郡東漢晉因之北齊廢焉隋開皇十六年復置屬潞州唐因之有漢余吾縣故城在縣西北三十里

上襄垣縣漢屬上黨郡東漢晉皆因之後魏置襄垣郡北齊郡廢後周置韓州隋大業初州廢屬上黨郡唐武德元年復置韓州正觀十七年州廢來屬有壺臺山

上潞城縣故潞子國二漢潞縣屬上黨郡晉爲郡治後縣廢隋開皇十六年復置潞城縣屬潞州唐因之有潞水爲并州浸即濁漳水也

中黎城縣漢潞縣地後魏以潞縣被誅遺人置隋開皇十八年改名黎城有壺口故關

中壺關縣本漢壺關縣地後魏既以壺關置上黨縣乃移壺關

於此隋大業初省入上黨唐武德四年復析上黨置屬潞州

中長子縣本周史辛甲之封邑左傳晉人執衛行人石買于長子即此秦爲上黨郡治二漢因之晉屬上黨郡北齊廢焉隋開皇九年置曰寄氏縣十八年改曰長子屬潞州唐因之有廢鳩山漳水所出有羊腸坂王莽命其將王嘉曰羊頭之阨北當燕趙蓋此地也

中下涉縣二漢屬魏郡晉屬廣平郡後魏廢焉隋開皇十八年復置屬潞州

望晉州堯時爲帝都所謂平陽也春秋屬晉戰國屬魏秦屬河東郡二漢因之魏分置平陽郡晉因之劉淵僭位設都於此後魏亦爲平陽郡兼置唐州後改曰晉州東魏北齊皆爲重鎮隋初郡廢煬帝初置臨汾郡唐武德元年曰晉州天寶元年曰平陽郡梁開平四年升定昌軍後唐同光元年改曰建雄軍

皇朝因之今縣十

望臨汾縣本平陽堯所都也戰國時韓武子居之二漢屬河東郡魏置平陽郡晉因之後魏置唐州改曰晉州隋開皇初改郡曰平河改縣曰臨汾尋郡廢大業初置臨汾郡唐置晉州有姑射山

緊洪洞縣本楊侯國姬姓也晉滅之爲楊邑二漢爲楊縣屬河東郡晉屬平陽郡隋屬臨汾郡義寧二年改曰洪洞取縣北洪洞嶺爲名唐屬晉州故洪洞城在今縣北東魏北齊鎮此

緊襄陵縣二漢舊縣屬河東郡晉屬平陽郡後魏太武以擒赫連昌乃分置擒昌縣北齊廢襄陵入擒昌隋大業初又改擒昌爲襄陵屬臨汾郡唐屬晉州晉襄公之陵在西北因以名縣

上神山縣唐武德二年分襄陵置浮山縣東南有羊角山四年

以老子祠更名神山

趙城縣昔周穆王以趙城封造父即此漢爲彘縣地屬河東郡隋義寧二年析霍邑置趙城縣屬晉州

上汾西縣後魏置臨汾縣及汾西郡隋開皇初郡廢十八年改縣曰汾西屬晉州唐因之

中霍邑縣本彘縣周厲王流於彘即此漢屬河東郡順帝陽嘉二年改曰永安晉省之後魏置永安郡隋開皇初郡廢十六年置汾州十八年改爲呂州而改永安爲霍邑大業初州廢屬臨汾郡唐屬晉州霍太山在東北禹貢所謂太嶽也周封文王子叔處爲霍伯其後晉滅之有彘水西南流入汾

中冀氏縣漢猗氏縣地屬上黨郡後魏置冀氏縣及冀氏郡北齊郡廢隋屬臨汾郡唐屬晉州

中下和川縣

中下岳陽縣漢穀遠縣地屬上黨郡後魏置安澤縣隋大業初改曰岳陽屬臨汾郡唐屬晉州縣在太嶽之南禹貢所謂至于岳陽蓋指此而言也

中府州漢屬太原郡隋屬樓煩郡唐屬嵐州唐末置府州後唐莊宗以雲中人折從阮爲刺史晉出帝時從阮以兵攻契丹取其城堡十餘漢高祖天福十二年置永安軍以從阮爲節度使明年入朝拜從阮子德扆爲本州團練使自此折氏世守府州皇朝因之今縣一

下府谷縣有安豐寧府百勝三寨濱河斥候請化西安三堡有黄河

下麟州漢屬五原西河二郡隋屬銀勝二州唐因之開元十二年節度使張説奏置麟州十四年州廢天寶元年王忠嗣復奏置又爲新秦郡皇朝乾德五年升建寧軍節度端拱元年

改鎮西軍今縣三

上新秦縣唐天寶元年析連谷銀城置爲麟州治按漢書食貨志武帝以山東被水災民多飢乏乃徙貧民於關以西及充朔方以南新秦中今之郡縣蓋其地也

中銀城縣本漢圁陽曼柏二縣地屬五原郡後魏置石城縣後周改爲銀城隋屬綏州後廢焉唐正觀二年復置四年屬銀州八年屬勝州天寶元年來屬漢本紀光祿勳徐自爲築五原塞外列城西北至盧朐山即今縣北所謂光祿塞是也

下連谷縣本漢圁陰縣地屬西河郡唐正觀八年以隋連谷戍置縣屬勝州天寶元年來屬

雄絳州春秋爲晉都戰國屬魏秦時屬河東郡二漢因之晉屬河東平陽二郡後魏置東雍州西魏後周以爲重鎮後周改曰絳州及平正絳二郡隋開皇初郡廢大業初州廢置絳郡唐武

德元年復曰絳州天寶元年曰絳郡　皇朝因之今縣十一

望正平縣本二漢臨汾縣屬河東郡晉屬平陽郡後周置正平郡隋開皇初置絳州十八年改臨汾縣爲正平大業初置絳郡唐爲絳州有北齊武平關在縣西三十里故家雀關在縣西七里並是鎮處有汾澮二水

望曲沃縣晉文侯封弟成師於此謂之曲沃桓叔二漢爲絳縣地後周置曲沃縣隋屬絳郡唐屬絳州有絳山絳水

望太平縣本漢臨汾縣地後魏置太平縣隋屬絳郡唐屬絳州

上翼城縣晉國禮侯自晉陽徙都于絳至孫孝侯改絳爲翼謂之翼侯其後爲曲沃武公所并自曲沃徙都之復謂之絳二漢爲絳縣地後魏爲北絳縣及北絳郡隋開皇初郡廢十八年改縣曰翼城屬絳州義寧元年置翼城郡唐武德元年曰澮州四年州廢縣來屬

中稷山縣本二漢聞喜縣地屬河東郡後魏置高涼縣又置龍門郡後周置勳州改曰絳州隋開皇初龍門郡廢并絳州治正平十八年改高涼曰稷山唐因之上有玉壁城後周王思政所築為重鎮齊神武再攻圍不克

中絳縣本晉之新田魏獻子曰新田土厚水深居之不疾蓋謂此二漢屬河東郡晉屬平陽後周置絳郡隋開皇初郡廢屬絳州唐因之

下垣曲縣本垣縣二漢晉屬河東郡後廢又置焉西魏置邵郡及白水縣後周置邵州改白水為亳城隋開皇初郡廢大業初州廢改亳城為垣縣屬絳郡義寧元年置邵原郡唐武德元年曰邵州正觀元年州廢縣來屬龍朔二年屬洛州長安二年復故正元三年屬陝州元和三年復故今曰垣曲有禹貢王屋山沇水所出東流為濟

上代州春秋屬晉戰國屬趙趙武靈王置鴈門郡北其南境秦漢屬太原鴈門二郡東漢屬太原鴈門代三郡晉置鴈門郡後魏又置繁時郡後周置肆州隋開皇五年改曰代州唐因之天寶元年曰鴈門郡　皇朝因之今縣四

中鴈門縣本漢廣武縣屬太原郡東漢屬代郡晉爲鴈門郡治焉元魏後罷皆因之隋初郡廢置代州唐因之有夏屋山史記趙襄子於此登夏屋以銅斗擊殺代王即此有勾注山漢擊匈奴於此一名西陘有滹沲水

中崞縣二漢晉皆屬鴈門郡後廢焉元魏置石城縣東魏置廓州北齊改爲北顯州後周廢隋開皇十六年改縣曰平寇大業初又改曰崞縣屬鴈門郡唐屬代州有崞山故樓煩縣本樓煩胡地趙武靈王取之置縣二漢屬鴈門郡魏晉廢焉故城在今縣東故唐林縣本武延縣唐證聖元年析五臺崞置

唐隆二年改曰唐林　皇朝景德二年省入崞

中下三臺縣本慮虒縣二漢屬太原郡魏置廣武焉後魏置驢夷縣隋大業初改曰五臺屬鴈門郡唐屬代州有五臺山慮虒水

中下繁畤縣二漢晉皆屬鴈門郡後廢焉元魏復置并置繁畤郡後周郡縣並廢隋開皇十八年復置縣屬代州唐因之

下隰州春秋屬晉戰國屬魏秦二漢屬河東郡魏晉屬平陽郡後魏北齊爲沁州後周置沁州及龍泉郡隋開皇初郡廢後復置西汾州尋又改爲隰州大業初復置龍泉郡唐武德元年改爲隰州天寶元年曰大寧郡今縣六

上隰川縣本晉之蒲邑晉獻公使公子重耳居蒲即此漢爲蒲子縣屬河東郡晉屬平陽郡後廢焉後周置長壽縣及龍泉郡隋開皇初郡廢改長壽縣爲隰川爲隰州治唐因之

上温泉縣本後周新城縣地隋開皇十年省縣入汾西唐武德三年置温泉及北温州正觀元年州廢以縣來屬

中蒲縣後周置隋屬龍泉郡唐武德二年置昌州正觀元年州廢以縣來屬

上大寧縣本漢北屈縣地屬河東郡隋爲任城縣地屬文城郡唐武德二年更名是年置中州正觀元年州廢以縣來屬

中石樓縣本漢吐軍縣屬西河郡東漢省之後魏置吐京縣及吐京郡蓋胡俗語訛也隋開皇初郡廢十八年改縣爲石樓屬隰州唐武德二年置西德州正觀元年州廢屬東和州州廢來屬有石樓山

中永和縣本漢狐讘縣屬河東郡東漢省因之後周置臨河縣及臨河郡隋開皇初郡廢十八年改縣爲永和屬隰州唐武德二年置東和州六年析置樓山縣正觀二年州廢省樓山

以永和來屬

下慈州春秋屬晉戰國屬魏秦二漢屬河東郡魏晉屬平陽郡東魏置定陽郡又南汾州北齊改爲西汾州隋開皇初郡廢十六年改州爲耿州後復爲汾州大業初州廢置文城郡唐武德元年復曰汾州五年曰南汾州八年曰慈州取慈烏戍爲名天寶元年曰文城郡 皇朝熙寧五年州廢屬隰州元祐元年復置今縣一

中吉鄉縣本晉之北屈晉獻公使公子夷吾居屈即此地産馬所謂屈産之乘東魏置定陽縣及定陽郡隋改定陽曰吉昌置文城郡唐曰慈州後唐改吉昌爲吉鄉 皇朝因之州廢屬隰州州復置仍爲州治有禹貢壺口山文城鎮本元魏伍城縣地後置文城縣隋屬文城郡唐屬慈州有孟門山黄門 皇朝熙寧五年省入吉鄉唐慈州又領昌寧仵城

吕香三縣昌寧縣元魏置并内陽郡隋開皇初郡廢屬文城郡後唐改曰寧鄉　皇朝省之伍城縣元魏置曰刑軍縣後改曰伍城又置伍城郡隋開皇初郡廢屬文城郡周顯德三年省吕香縣隋義寧元年分伍城置平昌縣唐貞觀六年改爲吕香周顯德三年省

下忻州春秋屬晉戰國屬趙秦二漢屬太原郡元魏置肆州後周徙州於鴈門郡隋開皇初置新興郡尋廢十八年置忻州取忻口爲名大業初州廢屬樓煩郡義寧元年復置新興郡唐武德元年復爲忻州天寶元年曰定襄郡　皇朝因之今縣二

緊秀容縣本漢汾陽縣地屬太原郡東漢省之元魏置肆州北齊置平寇縣隋開皇初置新興郡十年廢平寇縣而自今宜芳秀容故城移縣治此十八年置忻州唐因之有忻口寨繫舟山

上定襄縣本漢陽曲縣地唐武德四年析秀容置有石嶺關𡶏

險固

輿地廣記卷第十八

輿地廣記卷第十九

河東路下

望汾州春秋屬晉戰國屬趙秦屬太原郡二漢屬太原西河二郡魏因之晉屬西河國元魏置西河郡兼置汾州北齊置南朔州後周改曰介州隋開皇初郡廢大業初州廢復置西河郡唐武德元年改曰浩州三年改曰汾州 皇朝因之今縣五

望西河縣本漢隰城縣屬西河郡東漢省之晉復置屬西河國元魏為西河郡及汾州治隋唐皆因之肅宗上元元年改隰城曰西河漢京陵縣地屬太原郡即趙文子與叔向觀于九原之所漢茲氏縣屬太原郡魏黃初二年置西河國有西河恭王司馬子盛碑

望平遥縣本漢平陶縣屬太原郡東漢晉因之元魏以諱改陶為遥隋屬西河郡唐屬汾州

上介休縣二漢屬太原郡晉屬西河國元魏分置平昌縣後周置介休郡省介休縣入平昌隋開皇初郡廢十八年改平昌曰介休屬西河郡義寧元年復置介休郡唐武德元年改為介州正觀元年州廢來屬有綿上山今謂之介山有介子推祠漢鄔縣屬太原郡東漢晉因之九澤在北是為昭餘祁漢中都縣文帝為代王都此屬太原郡東漢晉因之後皆入介休

上孝義縣漢中陽縣屬西河郡東漢因之隋曰永安正觀元年更名孝義有隱泉山

中靈石縣本漢介休縣地隋開皇十年置屬汾州唐因之有賈胡堡唐高祖討宋金剛次于此地有高壁嶺雀鼠谷汾水關皆險固之處

上澤州春秋屬晉戰國屬韓後屬趙秦屬上黨郡二漢屬上黨

河東二郡魏晉因之元魏置建州及高都長平安平三郡北齊
置長平高都二郡後周併二郡爲高平郡隋開皇初郡廢改州
爲澤州大業初州廢置長平郡置澤州天寶元年曰高平郡
皇朝因之統縣六
緊晉城縣本高都縣二漢晉屬上黨郡元魏置建州北齊置長
平高都二郡後周併爲高平郡隋開皇初郡廢十八年改縣
爲丹川大業初置長平郡唐武德元年四月建州三年析丹川
縣置晉城六年州廢隸蓋州從蓋州來治九年省丹川入晉
城正觀元年州廢隸澤州從澤州來治有天井關在縣南太
行山上
上高平縣本泫氏縣地二漢晉屬上黨郡後析置平高縣北齊
改曰高平省泫氏入焉隋屬長平郡唐武德元年置蓋州二
觀元年州廢焉屬澤州秦將白起坑趙降卒四十萬人於長平

卽此地今有頭顱山

上陽城縣本漢濩澤縣二漢屬河東郡晉屬平陽郡隋置澤州取濩澤爲名後屬長平郡唐武德元年復置澤州八年徙治端氏天寶元年改縣爲陽城有禹貢析城山王屋山濩澤水

中端氏縣韓趙魏既分晉徙晉君于端氏卽此二漢屬河東郡晉屬平陽郡元魏置安平郡隋開皇初郡廢屬澤州唐武德六年徙州來治此正觀元年徙治晉城

中陵川縣本漢泫氏縣北齊省之隋開皇十六年置陵川縣屬澤州唐武德元年屬蓋州正觀元年來屬

中下沁水縣二漢晉皆屬河內郡元魏置廣寧郡北齊郡廢改縣爲永寧隋開皇十八年復爲沁水屬澤州唐武德元年屬蓋州正觀元年來屬

中憲州自唐以前地理與嵐州同本樓煩監牧以嵐州刺史兼

領正元十五年別置監牧使龍紀元年節度使李克用表置憲州及樓煩縣　皇朝因之咸平五年以樓煩屬嵐州以嵐州之靜樂來屬熙寧三年州廢十年復置統縣一

中靜樂縣漢汾陽縣地屬太原郡後置岢嵐縣隋開皇十八年改曰汾源大業四年又改爲靜樂屬樓煩郡唐武德四年置管州六年州廢以靜樂屬嵐州　皇朝咸平中來屬熙寧三年屬嵐州十年復來屬有管涔山汾水所出有隋汾陽宮

故天池縣唐龍紀三年置屬憲州咸平省入靜樂

下嵐州春秋屬晉後爲胡地有樓煩王居焉其後屬趙秦屬太原郡二漢晉因之後魏末置嵐州隋大業四年置樓煩郡唐武德四年置東會州六年更名嵐州　皇朝因之統縣三

中宜芳縣本漢汾陽縣屬太原郡高帝封靳強爲侯國積粟所在謂之羊腸倉有羊腸坂石磴縈回若羊腸焉隋末置嵐城

縣屬樓煩郡唐武德四年更名宜芳六年爲嵐州治有古秀容城魏土地記曰秀容胡人徙居之立秀容護軍治此

中下合河縣北齊置蔚汾縣隋大業四年改曰臨泉屬樓煩郡唐武德三年改曰臨津六年屬嵐州正觀元年又改爲合河東有蔚汾關西有合河關

下樓煩縣唐龍紀元年於樓煩監西一里置爲憲州治　皇朝咸平中以縣來屬

下石州戰國時趙之離石邑後爲秦魏二國之境秦屬太原郡地漢屬西河郡東漢爲郡治焉晉置西河國北齊置西汾州及懷政郡後周改州爲石州郡爲離石郡隋開皇初郡廢大業初州廢復置離石郡唐武德元年復爲石州天寶元年曰昌化郡　皇朝因之統縣三

中離石縣本戰國趙邑秦昭王伐趙取離石是也後屬太原郡

漢屬西河郡而東漢徙郡治此晉為西河國治自漢末匈奴
入居內郡魏武帝分其衆為五部在離石者以左賢王去卑
監之去卑子豹豹子淵世據此地謂之左國城晉惠帝時淵
起兵於此後趙石勒置永石郡後縣廢焉北齊置昌化縣及
懷政郡後周郡縣並改曰離石隋因之唐為石州
中平夷縣後周析離石縣置隋屬離石郡唐屬石州
中方山縣後周置窟胡縣及窟胡郡隋開皇初郡廢後縣改為
修化屬離石郡後周又置盧山縣大業初并入修化唐為方
山縣武德二年置方州三年州廢來屬按舊史言方山隋縣
隋史石州無方山有修化豈隋末更名而史官失紀歟有方
山赤洪水
下遼州春秋屬晉戰國屬韓後屬趙秦二漢屬上黨郡晉為樂
平郡後魏為遼陽郡隋屬遼州大業初州廢屬太原郡唐武德

三年復屬遼州六年州徙來治此八年曰箕州先天元年改曰
儀州天寶元年曰樂平郡中和三年復曰遼州　皇朝因之
熙寧七年州廢屬平定軍元豐八年復置今縣四
下遼山縣本涅氏縣地二漢屬上黨郡晉置遼陽縣屬樂平郡
元魏曰遼陽北齊省之隋開皇十年復置更名遼山十六年
屬遼州大業初州廢屬太原郡唐武德三年復屬遼州六年
州治徙此有遼陽山古箕城春秋晉人敗狄于箕先軫死焉
即此
中下榆社縣本涅氏縣地二漢屬上黨郡晉置武鄉縣唐武德
元年屬韓州三年以縣及并州之平城置榆州六年州廢來
屬
下平城縣
下和順縣本韓之閼與邑趙奢破秦軍于閼與即此漢為沾縣

屬上黨郡後置梁榆縣晉盧諶征艱賦云訪梁榆之虛郭乃
開與之舊平是也隋開皇十年改曰和順屬太原縣唐武德
三年來屬熙寧七年省為鎮入遼山元祐元年復置
下豐州自五代以前地理與府州同 皇朝嘉祐七年以府
州蘿泊川掌地置東南接府州西接麟州不統縣
同下州威勝軍自五代以前地理與潞州同 皇朝太平興
國二年置威勝軍併沁州入焉今縣四
中銅鞮縣本晉大夫羊舌赤之邑漢高帝破韓王信於此縣二
漢及晉屬上黨郡隋唐屬潞州 皇朝為威勝軍有崔涅
縣後魏改為陽城開皇十八年改為甲川大業初省入銅鞮
上武鄉縣漢涅縣地晉置武鄉縣屬上黨郡石勒其縣人也有
漚麻池勒與李陽爭池相毆即此及僭位置武鄉郡後魏去
武字隋開皇初郡廢屬潞州十六年分置榆社縣大業初省

入唐武后復加武字屬潞州　皇朝太平興國二年來屬
中下沁源縣本穀遠縣二漢屬上黨郡晉省之元魏置沁源縣
及義寧郡隋開皇初郡廢十六年置沁州大業初州廢屬上
黨郡唐武德元年復置沁州天寶元年曰陽城郡　皇朝
太平興國六年廢州以沁源來屬
中下綿上縣隋開皇十六年分介休縣之南境置屬汾州唐武
德元年屬沁州　皇朝太平興國六年屬大通監寶元二
年來屬晉文公以綿上爲介之推田曰以志吾過且旌善人
即此

同下州平定軍春秋屬晉戰國屬趙秦及二漢屬太原上黨二
郡晉置樂平郡元魏爲西陽郡後復爲樂平隋開皇初郡廢十
六年置遼州大業初州廢屬太原縣唐武德三年復置遼州治
樂平領遼山平城石艾等縣後州徙治遼山而樂平石艾還屬

并州　皇朝太平興國二年置平定軍今縣二

由平定縣本上艾縣漢屬太原郡東漢屬常山國晉屬樂平郡後改曰石艾隋屬太原郡唐武德三年屬遼州六年屬受州八年州廢屬并州天寶元年改曰廣陽　皇朝太平興國四年改曰平定置平定軍

由樂平縣本沾縣二漢屬上黨郡晉置樂平郡元魏北齊後周皆因之隋開皇初廢郡爲樂平縣屬太原郡唐武德三年以縣置遼州六年徙治遼山而樂平屬并州　皇朝太平興國四年來屬

同下州岢嵐軍自五代以前地理與嵐州同　皇朝太平興國四年析置岢嵐軍今縣一

下嵐谷縣唐長安三年析宜芳縣置屬嵐州并以岢嵐柵爲軍景龍中張仁亶徙其軍於朔方留者號岢嵐守捉隸大同軍

皇朝復以縣置軍有岢嵐水岢嵐山

同下州寧化軍自五代以前地理與嵐州同　皇朝太平興國四年析嵐州地置寧化縣七年於縣置軍領寧化一縣熙寧三年縣廢後復置崇寧三年又廢有雪山汾水

同下州火山軍自五代以前地理與嵐州同　皇朝太平興國七年以嵐州雄勇鎮置軍治平七年置火山縣四年縣廢有火山黃河

同下州保德軍自五代以前地理與嵐州同　皇朝淳化四年析嵐州地置定羌軍景德元年改曰保德不領縣有黃河

同下州晉寧軍自五代以前地理與石州同

中下臨泉縣後周置曰烏突及置烏突郡隋開皇初郡廢縣尋改曰太和屬石州唐武德三年改縣曰臨泉置北和州正觀三年州廢屬石州有湫水

皇朝置寘來屬
中定胡縣漢離石縣地後周置及置定胡郡隋開皇初郡廢屬
一石州有孟門關其地險固

河東路化外州

單于大都護府本戎狄地戰國屬趙秦漢屬雲中郡魏晉皆屬
新興郡隋屬榆林郡唐龍朔三年置雲中都護府麟德元年改
為單于大都護府并振武軍節度東北至朔州南至勝州領縣
一
中金河縣唐天寶四年置有金河有燕然山東漢竇憲勒銘於
此有李陵臺有王昭君墓名曰青冢唐咸通中李國昌為節
度使恣橫拒命而子克用盜據雲州侵掠代北為邊患焉
安北大都護府唐龍朔三年立曰瀚海都督府總章二年更名
開元二年治中受降城十年徙治豐勝二州之境十二年徙天

德軍領縣二

中陰山縣故北戎之地陰山東西千餘里草木茂盛多禽獸匈奴依岨其中治弓矢出來爲寇是其苑囿也戰國屬趙趙武靈王築長城自代並陰山下至高闕爲塞秦始皇斥逐匈奴自榆中並河以東屬之陰山以爲三十四縣漢初復爲匈奴所有武帝出師征伐斥奪此地置陰山縣屬西河郡匈奴失陰山過之未嘗不哭東漢省入西安陽屬五原郡唐天寶元年置陰山縣

上通濟縣

鎮北大都護府唐立領縣二

上大同縣

上長寧縣

下都督雲州本戎狄地戰國屬趙秦屬鴈門定襄代三郡二漢

晉因之後魏道武徙都平城置司州代尹孝文遷都洛陽改代尹曰萬年尹隋屬馬邑郡唐武德四年置北恒州七年州廢正觀十四年置雲州天寶元年曰雲中郡升大同軍節度領縣一

上雲中縣本平城縣地漢晉屬鴈門郡後魏以爲代都北齊置太平縣後周改曰雲中隋開皇初改曰雲內屬馬邑郡唐正觀十四年自朔州北定襄城移雲州於雲內之常安鎮置因改雲內爲定襄縣永淳元年爲默啜所破州縣僑廢開元二十年復置改定襄曰雲中有故陰館縣漢屬鴈門郡東漢爲郡治後魏置平齊郡尋廢有故[illegible]柳城漢屬代郡東漢爲郡治有參合陂漢屬代郡韓王信又與胡騎入居參合柴將軍屠參合斬信於此有故桐過城二漢屬定襄郡有故武進城漢屬定襄郡東漢屬雲中郡有故咸樂縣漢曰成樂屬定襄郡東漢屬雲中郡後魏昭成徙居盛樂宮即此有白登山匈

奴圍漢高帝於此有單于臺漢武出長城登單于臺勒兵十

八萬騎旌旗徑千餘里威震匈奴即此

望應州唐末置後唐天成元年升彰國軍節度領縣二

望金城縣後唐明宗其縣人也故置彰國軍而以金城爲望縣

上渾源縣

上新州唐末置後唐同光二年升威勝軍節度領縣四

中永興縣

礬石縣

龍門縣

懷安縣

下蔚州本代地在常山之北趙簡子與諸子約曰吾藏寶符於

常山上先得者賞諸子馳之常山無所得毋卹還曰已得符矣

從常山上臨代代可取也於是簡子以毋卹爲賢其後繼立是

爲襄子襄子北登夏屋請代王使廚人以銅枓擊殺之遂發兵定代地及武靈王置代郡秦及漢晉皆因之後魏置懷荒禦夷二鎮及靈丘郡後周置蔚州隋開皇初郡廢大業初州廢屬鴈門上谷二郡唐武德六年置蔚州天寶元年曰安邊郡至德二載曰興唐郡統縣三

中下靈丘縣有趙武靈王墓因以爲名漢屬代郡東漢省之後魏復置及置靈丘郡後周置蔚州隋屬鴈門郡唐初没于突厥武德六年置蔚州僑治陽曲七年僑治繁畤八年僑治秀容故北常州城正觀五年破突厥復故地還治靈丘有滱水發源於高氏山東入河漢志注以爲靈丘之號在趙武靈王之前此說非也齊地别有靈丘孟子謂蚳鼃辭靈丘而請士師是也此靈丘在趙之北境非齊趙兵交之地

中興唐縣本安邊縣唐開元十二年置治横野軍至德二載更

名輿唐

下飛狐縣本廣昌縣漢屬代郡東漢省之晉復置隋仁壽初改曰飛狐屬上谷郡唐屬蔚州有飛狐谷飛狐關在代國南四十里漢酈食其說高帝所謂距飛狐之口是也晉劉琨爲胡人所攻自代出飛狐口奔於安次即從此道

下朔州本戎狄地戰國屬趙秦漢屬代鴈門二郡靈帝末羌胡大擾定襄靈中五原朔方上郡之民並流徙分散建安二十年魏武帝始集塞下荒地置新興郡晉惠帝改曰晉昌郡後魏置懷朔鎮及朔州北齊置廣安郡隋開皇初郡廢大業初州廢置代郡尋改爲馬邑郡唐武德四年復曰朔州統縣二

中善陽縣本劇陽縣漢屬鴈門郡王莽改曰善陽東漢復曰劇陽晉省之北齊置招遠縣及廣安郡隋開皇初郡廢改縣曰善陽置代郡尋曰馬邑唐置朔州有故桑乾縣二漢屬代郡

後魏置桑乾郡北齊改爲廣寧郡後周廢之有秦馬邑城晉太康地記云秦時建此城城輒崩不成有一馬周旋馳走反覆父老異之依以築城城乃不壞遂名馬邑漢武帝使聶壹翁伴爲賣馬邑城以誘匈奴單于信之乃以十万騎入武周塞覺見漢兵謀引去即此地也二漢及晉鴈門郡故武州縣二漢屬鴈門郡所謂武周塞是也有紫河發源於此

中馬邑縣唐開元五年析善陽置治大同軍城

下寰州唐末置領縣一

下寰清縣

下儒州唐末置領縣一

下縉山縣

下毅州本武州唐末置後唐長興元年改曰毅州領縣一

下文德縣

輿地廣記卷第十九

輿地廣記卷第二十

淮南東路

大都督府揚州春秋屬吳吳滅屬越越滅屬楚秦屬九江郡漢高帝六年爲荆國十一年爲吳國景帝曰江都國武帝曰廣陵國東漢爲郡魏爲重鎮後吳得之西晉屬廣陵郡東晉時以郡鑒都督青兗二州諸軍事鎮此宋置廣陵郡文帝兼置南兗州齊梁因之北齊改曰東廣州陳復曰南兗州後周改爲吳州隋開皇九年改爲揚州大業初置江都郡唐武德二年曰南兗州七年曰邗州以邗溝爲名左傳所謂吳城邗溝以通江淮是也九年曰揚州天寶元年曰廣陵郡領淮南節度唐末楊行密據其地後爲李昪所取今縣三

緊江都縣漢屬廣陵國東漢晉因之自梁至隋或廢或置隋爲江都郡治唐爲揚州治有江水祠俗謂之伍[illegible]江神

而子胥配食耳

緊廣陵縣漢吴王濞所都後爲江都廣陵國及郡治焉魏文帝征吴幸廣陵故城臨江觀兵歎曰天所以限南北也北齊置廣陵江陽二郡開皇初郡廢十八年改縣曰邗江大業初改曰江陽爲江都郡治後省入江都唐正觀十八年復置與江都分治後改曰廣陵唐韓臯號知音常論廣陵散以爲王淩毌丘儉諸葛誕皆欲以楊州興兵正復魏室而不克魏由是散云此說非也淩等爲都督時楊州治壽春至隋始以廣陵爲楊州治淩等起事與廣陵殊不相涉

望天長縣本千秋縣唐天寶元年析江都六合高郵置七載更名

望亳州春秋屬陳戰國屬宋秦屬碭郡漢屬沛郡東漢屬沛國兼爲豫州刺史治焉魏置譙郡晉宋因之後魏亦曰譙郡兼立

南兖州後周改州曰亳州隋開皇初郡廢大業初州廢置譙郡
唐初曰譙州貞觀八年更名亳州天寶元年復曰譙郡　皇朝
大中祥符七年升集慶軍節度今縣七
望譙縣春秋陳邑漢屬沛郡魏武帝其邑人也置譙郡後周曰
亳州置小黃縣及陳留郡隋開皇初郡廢大業二年改小黃
曰譙縣唐因之
望城父縣春秋陳邑左傳楚昭王救陳師于城父是也漢屬沛
郡東漢屬汝南郡晉屬譙郡後魏曰浚儀隋開皇十八年改
曰城父屬亳州唐因之南有乾溪楚靈王敗于此
望蒙城縣本山桑縣漢屬沛郡東漢屬汝南郡晉屬譙郡後魏
置譙州及渦陽縣兼置南譙郡梁改州曰西徐州東魏改曰
譙州隋開皇初郡廢十六年改渦陽縣爲肥水大業初州廢
改肥水曰山桑屬譙郡唐屬亳州天寶元年改爲蒙城蒙館

鎮本梁置北新安郡東魏改爲蒙郡北齊郡廢置蒙縣後廢爲鎮

望酇縣顏師古云字本作鄼音嵯中古以來皆借酇字爲之讀皆作酇而莽呼爲贊治則此縣亦有贊音二漢屬沛郡晉屬譙郡後廢隋開皇十六年復置屬譙郡唐屬亳州馬頭鎮本建平縣漢屬沛郡東漢省之後魏置馬頭郡北齊廢爲鎮

望永城縣本芒碭二縣地二漢屬沛郡昭帝更碭曰大丘光武更芒曰臨睢後皆省焉隋末置永城縣唐屬亳州芒縣故城在今縣北有芒山與碭山相接漢高帝隱於此大丘縣故城在今縣西北東漢陳寔爲此縣長

望衛真縣本苦縣城東有賴鄉祠老子所生之地漢屬淮陽國東漢屬陳國晉屬梁國後魏爲谷陽縣屬陳留郡北齊省之隋開皇六年復置屬亳州唐乾封元年改名真源載初元年

曰仙源神龍元年復曰真源　皇朝大中祥符七年改曰
衛真
緊鹿邑縣本曰鳴鹿春秋晉邑左傳諸侯侵陳至于鳴鹿即此
東漢置武平縣屬陳國晉屬梁國隋開皇十八年改爲鹿邑
屬淮陽郡唐屬亳州鄲城鎮本漢鄲縣屬沛郡東漢屬沛國
晉省之
上宿州春秋戰國屬宋秦屬泗水郡漢屬沛郡東漢晉屬沛國
梁置睢州北齊置睢南郡隋開皇初郡廢三年州廢屬徐泗亳
三州唐因之元和四年初泗州之虹徐之苻離蘄三縣置宿州大和
三年廢七年復置在徐州南界汴水上今縣五
望苻離縣二漢晉屬沛郡北齊置睢南郡隋置宿州漢竹縣屬
沛郡東漢爲竹邑及晉皆屬沛國梁置睢州隋開皇三年廢
竹邑入苻離漢相縣爲沛郡治東漢晉因之後廢故城在今

縣西北項羽破漢軍於靈壁東睢水為之不流即此縣界

望蘄縣本秦縣二世元年七月陳勝率戍卒拔蘄即此二漢屬沛郡西有會甄鄉高帝破黥布於此晉屬譙郡梁置蘄郡北齊置仁州隋開皇初郡廢大業初州廢屬彭城郡唐屬宿州漢龍亢縣屬沛郡東漢屬沛國晉屬譙郡宋齊置龍亢郡隋開皇初郡廢入蘄

緊臨渙縣本銍縣漢屬沛郡東漢屬沛國晉屬譙郡後魏改為臨渙屬臨渙郡北齊郡廢隋屬譙郡唐武德四年置北譙州正觀十七年州廢屬亳州天祐四年來屬 皇朝大中祥符七年復屬亳州天禧元年來屬有嵇山

中虹縣本虹夏丘二縣地漢皆屬沛郡東漢虹屬沛郡夏丘屬下邳國晉因之後皆廢焉北齊復置夏丘縣及夏丘郡兼置潼州後周改州為宋州改縣為晉陵隋開皇初郡廢十八年

州廢縣復曰夏丘屬泗州唐武德四年置仁州又析夏丘置虹縣六年省夏丘正觀八年州廢以虹屬泗州元和四年來屬

靈壁縣

緊楚州春秋屬吳戰國屬楚秦屬九江郡漢屬臨淮郡東漢屬廣陵郡下邳國晉屬臨淮廣陵二郡東晉爲重鎮元帝使劉隗守淮陰是也安帝置山陽郡宋齊因之後魏置淮陰郡東魏改爲淮州隋開皇初山陽郡廢十二年置楚州大業初州廢屬江都郡唐武德四年曰東楚州八年更名天寶元年曰淮陰郡今縣四

望山陽縣本漢射陽縣屬臨淮郡東漢建武十五年封子荆爲山陽公治此十七年爲國後屬廣陵郡晉因之義熙七年置山陽郡改射陽縣爲山陽縣宋因之隋置楚州大業初州

廢屬江都郡隋末臧君相竊據之號東楚州唐武德四年君相降因之八年曰楚州

緊寶應縣本平安縣二漢屬廣陵國晉省之後置安宜縣隋屬江都郡唐武德四年以縣置倉州七年州廢來屬上元三年以獲定國寶十三枚因改元寶應兼改縣魏鄧艾築石鼈城在今縣西八十里以營田

上鹽城縣本漢鹽瀆縣屬臨淮郡東漢晉屬廣陵郡後安帝改曰鹽城縣宋因之北齊置射陽郡陳改曰鹽城郡隋開皇初郡廢屬楊州隋末盜韋徹據其地置射州及射陽安樂新安三縣唐武德四年來歸因之七年州廢省三縣而置鹽城來屬

中淮陰縣漢屬臨淮郡韓信其邑人也今城東有漂母冢東漢屬下邳國晉為廣陵郡治後魏置淮陰郡東魏改為淮州北

齊置懷恩縣後周改曰壽張隋開皇初改曰淮陰大業初州
廢省縣入山陽唐乾封二年復置屬楚州
上海州春秋戰國爲魯東境後屬楚秦屬薛郡後分爲郯郡漢
改郯爲東海郡東漢晉宋因之宋僑立青冀二州梁置南北二
青州後入元魏東魏置海州隋開皇初郡廢大業初州廢爲東
海郡唐武德四年復曰海州天寶元年復曰東海郡今縣四
緊朐山縣本朐縣二漢晉屬東海郡後魏置琅邪郡後周改縣
曰朐山并朐山郡隋開皇初郡廢大業初置東海郡唐爲海
州秦始皇立石於朐縣海上以爲秦之東門即此
中懷仁縣本祝其利城二縣地二漢晉屬東海郡後皆廢梁置
南北二青州東魏州廢置義塘郡及懷仁縣隋開皇初郡廢
屬海州唐武德四年置利城新樂二縣六年改新樂曰祝其
八年省入懷仁有夾山春秋公會齊侯于夾谷即謂之祝其

是也有羽山羿殛鯀於此

中沭陽縣本厚丘縣地二漢晋屬東海郡後魏梁置潼陽郡東魏改曰沭陽郡及置懷文縣後周改縣曰沭陽隋開皇初郡廢屬海州唐武德四年置厚丘縣八年省爲鎮入沭陽

中東海縣本贛榆縣地漢屬琅邪郡東漢晋屬東海郡後魏後魏置東海郡及廣饒縣隋開皇初郡廢仁壽元年改廣饒曰東海屬海州唐武德四年置環州并置青山石城贛榆三縣八年州廢省三縣以東海來屬縣治鬱洲四面環海齊王田横入海所保鬱洲也有郁州山一名蒼梧山俗傳此山在蒼梧徙來上有南方株木

上泰州春秋屬吳秦屬九江郡漢屬臨淮郡東漢晋屬廣陵郡安帝分置海陵郡宋齊因之隋開皇初郡廢屬江都郡唐武德三年置吳州七年州廢屬揚州五代吳楊氏置海陵制置院南

唐李氏升爲泰州　皇朝因之後曰海陵郡今縣四

望海陵縣漢屬臨淮郡有吴大倉枚乘傳不如海陵之倉是也東漢省之晉復置屬廣陵郡安帝置海陵郡唐武德三年改縣曰吴陵置吴州七年州廢復故名吴置海陵制置院南唐爲泰州

緊興化縣南唐置

中泰興縣南唐置

中下如皐縣晉安帝置寧海如皐二縣隋開皇初省如皐入寧海屬江都郡南唐復置

一泗州春秋屬徐戰國屬吴秦屬泗水郡漢屬臨淮郡東漢屬下邳國兼置徐州晉屬臨淮郡元魏置盱眙郡梁置高平郡又置濟陰郡隋開皇初郡皆廢屬楊泗濠三州唐屬楚泗濠三州

今縣三

緊盱眙縣漢爲臨淮郡尉治東漢屬下邳國晉爲臨淮郡治晉安帝兗州刺史劉遐自彭城退屯泗口即此安帝時置角城鎮在淮泗之會後魏置盱眙郡陳置北譙州尋省隋開皇初郡廢屬揚州唐武德四年置西楚州八年州廢屬楚州光宅初改曰建中後省入故名建中二年屬泗州後復屬楚州皇朝乾德元年又屬泗州州徙治此有都梁山龜山禹治水以鐵鎖鏁淮渦水神無支奇於龜山之足唐永泰中刺史李湯以大牛五十引鎖出之鎖末有一青猿高五丈許復拽牛没水

上臨淮縣本漢下相僮二縣地屬臨淮郡東漢屬下邳國晉以下屬臨淮郡而省僮縣後下相亦廢焉唐長安二年析徐城南境置臨淮縣屬泗州開元二十五年州自宿預徙來治此漢下相縣故城在今縣西北漢僮縣故城在西南徐城鎮本徐

國嬴姓有徐君墓季札掛劒之所漢屬臨淮郡東漢屬下邳
國晉屬臨淮郡梁置高平郡東魏置高平縣隋開皇初郡廢
十八年改縣曰徐城屬泗州唐因之　皇朝建隆二年省
爲鎮入臨淮

上招信縣本淮陵縣地漢屬臨淮郡東漢屬下邳國晉屬臨淮
郡宋曰睢陵置濟陰郡後周改縣曰招義隋開皇初郡廢大
業初改縣曰化明屬鍾離郡隋末縣民馬蕩盜據號化州唐
因之武德三年改縣曰招義正觀八年州廢屬濠州
皇朝乾德元年來屬太平興國元年更名

上滁州春秋屬吳戰國屬楚秦及二漢屬九江郡晉屬淮南郡
宋置新昌郡齊置南譙州北齊改郡爲臨滁後周改曰北譙隋
開皇初郡皆廢改南譙州爲滁州大業初州廢屬江都郡唐武
德二年復置天寶元年曰永陽郡今縣三

望清流縣本漢全椒縣地後魏置頓丘縣及新昌郡南譙州故城在今縣西南八十里北齊徙來治此隋開皇初改爲滁州廢郡爲新昌縣十八年改曰清流大業初州廢屬江都郡唐置滁州周世宗征南唐李景使皇甫暉屯清流關爲周師所敗暉被擒於此

望來安縣本永陽縣唐景龍三年析清流縣置屬滁州後改爲來安

緊全椒縣二漢屬九江郡晉屬淮南國後廢梁置北譙縣及北譙郡北齊改縣曰臨滁後周復曰北譙隋開皇初郡廢改縣曰滁水大業初改爲全椒屬江都郡唐屬滁州二漢阜陵縣屬九江郡明帝時淪爲麻湖晉屬淮南郡後廢焉故城在今縣南

上真州自五代以前地理與楊州同南唐以永正縣地置迎鑾

鎮　皇朝乾德二年置建安軍大中祥符六年以聖像成功
外爲真州統縣二
中楊子縣唐永淳元年析江都縣置屬楊州後改爲永正縣
皇朝於縣之迎鑾鎮置軍雍熙二年以永正爲屬後復改爲
楊子屬真州
望六合縣本楚之棠邑伍尚爲棠邑大夫是也漢屬臨淮郡東
漢屬廣陵郡晋元康七年置堂邑郡安帝時改置秦郡後別
置尉氏縣北齊兼置秦州後周改州曰方州改郡曰六合隋
開皇初郡廢四年改尉氏爲六合縣省堂邑入焉大業初州
廢屬江都郡唐屬楊州　皇朝至道二年來屬有瓜步山
後魏太武南伐起行宫於瓜步山諸軍同日皆臨江即此
中通州自唐以前地理與泰州同南唐李氏置静海制置院周
顯德中世宗克淮南分爲軍後以爲通州　皇朝天聖元年

改曰崇州明道二年復故今縣二
望靜海縣本海陵之東境周顯德中置
望海門縣本海陵之東境周顯德中置
同下州高郵軍歷代地理與楊州同　皇朝開寶四年置高
郵軍熙寧五年廢元祐元年復置今縣一
望高郵縣漢屬廣陵國東漢屬廣陵郡吴省之晉武帝太康元
年復立屬臨淮郡宋屬廣陵郡梁析置竹塘三歸二縣及置
廣業郡尋以有嘉禾改爲神農郡隋開皇初郡廢又省竹塘
三歸臨澤三縣入焉屬江都郡唐屬楊州　皇朝置軍有
神居山

輿地廣記卷第二十

輿地廣記卷第二十一

淮南西路

緊壽州春秋戰國屬楚漢屬九江沛二郡東漢屬九江郡兼置揚州魏晉宋齊梁屬淮南郡齊兼置豫州後魏曰揚州梁曰南豫州東魏曰揚州陳曰豫州後周曰揚州隋屬汝陰淮南二郡唐屬潁壽二州後唐天成三年升爲忠正軍節度周顯德中自壽春徙治潁州之下蔡 皇朝因之今縣五

緊下蔡縣故州來國爲楚所滅左傳楚靈王狩于州來次于潁尾地蓋在淮潁之會後吳取之以封季札至六世時蔡成公自新蔡徙此謂之下蔡秦相李斯其縣人也漢屬沛郡東漢屬九江郡晉屬淮南郡梁置汴郡北齊郡廢隋屬汝陰郡唐屬潁州周世宗伐南唐克壽春乃自壽春徙州治此有硤石山潁水淮水梁大同中於硤石山築城北棄魏即此縣城也

望安豐縣漢陽泉安風蓼三縣地屬六安國東漢屬廬江郡魏置安豐郡晉後魏梁陳皆因之隋開皇初郡廢屬壽州唐因之有芍陂楚相孫叔敖所造徑百里灌田万頃魏太尉王淩與吳將張休文戰于芍陂即此有六國故城在縣南又有蓼國皆臯陶之後偃姓後項羽封黥布爲九江王都六漢高帝元年別爲衡山國五年屬淮南國文帝十六年復爲衡山武帝元狩二年別爲六安國治六而以蓼爲屬東漢國廢以六蓼屬廬江郡晉省蓼而六屬廬江後省六入安豐陂中有大冢即臯陶冢楚人謂之公琴

望霍丘縣漢安豐松滋二縣地晉屬安豐郡後立霍丘戍隋開皇十九年置霍丘縣屬壽州唐武德四年以松滋霍丘二縣置蓼州七年州廢來屬縣北有安豐津魏毌丘儉既敗藏水草中安豐津都尉部民張屬斬之即此松滋漢屬廬江郡晉

屬安豐郡唐省

緊壽春縣戰國時楚考烈王自陳徙都壽春命曰郢秦滅楚置九江郡漢高帝封子長爲淮南王長子安謀反誅地入又爲九江郡東漢因之爲楊州刺史治魏王淩毋丘儉諸葛誕皆以楊州相繼起兵欲興魏室並爲司馬氏所誅晉爲淮南郡兼置楊州避鄭皇后諱改壽春曰壽陽後復曰壽春元魏因之隋改楊州曰壽州唐因之周世宗代南唐劉仁贍固守不降世宗以其難克遂徙州治下蔡而後其軍曰忠正軍曰吾以旌仁贍之節也有八公山上有淮南王安廟圖其八士像後晉謝元北禦苻堅於新八公山及陘又淝水堅望見山上草木皆爲楚旗之狀秦師遂敗

宁六安縣本漢潛縣並安豐二縣地晉永和中謝尚鎮馬頭城一云今縣北梁置霍州及岳安郡岳安縣六齊州發隋開皇初郡廢

五乃卒

改縣爲霍山屬廬州唐武德四年以霍山爲應城潛城二縣置霍州正觀元年州廢省應城潛城以霍山來屬神功二年曰武昌神龍元年復故名開元二十七年改爲盛唐 皇朝開寶四年改爲六安霍山鎮唐天寶初析盛唐別置霍山縣開寶元年省爲鎮入盛唐 霍山有禹貢大別山潛本楚邑漢屬廬江郡東漢晉因之後省焉唐武德五年復置潛縣正觀中省入霍山有汶水 潛水

上廬州春秋屬舒戰國屬楚秦屬九江郡漢屬廬江九江二郡東漢因之曹公用劉馥爲楊州刺史以合肥空城建立州治魏遂以爲重鎮晉屬淮南廬江二郡梁置南豫州尋改曰合州隋開皇初改曰廬州大業初州廢唐長興二年外爲昭順軍節度周顯德五年改爲保信軍 皇朝因之今縣三

上合肥縣應劭曰夏水自城父東南至此與肥合故曰合肥二

漢屬九江郡魏以張遼守之吳孫權率衆十万攻圍不克明帝時滿寵都督楊州諸軍鎮此於西北三十里築新城孫權欲圍之不敢下舡後諸葛恪圍新城亦失利而退晉屬淮南郡後廢焉梁置汝陰縣及汝陰郡隋開皇初郡廢為合肥置廬州唐因之有金牛山淝水淮水

中慎縣本逡遒縣二漢屬九江郡故城在今縣南晉屬淮南郡後改為慎縣東魏置平梁郡陳曰梁郡隋開皇初郡廢屬廬州唐因之

下舒城縣古舒國偃姓後為楚所滅二漢舒縣為廬江郡治後廢焉唐開元二十三年析合肥廬江置舒城縣屬廬州有龍舒山龍舒水

望蘄州春秋戰國屬楚秦屬九江郡二漢屬江夏郡吳置蘄春郡晉廢改屬弋陽郡北齊置羅州及齊昌郡後周改州曰蘄州隋

開皇初郡廢大業初州廢置蘄春郡唐武德四年曰蘄州天寶元年曰蘄春郡　皇朝因之今縣五

望蘄春縣二漢屬江夏郡吳置蘄春郡晉屬弋陽郡改縣曰蘄陽梁改曰蘄水北齊改曰齊昌郡隋開皇初郡廢置蘄州十八年縣復曰蘄春唐因之

望蘄水縣漢蘄春縣地宋置浠水縣及永安郡隋開皇初郡廢屬蘄州唐武德四年改縣曰蘭溪天寶元年改曰蘄水

羅田縣

望廣濟縣唐武德四年析蘄春置永寧縣天寶元年改名廣濟有積布山黃石山

望黃梅縣漢蘄春縣地晉元帝置新蔡郡又永興縣後郡廢隋開皇初改縣為新蔡十八年又改為黃梅屬蘄州有黃梅山

上和州春秋屬吳戰國屬楚秦漢屬九江郡漢末揚州刺史自

壽春徙治此吴爲重鎮晉屬淮南郡惠帝永興元年分置歷陽郡宋兼置南豫州齊梁皆因之北齊置和州隋開皇初郡廢大業初州廢復置歷陽郡唐武德三年改爲和州天寶元年曰歷陽郡　皇朝因之今縣三

緊歷陽縣秦漢屬九江郡漢末爲揚州治晉置歷陽郡宋置南豫州北齊置和州隋志因之有歷湖

中含山縣唐武德四年析歷陽置八年省長安四年復置更名武壽神龍元年復故名有濡須水吴孫權築濡須塢以拒曹公漢建安二十年公自圍之不克後黄武二年魏軍又攻之不拔

中烏江縣本秦東城縣之烏江亭項羽欲渡烏江即此二漢屬九江郡晉置烏江縣屬淮南郡梁置江都郡北齊改爲齊江郡陳改爲臨江郡後周改爲同江郡隋開皇初郡廢屬和州

上舒州春秋為皖國及群舒地戰國屬楚秦屬九江郡二漢屬廬江郡吳孫權克皖城遂為重鎮晉亦屬廬江郡安帝置晉熙郡宋齊因之梁兼置豫州後改曰晉州北齊改曰江州陳又改曰晉州隋開皇初郡廢置熙州大業初州廢置同安郡唐武德四年改為舒州天寶元年復為同安郡 皇朝因之今縣五

上懷寧縣故皖國二漢為縣屬廬江郡漢末吳克皖城赤烏□年諸葛恪守之晉亦屬廬江郡後改皖縣為懷寧置晉熙郡隋郡廢置熙州復置同安郡唐改為舒州有潛山一名天柱山漢武帝嘗登

上桐城縣本漢樅陽縣屬廬江郡武帝自尋陽浮江薄樅陽而出是也東漢省之梁復置及置樅陽郡隋開皇初郡廢屬熙州十八年改縣曰同安唐屬舒州至德二載更名桐城有漢朱邑祠有盛唐山樅陽水

上宿松縣本漢皖縣地梁置高塘郡隋開皇初郡廢置高塘縣屬熙州十八年改縣曰宿松唐武德四年置嚴州八年州廢來屬有長葛山雷水

上望江縣本漢皖縣地晉置新冶縣陳置大雷郡隋開皇初郡廢十一年改縣曰義鄉十八年又曰望江屬熙州唐武德四年置高州尋改曰智州七年州廢屬嚴州八年州廢來屬

上太湖縣本漢皖縣地宋置太湖縣隋開皇初改曰晉熙後復故名屬熙州唐屬舒州

上濠州本鍾離子國春秋時楚滅之以為縣秦又取之戰國後屬楚秦及二漢屬九江郡晉屬淮南郡東晉置鍾離郡宋齊梁因之齊兼置北徐州北齊改曰西楚州隋開皇初郡廢置濠州大業初州廢置鍾離郡字初作豪唐元和三年改從濠天寶元年復曰鍾離郡　皇朝因之今縣二

望鍾離縣故鍾離國嬴姓後爲楚邊邑楚平王時吳之邊邑卑梁處女與鍾離小童爭桑兩家交怒相攻滅卑梁吳人怒而起兵相攻遂滅卑梁吳王聞之又怒使公子光伐楚拔鍾離而還東晉置鍾離郡隋置濠州唐因之又後魏置當塗縣及馬頭郡北齊改爲馬頭縣置荊山郡隋開皇初郡廢改縣曰塗山屬濠州唐武德七年省入鍾離有塗山禹之所娶也在濠水莊子與惠子觀魚之所梁武帝堰淮水於鍾離以灌壽湯即此

望定遠縣本漢東城縣屬九江郡項羽兵敗東城即此地東漢因之晉屬淮南郡梁改東城曰定遠置臨濠郡北齊改郡曰廣安隋開皇初郡廢屬濠州唐因之晉曰西曲陽屬淮南郡北齊省入定遠

上光州春秋爲黃弦二國皆爲楚所滅戰國屬楚秦屬九江

郡二漢屬汝南江夏郡至魏分置弋陽郡晉宋齊梁因之兼置光州後魏亦爲弋陽郡北齊置南郢州後周置淮南郡隋開皇初州郡俱廢大業初復置弋陽郡唐曰光州天寶元年曰弋陽郡 皇朝因之今縣四

上定城縣故黃國也楚人滅之二漢爲弋陽縣屬汝南郡故城在今縣西魏置弋陽郡北齊置南郢州後廢爲南北二弋陽縣又省北弋陽入南弋陽改爲定城縣後周又置淮南郡隋初州郡俱廢後屬弋陽郡唐武德三年置弦州正觀元年州廢屬光州太極元年州自光山徙來治此有黃水

望固始縣本寢丘楚孫叔敖子所封之邑秦之滅楚也蒙恬攻寢即此漢爲寢縣屬汝南郡光武更名固始晉屬汝陰郡梁置蓼縣北齊後改名置北建州後周改爲澮州隋開皇初州廢後屬弋陽郡唐屬光州商城鎮本蔡國周公之後楚滅之以

爲期思縣漢屬汝南郡東漢因之晉屬弋陽郡後廢宋置包
信縣梁置義城郡及建州隋開皇初並廢改包信爲義城屬
弋陽郡唐武德元年置義州正觀元年州廢來屬　皇朝
建隆元年改曰商城後省爲鎮入固始
中下光山縣故弦國楚人滅之漢爲西陽縣屬江夏郡晉爲弋
陽郡治梁置光州及光城郡隋開皇初郡廢置光山縣大業
初置弋陽郡唐爲光州太極元年州徙治定城
中下仙居縣本二漢軑縣地屬江夏郡故城今在縣北四十里
晉屬弋陽郡宋分軑縣置樂安縣梁置宋安郡隋開皇三年
郡廢後屬弋陽郡唐屬光州有僕僕先生居縣黃土山常餌
杏丹乘雲往來刺史李休光以爲妖叱左右執之龍虎見乎
則先生乘之而去天寶元年乃詔改樂安縣爲仙居
下黃州春秋戰國屬楚秦屬南郡二漢屬江夏郡晉初屬弋陽

郡後屬西陽郡宋因之齊分置齊安郡北齊兼置衡州後周因之隋開皇初郡廢改衡州曰黃州大業初州廢置永安郡唐武德三年復為黃州天寶元年復曰齊安郡　皇朝因之今縣三

望黃岡縣本漢西陵縣地屬江夏郡晉屬弋陽郡後屬西陽國北齊置南安縣又分齊安郡隋開皇初郡廢改縣曰黃岡置黃州大業初置永安郡唐復曰黃州邾縣故城在今縣東南一百二十里楚宣王滅邾徙之於此故曰邾項羽封吳芮為衡山王都此漢屬江夏郡東漢因之晉屬弋陽郡後廢東晉毛寶守邾城為石季龍所敗有卒投江遇白龜之救

上黃陂縣本漢西陵縣地北齊置南司州後改司州置黃陂縣改南司州曰黃州隋開皇初移州治黃岡縣唐武德三年置南司州七年州廢來屬

中麻城縣本漢西陵縣地梁置信安縣陳置定州後周改曰亭州隋開皇初郡廢十八年改縣曰麻城屬黄州唐武德三年置亭州八年州廢來屬

同下州無爲軍自五代以前地理與廬州同 皇朝太平興國三年以巢縣之無爲鎮置無爲軍今縣三

望無爲縣漢襄安縣地屬廬江郡東漢晉因之梁改曰蘄縣隋開皇初復改爲襄安縣屬廬江郡後併入巢縣置無爲鎮 皇朝太平興國三年以鎮置無爲軍熙寧三年析巢廬江二縣置無爲縣

望巢縣古曰南巢成湯放桀於此周初巢伯來朝春秋爲羣舒邑戰國楚人圍巢二漢爲居巢縣屬廬江郡晉因之隋曰襄安縣唐武德三年置巢州七年州廢改襄安爲巢縣屬廬州 皇朝太平興國三年來屬有巢湖在縣東南

望廬江縣本漢龍舒縣地屬廬江郡東漢晉因之齊改曰廬江縣置廬江郡梁置湖州北齊州廢隋開皇初郡廢屬廬州唐因之　皇朝太平興國三年來屬

輿地廣記卷第二十二

兩浙路上

大都督府杭州春秋屬越戰國屬楚秦屬會稽郡漢因之東漢順帝以後屬吳郡晉屬吳興吳二郡宋齊梁因之陳置錢塘郡隋開皇中郡廢置杭州大業初州廢置餘杭郡唐武德四年置杭州天寶元年曰餘杭郡升鎮海軍節度五代爲吳越王錢氏所有　皇朝太平興國四年來歸淳化五年改曰寧海軍今

縣九

望錢塘縣五代時晉改爲錢江治別置錢塘縣與錢江分治州郭下有靈隱山昔梵僧云自天竺鷲山飛來

望仁和縣本錢塘縣初郡功曹華信議立此塘以防海水始開募有能致一斛土石者即與錢一千旬月之間來者雲集塘未成譎不復取皆棄土石而去塘遂成故曰錢塘漢屬會稽

郡東漢省之晉復置屬吳郡陳置錢塘郡隋平陳郡廢自餘
杭徙州治此後曰餘杭郡唐復曰杭州晉天福中避高祖名
改錢塘曰錢江 皇朝太平興國四年改曰仁和有臨平
湖傳言此湖塞天下亂此湖開天下平吳孫皓天璽元年吳
郡言臨平湖自漢末穢塞今更開通斯晉氏平吳一天下之
符也

望餘杭縣秦始皇南游至錢塘臨浙江水波惡乃西百二十里
從狹中渡因置餘杭縣漢屬會稽郡東漢晉屬吳郡隋置杭
州後州徙治錢塘唐屬杭州有由拳山

望臨安縣本漢餘杭縣地吳孫權分置臨水縣晉武改曰臨安
屬吳郡後廢唐武德七年復置臨水縣屬潛州八年省入於
潛垂拱四年析餘杭於潛以故臨水城復置臨安縣屬杭州
吳越王錢鏐其縣人也鏐既貴以素所居營爲安國衣錦軍

鏐歸宴故老山林皆覆以錦梁改臨安縣曰安國縣以尊之

皇朝太平興國三年復曰臨安

緊富陽縣本富春縣漢屬會稽郡東漢屬吳郡吳王孫權其縣人也置東安郡晉皇后名春孝武改曰富陽屬吳郡隋屬餘杭郡唐屬杭州

緊於潛縣二漢屬丹陽郡晉屬吳興郡隋屬餘杭郡唐屬杭州北有天目山

上新城縣本富春縣地晉咸和中置東新城縣隋平陳省入錢塘後復置唐武德七年省入富陽永淳元年復置屬杭州梁改曰新登　皇朝太平興國四年復改曰新城有桐溪

上鹽官縣本漢海鹽縣地吳王濞煮海爲鹽蓋在此有鹽官吳因置鹽官縣晉屬吳郡隋屬餘杭郡唐屬杭州

中昌化縣本於潛縣地唐垂拱二年析置紫溪縣乃歲通天元

年曰武隆縣皆屬杭州神龍元年更武隆為唐山縣大曆二
年皆省長慶初復置唐山縣改曰金昌後唐同光初復故名
晉改為橫山　皇朝太平興國四年改曰昌化有百文山
紫溪水所出東南流逕新城謂之桐溪又逕桐廬入浙江
大都督越州春秋為越國之都周顯王時越王無彊西伐楚楚
威王興兵大敗之盡取故吳地至浙江而越以此散服朝於楚
秦屬會稽郡漢因之東漢置會稽郡乃自吳縣徙治山陰晉宋
齊梁陳皆因之宋兼置東揚州尋廢梁復置東揚州隋平陳郡
廢改州曰吳州大業初置越州尋廢置會稽郡唐復為越州天
寶元年曰會稽郡升為鎮東軍　皇朝因之統縣八
望會稽縣本於越地禹會諸侯江南計功而崩因葬焉命曰會
稽會稽者會計也其後帝少康封庶子杼於會稽以奉守禹
祀即越王允常之先也秦置山陰縣屬會稽郡漢因之東漢

順帝以後爲郡治晉因之後分置會稽縣隋爲吴州越州仝
會稽郡治唐因之南有會稽山秦始皇於此刻石紀功有禹
家禹穴有秦望山在州城正南爲衆峯之傑始皇登之以望
東海山南有嶕峴峴有大城越之先君無餘舊都于此有鏡
湖若耶溪雷門
望山陰縣秦漢以來故縣隋平陳省入會稽縣唐垂拱二年復
置在州郭下與會稽分治有鑑湖東漢永和五年太守馬臻
所創開周回三百餘里灌田九千餘頃創湖之始多浸冢墓
有千餘人怨訴臻因被刑於市及遣使覆按總不見人籍乃
知死者所詐也有龜山一名怪山一名自來山本自琅琊東
武飛來於此其形似龜故名有蘭溪溪口有亭曰蘭亭晉太
守王羲之作曲水序於此
望剡縣漢屬會稽郡東漢晉隋皆因之唐武德四年平李子通

置嵊州六年州廢來屬有天姥山

望諸暨縣本曰句無越王允常之故邑國語所謂南至句無是也漢爲諸暨縣屬會稽郡東漢晉隋皆因之唐屬越州

望餘姚縣二漢晉皆屬會稽郡隋省入句章縣有句餘山在餘姚南句章北故二縣因以爲名唐武德四年復置及置姚州七年廢屬越州

緊蕭山縣本餘暨縣二漢屬會稽郡漢末童謡曰天子當興東南三餘之間故孫權改曰永興縣晉因之隋省入會稽縣唐儀鳳二年復置屬越州天寶元年改曰蕭山縣有蕭山潘水所出水經以爲疑是浦陽江之別名自外無水以應之越人西施出於此縣

緊新昌縣本剡縣地五代時置新昌縣屬越州有沃州水

望平江府周初封太伯爲吳國春秋末爲越所併戰國屬楚秦

置會稽郡漢因之東漢順帝置吳郡晉宋齊梁陳皆因之陳兼置吳州隋平陳郡廢改州曰蘇州因姑蘇山爲名大業初州廢復置吳郡唐武德四年曰蘇州天寶元年曰吳郡南唐升爲中吳軍節度　皇朝太平興國三年改曰平江軍政和三年升爲平江府今縣五

望吳縣本曰句吳太伯避公季奔荆蠻荆蠻歸之號曰句吳武王克商因封之至夫差爲越所滅後越破更屬楚秦置會稽郡項梁初起吳中使項籍斬會稽守殷通即此地漢高帝以封吳王濞後國除復爲會稽郡東漢順帝分置吳郡隋曰蘇州唐因之有姑蘇山虎丘山即吳王闔廬墓也太湖中有苞山亦曰夫椒山左傳吳伐越敗之夫椒是也山有洞室入地潜行北通瑯琊東武俗謂之洞庭

望長洲縣吳有長洲苑在東漢枚乘諫吳王不如長洲之苑即

此唐万歲通天元年析吴置長洲縣在州郭與吴分治

望崑山縣本漢婁縣地屬會稽郡東漢晉屬吴郡陸機陸雲生於此故名其山曰崑山梁置崑山縣隋平陳省之開皇十八年復置屬吴郡唐屬蘇州

望常熟縣本漢吴縣地晉分置海虞縣屬吴郡梁分置南沙常熟二縣隋平陳徙常熟於南沙而省海虞入焉屬蘇州唐因之有常熟山

緊吴江縣朱梁開平三年吴越錢鏐奏於松江置吴江上承太湖更逕笠澤國語曰越伐吴吴禦之笠澤是也

望潤州春秋屬吴戰國屬越後屬楚秦屬會稽鄣二郡漢高帝以封荆王劉賈後屬會稽郡東漢屬吴郡吴王孫權初鎮丹徒謂之京城晉平吴置毗陵郡宋置南東海郡及南徐州梁改郡曰南蘭陵郡陳曰南東海郡自宋至陳常以京口爲重鎮隋平

陳郡廢隋開皇十五年置潤州大業初州廢屬江都郡唐武德三
年復置潤州天寶元年改爲丹陽郡後升鎮海軍節度 皇朝
改鎮江軍今縣三
緊丹徒縣春秋時謂之朱方齊慶封奔吳子之朱方是也秦時
望雲者言其地有天子氣乃使赭衣徒三千人鑿長坑以敗
其勢故曰丹徒漢屬會稽郡東漢屬吳郡孫權鎮此曰京城
晉置毗陵郡宋置南東海郡又南徐州隋開皇九年置延陵
縣省丹徒入焉置潤州以潤浦爲名唐因之武德三年以故
延陵縣地復置丹徒縣有北固山金山
緊丹陽縣古雲陽秦始皇改爲曲阿漢屬會稽郡東漢屬吳郡
晉屬毗陵郡隋屬江都郡唐武德三年置雲州五年曰簡州
八年州廢來屬天寶元年改爲丹陽延陵鎮本曲阿縣地唐
武德三年以延陵縣地置丹徒乃別置延陵縣於今所屬茅

州七年州廢屬蔣州九年來屬　皇朝熙寧五年省入丹
陽
緊金壇縣本曲阿縣地隋末盜起土人保聚因爲金山縣唐屬
蔣州武德八年省入延陵垂拱四年復置來屬更名金壇有
茅山
上湖州春秋屬吳吳滅屬越戰國屬楚秦屬會稽鄣二郡漢屬
會稽丹陽二郡東漢屬吳郡吳孫皓分置吳興郡晉宋齊梁陳
因之梁兼置震州隋開皇九年平陳郡廢仁壽中置湖州大業
初州廢屬餘杭吳二郡唐武德四年復置湖州天寶元年復曰
吳興郡周升爲宣德軍節度　皇朝景祐元年改昭慶軍今
縣六
望烏程縣漢屬會稽郡東漢屬吳郡吳置吳興郡梁置震州隋
置湖州唐因之有太湖禹貢震澤也周官謂之具區有苕溪

雲溪入焉有卞山衡山左傳吳伐楚一至于衡山即此

望歸安縣本烏程縣地 皇朝太平興國七年析置歸安縣

於郭下與烏程分治

望安吉縣本漢故鄣縣地吳興記曰光和末張角亂此鄉守險

助國漢嘉之中平二年分故鄣之南鄉置安吉縣屬丹陽郡

晉屬吳興郡梁陳屬陳留郡隋平陳以郡廢省安吉入綏安義

寧二年沈法興復置唐武德四年賊平因之屬姚州七年省

入長城麟德元年復置屬湖州

望長興縣本烏程故鄣二縣地吳王闔閭使弟夫概居此築城

狹而長晉武帝因置長城縣屬吳興郡隋平陳省之仁壽中

復置屬吳郡唐武德四年更置綏州因故綏安縣為名又改

曰雉州七年州廢來屬梁避廟諱改曰長興秦鄣郡故城在

縣西南八十里二漢為故鄣縣屬丹陽郡晉屬吳興郡梁陳

屬陳留郡隋省入綏安俗號爲府頭
緊德清縣本武康縣地唐天授元年分置武原縣景雲二年改
爲臨溪天寶元年改爲德清
上武康縣本防風氏之國漢爲烏程縣之餘不鄉漢童謡言吳
子當興東南三餘之間吳大帝分餘不鄉置永安縣晉以平陽
已有永安故改此永安爲永康又改曰武康屬吳興郡隋屬
餘杭郡大業末李子通置安州又曰武州唐武德四年賊平
因之七年州廢來屬梁屬杭州　皇朝太平興國四年復
來屬有封嵎山餘不溪
上婺州春秋戰國皆屬越秦屬會稽郡二漢因之吳孫皓分置
東陽郡晉宋齊因之梁置金華郡陳因之隋平陳郡廢置婺州
以當天文婺女之分爲名大業初州廢復置東陽郡唐武德四
年置婺州天寶元年曰東陽郡石晉升武勝軍節度　皇朝淳

化元年改寶寧軍今縣七

望金華縣本漢烏傷縣地屬會稽郡初平三年分縣南鄉置長山縣吴爲東陽郡治晉以後因之或云本曰長仙赤松子采藥此山因而居之故以爲名後傳呼乖訛字亦隨改梁置金華郡隋開皇中郡廢置婺州改長山縣爲吴寧十二年改曰東陽十八年又改曰金華大業初復置東陽郡唐復曰婺州有金華山赤松澗

望東陽縣本漢烏傷縣地唐垂拱二年分義烏置屬婺州有峴山

望義烏縣本二漢烏傷縣屬會稽郡異苑曰東陽顔烏以淳孝著聞父死負土成墳羣烏銜土助焉而口皆傷因以名縣自晉至隋皆屬東陽郡唐武德七年改烏傷爲義烏有靈黄山

望蘭溪縣本金華縣地唐咸亨五年分縣西界置屬婺州有九

峯山

緊永康縣吳赤烏中分烏傷縣上浦置自晉至隋皆屬東陽郡唐武德四年置麗州八年州廢來屬有石城山

上武義縣吳赤烏八年置後廢唐天授二年分永康復置屬婺州後改曰武成天祐中復曰武義有八素山

上浦江縣唐天寶十三載分義烏蘭溪及杭州富陽置浦陽縣屬婺州後改爲浦江

輿地廣記卷第二十三

兩浙路下

上明州秦屬會稽郡漢已降因之唐開元二十六年採訪使齊澣奏以越州之鄮縣置以境有四明山爲名天寶元年曰餘姚郡朱梁升爲望海軍節度　皇朝建隆二年改奉國軍今縣六

望鄞縣本漢鄮縣屬會稽郡東漢晉宋齊因之隋平陳省入句章屬會稽郡唐武德四年以句章縣置鄞州八年州廢更置鄮縣屬越州開元中置明州[illegible]曰鄞縣有四明山鄞縣故城在今縣東南漢屬會稽郡東漢晉宋齊皆因之隋平陳省入句章句章[illegible]隋因之唐省入鄮縣故城在今[illegible]

望奉化縣本漢鄮縣地唐開元二十六年析鄮縣置屬明州有

鎮亭山

上慈溪縣本漢句章縣地唐開元二十六年分鄮縣置屬明州

有句餘山

上定海縣本望海縣朱梁開平三年吳越錢鏐奏置屬明州後改曰定海有大浹江越滅吳欲遷吳王夫差於甬東韋昭以爲句章東浹口外洲是也

下象山縣本漢鄞縣地唐神龍二年分寧海鄮二縣置屬台州廣德二年來屬有東門山即漢志所謂越天門山也

下昌國縣　皇朝熙寧六年析鄞縣置有雲雩山

望常州春秋屬吳戰國屬越後屬楚秦漢屬會稽郡東漢屬吳郡吳分會稽之無錫以西爲屯田置典農校尉晉太康二年省校尉屬毗陵郡惠帝以東海王越世子名毗改曰晉陵郡宋齊梁陳因之隋平陳郡廢置常州大業初州廢置毗陵郡唐武德

附本望無錫縣節　望無錫縣吳太伯始所居地春申君城故墟漢名無錫縣屬會稽郡東漢屬吳郡吳省晉太康元年復置屬毗陵郡宋以後屬毗陵郡唐屬常州有慧山

惠帝以周玘創義討石冰分陽羨立義興郡以表其功宋齊梁陳因之隋平陳郡廢改陽羨縣為義興屬常州唐武德七年置南興州八年州廢來屬　皇朝太平興國元年改曰宜興

望江陰縣梁分蘭陵縣置又置江陰郡隋平陳郡廢屬常州唐武德三年置暨州九年州廢來屬南唐置江陰軍　皇朝淳化元年軍廢來屬三年復置軍熙寧四年又廢來屬

上溫州春秋屬越秦二漢屬會稽郡吳屬臨海郡晉明帝置永嘉郡宋齊梁陳因之隋平陳郡廢屬處州大業初屬永嘉郡唐武德五年置東嘉州正觀元年州廢屬括州上元二年置溫州天寶元年曰永嘉郡石晉升靜海軍節度　皇朝太平興國二年降軍事今縣四

緊永嘉縣本東甌國漢惠帝立閩君搖為東甌王都東甌世號

三年復置常州天寳元年曰晉陵郡後復曰毗陵　皇朝因
之今縣五
望晉陵縣本延陵吴季札居之漢曰毗陵縣屬會稽郡東漢屬
吴郡晉屬毗陵郡後郡縣俱改爲晉陵隋初曰常州後曰毗
陵郡唐因之有横山有季札墓在縣北七十里漳浦之西
望武進縣本漢曲阿縣地晉分丹徒曲阿置屬毗陵郡梁改曰
蘭陵屬南蘭陵郡隋省入曲阿屬江都郡唐垂拱二年復置
於州城内與晉陵分治
望無錫縣吴太伯始所居地[illegible]君城故吴墟以
自爲都邑[illegible]吴郡吴省晉太康
元年復置[illegible]毗陵郡唐屬常
州有慧山
望宜興縣本陽羨縣[illegible]吴屬吴興郡晉

惠帝以周玘創義討石冰分陽羨立義興郡以表其功宋齊
梁陳因之隋平陳郡廢改陽羨爲義興屬常州唐武德七
年置南興州八年州廢來屬　皇朝太平興國元年改曰
宜興
望江陰縣梁分蘭陵縣置江陰郡隋平陳郡廢屬常州唐
武德三年置暨州九年州廢來屬南唐置江陰軍　皇朝
淳化元年軍廢來屬三年復置軍熙寧四年又廢來屬
上溫州春秋屬越秦二漢屬會稽郡吳屬臨海郡晉明帝置永
嘉郡宋齊梁陳因之隋平陳郡廢屬處州大業初屬永嘉郡唐
武德五年置東嘉州正觀元年州廢屬括州上元二年置溫州
天寶元年曰永嘉郡石晉升靜海軍節度　皇朝太平興國
二年降軍事今縣四
緊永嘉縣本東甌國漢惠帝立閩君搖爲東海王都東甌世號

曰東甌王後世爲閩越所攻東甌舉國徙江淮之間東漢永和三年以章安縣之東甌鄉置永寧縣屬會稽郡吴屬臨海郡晉宋爲永嘉郡治隋平陳郡廢改縣爲永嘉唐爲温州

望平陽縣本横陽縣晉太康四年置曰始陽後改名宋因之後省唐武德五年分安同縣復置屬東嘉州正觀元年省大足元年復置屬温州朱梁改曰平陽有横陽山

緊瑞安縣本東漢章安縣地吴置羅陽縣又改曰安陽晉改爲安國屬臨海郡宋因之隋省焉唐武德五年析永嘉縣復置屬東嘉州正觀元年屬括州上元二年屬温州五代時改曰瑞安

上樂清縣本樂城縣晉孝武分永寧縣置屬永嘉郡宋因之後省入永嘉縣唐武德五年復置屬東嘉州七年又省載初元年復置屬温州五代時改曰樂清有鴈蕩山芙蓉山

上台州春秋戰國屬越秦屬會稽郡漢屬東甌國後屬會稽郡東漢因之吳置臨海郡晉宋齊梁陳因之隋平陳郡廢屬處州後屬永嘉郡唐武德四年置海州五年改爲台州天寶元年曰臨海郡　皇朝因之今縣五

望臨海縣本漢回浦屬會稽郡東漢改曰章安吳分章安置臨海縣屬臨海郡晉宋因之後省入章安隋平陳郡廢改章安曰臨海屬處州後屬永嘉郡唐武德四年置海州復置章安縣五年改曰台州八年省章安有括蒼山天姥山

望黃巖縣本永寧縣唐上元二年分臨海置屬台州天授元年更名有黃巖山

緊寧海縣本漢剡縣地晉爲寧海縣屬臨海郡宋因之後省唐武德四年析臨海復置屬海州七年省入章安永昌元年復置台州有桐栢山

上天台縣吳置始平縣晉太康元年改曰始豐屬臨海郡宋因之後省唐武德四年析臨海縣復置屬海州八年省正觀八年復置上元二年改爲唐興宋梁改爲天台後唐復故石晉改爲台興　皇朝建隆元年復改曰天台有天台山赤城山

上仙居縣本樂安縣晉永和三年分始豐縣南鄉置宋因之後省唐武德四年析臨海置屬海州八年省上元二年復置屬台州五代時改爲永安　皇朝景德四年改爲仙居

上處州春秋戰國屬越秦屬會稽郡漢爲東甌國地後屬會稽郡東漢因之吳置臨海郡晉屬永嘉郡宋以後因之隋開皇九年平陳置處州十二年改爲括州大業初州廢置永嘉郡唐武德四年復置括州天寶元年改□縉雲郡大歷四年避德宗名改爲處州　皇朝因之今縣五

望麗水縣本漢章安縣地隋平陳分松陽縣東界置括蒼縣及
處州又改曰括州州廢置永嘉郡唐曰括州大曆十四年改
曰處州縣曰麗水有括蒼山
望龍泉縣本遂昌松陽二縣地唐乾元二年析置龍泉縣有豫
章山龍泉湖
上松陽縣吳置屬臨海郡晉因之宋屬永嘉郡隋平陳郡廢屬
處州唐因之朱梁時楊氏據江淮於是吳越錢氏上言以淮
冠未平恥聞逆姓請改爲長松後又改曰白龍　皇朝咸
平二年復曰松陽
上遂昌縣本漢太末縣地吳赤烏二年置平昌縣晉太康元年
改爲遂昌屬東陽郡宋因之後省而復置唐武德八年又省
入松陽景雲二年復置屬括州
上縉雲縣本括蒼縣地唐万歲登封元年置屬括州有縉雲

山有好溪本名惡溪多水怪唐大中中刺史段成式有善政
怪族自去因改曰好溪
中青田縣本括蒼縣地唐景雲二年置屬括州有石門山宋謝
靈運所遊有題詩有青田溪永嘉記曰青田有雙白鶴年年
生子長便去

上衢州自隋以前地理與婺州同唐武德四年平李子通析婺
州之信安置衢州以州西三衢山為名七年省輔公祏乃發垂
拱二年復置天寶元年曰信安郡 皇朝因之今縣五
望西安縣本漢太末縣地後漢初平三年析置新安縣屬會稽
郡晉太康元年改曰信安屬東陽郡宋及齊皆因之唐置衢
州咸通中改曰西安故定陽縣漢末孫氏分新安置晉屬東
陽郡宋因之後省唐武德四年析信安復置六年省之故盈
川縣唐如意元年析龍丘置元和七年省入信安有石室山

晉民王質伐木至石室中見童子四人彈琴而歌質倚斧柯聽之餓頃而去斧柯爛盡既歸已數十年親戚凋落無復向時矣

緊江山縣本須江縣唐武德四年析信安置屬衢州八年省永昌元年復置五代時改為江山有江郎山通典謂之須郎山發地如筍有三峯焉

上龍游縣本姑蔑越之西鄙也秦為太末縣屬會稽郡二漢因之晉宋以後屬東陽郡隋平陳省入金華唐武德四年復置太末縣及穀州八年州廢省縣入信安正觀八年復置更名龍丘屬婺州五代時改為龍游有龍丘山穀水

中常山縣本信安縣地唐咸亨五年置常山縣屬婺州垂拱二年來屬乾元元年屬信州後復故有常山

中開化縣本常山縣地　皇朝乾德四年置開化場太平興

國六年外為縣

上睦州春秋戰國屬越後屬楚秦屬會稽鄣二郡漢屬會稽丹陽二郡東漢屬丹陽吳二郡梁置新安郡隋平陳郡廢仁壽二年置睦州大業初州廢置遂安郡唐武德四年改為睦州天寶元年曰新定郡　皇朝因之今縣六

望建德縣本漢富陽縣地屬會稽郡吳置建德縣屬吳郡晉宋因之隋省入吳寧唐武德四年復置屬睦州七年省入桐廬雉山永淳二年復置万歲通天二年州自雉山移治於此

望青溪縣漢歙縣地屬丹陽郡梁置新安郡及新安縣隋平陳郡廢大業初改為雉山縣置遂安郡唐武德四年置睦州文明元年復為新安万歲通天二年州徙治建德開元二十年改為還淳永正元年改曰青溪有雉山

上桐廬縣漢富春縣地吳分置屬吳郡晉宋因之隋平陳縣廢

仁壽中復置屬睦州唐武德四年置嚴州七年州廢來屬有
嚴陵山嚴陵瀨即嚴子陵之所居也
中分水縣本桐廬縣地唐武德四年置屬嚴州七年省如意元
年復置更名武盛屬睦州神龍元年復故名
中遂安縣本漢歙縣地吳分置新定縣屬新安郡晉太康元年
改名遂安宋因之隋平陳縣廢仁壽中復置屬睦州唐因之
有白石英山
中壽昌縣本雉山縣地唐永昌元年分置屬睦州載初元年省
神龍元年復置
上秀州春秋時吳越分境於此吳亡屬越越敗屬楚秦屬會稽
郡漢因之東漢晉宋屬吳郡隋唐屬蘇州後屬杭州石晉時吳
越錢氏奏置秀州　皇朝因之今縣四
望嘉興縣故檇李地吳之南境春秋吳伐越越子陳于檇李即

此秦爲長水縣望氣者云有天子氣始皇乃令囚徒十万人掘汙其地表以惡名改曰因拳縣後曰由拳漢屬會稽郡東漢屬吴郡吴黄龍四年由拳有嘉禾生改爲禾興後太子諱和改爲嘉興晋宋因之後省焉唐武徳七年復置屬蘇州八年省入吴縣正觀八年復置五代屬杭州吴越王錢元瓘奏置秀州有胥山

緊華亭縣本崑山縣地唐天寳中置屬蘇州後屬秀州有華亭谷水有崑山吴陸氏之先葬此後機雲兄弟有辭學時人以玉出崑崗因名之有機雲宅在谷中後機臨刑歎曰華亭鶴唳可得聞乎

上海鹽縣故武原鄉越地也秦置海鹽縣屬會稽郡漢因之東漢屬吴郡順帝時縣淪陷爲湖今當湖是也大旱湖竭城郭猶可識後乃移治今所晋宋因之後省焉唐景雲二年分嘉

興復置屬蘇州先天元年省開元五年復置後屬秀州中崇德縣有語兒水本曰禦兒越之北境越語云勾踐之地北至禦兒即此

輿地廣記卷第二十三

輿地廣記卷第二十四

江南東路

次府江寧府春秋屬吴戰國屬越後屬楚秦屬鄣郡二漢屬丹陽郡吴王孫權初鎮丹徒謂之京城後徙都秣陵改為建業晉平吴以爲丹陽郡及楊州刺史治東晉元帝渡江復都焉改丹陽太守爲尹宋齊梁陳因之常以京口爲重鎮隋平陳郡廢夷蕩耕墾更於石頭城置蔣州大業初復置丹陽郡唐武德三年置楊州七年平輔公祏復改爲蔣州八年又改爲楊州九年州徙治江都以其地屬潤州至德二載析置江寧郡乾元元年曰昇州上元三年州廢光啓三年復置五代時南唐李氏竊據升爲江寧府 皇朝開寶八年克復降爲昇州天禧二年復升江寧府建康軍節度今縣五

次赤上元縣本楚邑楚威王以其地有王氣埋金以鎮之故曰

金陵秦改曰秣陵二漢屬丹陽郡吴建安十六年改曰建業因都焉晉武帝平吴復曰秣陵本治去京邑六十里故治村是也安帝義興九年移治京邑宋齊梁陳因之隋平陳省秣陵入江寧縣置蔣州唐武德三年改江寧曰歸化屬楊州八年改歸化曰金陵九年改金陵曰白下屬潤州貞觀九年復改白下曰江寧肅宗上元二年改曰上元乾元元年置昇州南唐置江寧府故建康縣本建鄴晉武帝既復改建業為秣陵太康三年又分秣陵之水北置建鄴縣後避愍帝名改曰建康隋省入江寧湖熟鎮本湖熟縣二漢晉宋屬丹陽郡後省入焉有蔣山石頭城六朝以為重鎮

次赤江寧縣晉武太康元年分秣陵置臨江縣二年更名唐既改江寧為上元南唐復析上元置江寧分治郭下

次畿句容縣二漢晉宋屬丹陽郡隋屬江都郡唐武德三年置

茅州七年州廢屬蔣州九年屬潤州乾元元年屬昇州有茅山一名句曲山形如句字之曲縣取名焉

次畿溧水縣本溧陽縣二漢晉宋屬丹陽郡隋改為溧水縣屬蔣州唐武德三年屬楊州七年屬宣州乾元元年屬昇州伍子胥自楚出奔未至吳而疾止中道乞食於溧瀨即此

次畿溧陽縣唐武德三年析溧水縣置屬楊州九年屬宣州上元元年屬昇州

望宣州春秋屬吳戰國屬越後屬楚秦屬鄣郡二漢屬丹陽郡吳為重鎮晉徙丹陽於建鄴而以其地置宣城郡宋齊梁陳因之梁兼置南豫州隋平陳郡廢改州為宣州大業初復置宣城郡唐武德三年曰宣州天寶元年曰宣城郡吳升為寧國軍節度　皇朝因之今縣六

望宣城縣本宛陵縣二漢為丹陽郡治晉置宣城郡宋齊梁陳

因之隋廢郡而改宛陵曰宣城置宣州唐因之亦吴懷安縣地屬丹陽郡晋屬宣城郡宋齊梁陳因之隋省入宣城有敬亭山

望南陵縣漢春穀縣地屬丹陽郡東漢晋因之孝武改爲陽穀後省梁置南陵縣又南陵郡陳置北江州隋平陳州郡並廢屬宣城郡唐武徳四年屬池州州廢來屬亦漢宣城縣地屬丹陽郡東漢省之晋復置屬宣城郡後省故城在今縣東

緊涇縣二漢屬丹陽郡晋屬宣城郡宋齊梁陳因之唐武徳三年置南徐州尋更名猷州八年州廢來屬故安吴縣吴分宛陵置晋宋齊梁陳屬宣城郡隋省入涇唐武徳三年復置八年又省亦陵陽縣地二漢晋屬丹陽郡成帝以皇后諱改爲廣陽縣宋因之後省有陵陽山列仙傳云陵陽子明釣得白龍放之後三年龍迎子明上陵陽山仙去因以名縣

緊寧國縣吴分宛陵置晉宋齊梁陳皆屬宣城郡隋省入宣城

唐武德三年復置屬宣州六年又省天寶三載復置

緊旌德縣唐寶應二年析太平縣置屬宣州有棲真山

中太平縣唐天寶十一載析當塗涇縣置屬宣州大歷中省永泰中復置

上歙州春秋屬吴戰國屬越後屬楚秦屬鄣郡二漢屬丹陽郡吴孫權分置新都郡晉武帝改為新安郡宋齊因之後廢隋平陳置歙州大業初置新安郡唐武德四年復置歙州天寶元年曰新安郡　皇朝因之統縣六

望歙縣二漢屬丹陽郡吴孫權使賀齊平山越於是立始新都尉於歙之華鄉令齊守之遂置始新縣及新都郡晉太康元年改郡曰新安後郡廢省始新入歙隋平陳廢歙開皇十一年復置屬歙州大業初屬新安郡唐為歙州治焉

望休寧縣孫權分歙置休陽縣晉武帝改爲海寧屬新安郡宋因之隋開皇十八年改爲休寧大業初置新安郡唐屬歙州

望祁門縣本黟縣地唐代宗時歙州賊方清據此爲壘永泰二年平賊因其壘置祁門縣屬歙州有祁山閶門灘善覆舟

望婺源縣唐開元二十八年析休寧置屬歙州

望績溪縣唐永徽五年分歙置北野縣屬歙州後更名績溪

緊黟縣二漢屬丹陽郡晉宋屬新安郡隋平陳縣廢開皇十一年復置屬歙州唐因之有林歷山吳賀齊討山越賊保林歷山四面險絕齊使以鐵杙琢山而外出其不意遂平賊

上江州古揚荊二州之境春秋戰國屬楚秦屬九江郡二漢屬廬江豫章二郡晉惠帝置尋陽郡兼置江州初治豫章成帝咸康六年移治尋陽中流襟帶常爲重鎮宋齊梁陳因之隋平陳郡廢大業初州廢置九江郡唐武德四年復置江州天寶元年

曰尋陽郡　皇朝因之今縣五

望德化縣本尋陽縣二漢屬廬江郡吳屬蘄春郡晉復屬廬江永興元年置尋陽郡咸康六年江州自豫章徙治尋陽縣本在江北溫嶠移置江南後省入柴桑柴桑縣二漢屬豫章郡曹公攻劉備於夏口時孫權擁兵柴桑以觀成敗諸葛亮說權與并力拒曹公故城在今縣南所謂楚城鎮是也宋齊梁陳皆為尋陽郡及江州治焉隋平陳郡廢復改縣曰尋陽開皇十八年改曰彭蠡大業初改曰湓城置九江郡唐復曰尋陽置江州五代時改為德化禹貢九江在州西北始別於鄂陵終會於江口有廬山柴桑山彭蠡湖

緊德安縣本歷陵縣地二漢屬豫章郡晉屬鄱陽郡後省五代時置德安縣屬江州有禹貢敷淺原

中瑞昌縣三代時置屬江州有王喬山清虛王華洞

中湖口縣五代時置屬江州晉盧循之敗悉力柵左里宋武帝
攻其柵循單舸走衆皆降即彭蠡湖口今縣是也
中彭澤縣禹貢彭蠡澤在西因以名縣二漢晉屬豫章郡宋省
之後復置梁置太康郡隋平陳郡縣並廢而置龍城縣屬江
州開皇十八年復改曰彭澤唐因之有馬當山
上池州春秋屬吳戰國屬越後屬楚秦屬鄣郡二漢屬丹陽郡
晉屬宣城郡宋齊梁陳隋因之唐武德四年析宣州置池州正
觀元年州廢永泰元年復置後曰池陽郡　皇朝因之今縣
六
望貴池縣本石城縣地二漢屬丹陽郡晉以後屬宣城郡隋平
陳縣廢開皇十九年置秋浦縣屬宣州唐分置池州五代時
改秋浦爲貴池有烏石山貴池
上青陽縣本臨城縣吳置晉屬宣城郡宋齊梁陳因之隋省入

南陵唐天寶元年析置青陽縣屬宣州後屬池州有九華山

上銅陵縣本南陵縣地唐析置義安縣又廢義安為銅官五代時置銅陵縣屬江寧府　皇朝開寶八年來屬有梅根山利國山

上建德縣本至德縣唐至德二年析鄱陽秋浦置屬江州乾元元年屬饒州永泰元年來屬五代時省後復置改為建德有石門山蘭溪

上石埭縣唐永泰中析青陽秋浦置治古石埭城屬池州

中下東流縣五代時置屬江州　皇朝太平興國三年來屬

上饒州春秋屬楚後屬吳戰國屬越後屬楚秦屬九江郡二漢屬豫章郡吳孫權分置鄱陽郡晉宋齊梁陳因之梁兼置吳州隋平陳郡廢改州為饒州以其物產豐饒大業初復置鄱陽郡唐武德四年曰饒州天寶元年曰鄱陽郡　皇朝因之今

縣六

望鄱陽縣本楚邑也春秋吴伐楚取鄱是也秦時吴芮為番陽令甚得江湖間心號曰番君二漢屬豫章郡吴置鄱陽郡晉以後因之隋置饒州唐因之有鄱江故廣晉縣吴置曰廣昌即吴芮故城也晉太康元年更名廣晉鄱陽郡治宋因之後省唐武德五年復置八年省入鄱陽

望餘干縣故越之西境所謂干越也二漢曰餘汗屬豫章郡晉宋齊梁陳隋屬鄱陽郡唐屬饒州有餘水北流入贛江

望浮梁縣本新平縣唐武德四年析鄱陽置屬饒州八年省開元四年復置新昌天寶元年更名浮梁有石藏山

望樂平縣本吴樂安縣晉宋屬鄱陽郡後省唐武德四年置樂平縣屬饒州九年省後復置

望德興縣五代析樂平置屬饒州有銀山

中安仁縣　皇朝開寶八年以餘干縣地置安仁場端拱元年升爲縣

上信州春秋戰國皆屬越後屬楚秦屬九江會稽二郡二漢屬豫章會稽二郡晉宋及隋屬鄱陽東陽二郡唐乾元元年析饒州之弋陽衢州之常山玉山及建撫二州之地置信州後曰上饒郡　皇朝因之統縣六

望上饒縣吳置晉省之宋復置屬鄱陽郡後省唐武德四年復置七年省入弋陽乾元元年復置其年置信州有一饒江

望玉山縣唐證聖二年析常山須江弋陽置屬衢州乾元元年來屬有懷玉山

望弋陽縣吳置葛陽縣晉宋屬鄱陽郡隋開皇十二年改爲弋陽屬饒州唐乾元元年來屬有弋溪寶豐鎮　皇朝開寶八年升爲縣景祐二年省入上饒康定元年復置慶曆三年又省入

弋陽

望　貴溪縣唐永泰元年析弋陽置屬信州有龍虎山貴溪

中　鉛山縣五代時置　皇朝開寶八年以縣直隸京師後屬信州有鉛山

中　永豐縣唐乾元元年析上饒置屬信州元和七年省入爲鎮　皇朝熙寧七年復升爲縣有永豐山永豐溪

上　太平州自唐以前地理與宣州同南唐置雄遠軍　皇朝開寶八年改平南軍太平興國三年升爲太平州今縣三

上　當塗縣本漢丹陽縣地晉太康二年分置于湖縣成帝以淮南當塗流民寓居于湖乃僑立當塗縣以治之以于湖爲境而於江南僑立淮南郡治于湖以當塗屬焉宋齊梁陳皆因之隋平陳郡及于湖廢以當塗屬丹陽郡唐武德三年置南豫州八年州廢屬宣州乾元元年屬昇州上元二年復屬宣

州南唐置雄遠軍　皇朝改爲平南軍又改爲太平州于湖縣故城在今縣南丹陽鎮本丹陽縣二漢晉宋屬丹陽郡後省唐武德三年析江寧縣復置屬饒州九年州廢屬宣州正觀元年省入當塗有牛渚山一名采石在縣北大江中晉温嶠回軍至牛渚磯聞鼓樂之音水深不可測乃燬犀角照之見水族奇形異狀朱衣躍馬夜見夢嶠曰與君幽明道别何得相照有丹陽湖慈湖

中蕪湖縣本漢蕪湖地左傳楚子重伐吴克鳩茲是也二漢晉屬丹陽郡晉宋僑立襄垣縣寄治蕪湖後屬淮南郡宋齊梁陳因之隋平陳省襄垣入當塗五代時析當塗復置蕪湖縣屬宣州　皇朝太平興國二年來屬有尺鑄山蕪湖

中繁昌縣晉之繁昌本屬襄城郡亂後於此僑立屬淮南郡而分于湖爲境宋齊梁陳因之隋平陳省繁昌入當塗五代時

析當塗復置屬宣州　皇朝太平興國二年來屬有靈山

隱静山

同下州南康軍春秋戰國皆屬楚秦屬九江郡漢屬豫章郡東漢晉宋皆因之隋屬九江豫章二郡唐屬江洪二州　皇朝太平興國二年置南康軍今縣三

望星子縣本漢彭澤縣地屬豫章郡後爲德化縣之星子鎮　皇朝太平興國三年置星子縣屬江州七年置南康軍有廬山彭蠡湖洛星石昔有星墜水化爲石縣鎮蓋因石爲名矣越錢氏封爲寶石山

望建昌縣本漢海昏縣地昌邑王賀廢遷於此屬豫章郡東漢永元十六年置建昌縣晉宋齊梁陳隋因之而省海昏入焉唐武德五年置南昌州八年州廢屬洪州　皇朝太平興國七年來屬亦永脩縣地東漢中平中置晉宋齊梁陳皆屬

豫章郡隋省入建昌唐武德五年復置八年省亦新吴縣地

東漢中平中置晉宋齊梁陳皆屬豫章郡隋省入建昌唐武德五年復置八年省永淳二年又置後省

上都昌縣本漢彭澤縣地唐武德五年置屬洪州八年廢屬江州　皇朝太平興國七年來屬有桑落山晉將劉毅爲盧循所敗之地有釣磯山晉陶侃微時嘗登此垂釣

同下州廣德軍春秋屬吴戰國屬越後屬楚秦屬鄣郡二漢屬丹陽郡晉屬宣城郡宋齊因之梁置大梁郡又改爲陳留郡隋平陳郡廢屬宣州唐因之南唐屬昇州　皇朝開寶八年屬宣州太平興國四年置廣德軍今縣二

望廣德縣本漢丹陽郡地鴻嘉二年以爲廣德國封中山靖王勝之後雲客是爲夷王晉太康中置廣德縣及宋齊皆屬宣城郡梁分置石封縣并置大梁郡又改爲陳留郡隋平陳郡

廢改石封爲綏安縣屬宣州而省廣德入焉唐武德二載改
綏安爲廣德南唐屬昇州　皇朝屬宣州後置廣德軍有
桐源山桐水出傳楚子西子期伐吳及桐汭即此
望建平縣本廣德縣之郎步鎮　皇朝端拱元年置建平縣
屬廣德軍有伍牙山伍負伐楚還吳經此山因以爲名

輿地廣記卷第二十四

中華古籍保護計劃

ZHONG HUA GU JI BAO HU JI HUA CHENG GUO

·成果·

（宋）歐陽忞　撰

宋本輿地廣記

第一册

國家圖書館出版社

圖書在版編目(CIP)數據

宋本輿地廣記:全三册/(宋)歐陽忞撰.—北京:國家圖書館出版社,2017.6(2024.10 重印)

(國學基本典籍叢刊)

ISBN 978-7-5013-6081-9

Ⅰ.①宋… Ⅱ.①歐… Ⅲ.①歷史地理—中國—古代 Ⅳ.①K928.62

中國版本圖書館 CIP 數據核字(2017)第 086856 號

書　　名　宋本輿地廣記(全三册)
著　　者　(宋)歐陽忞　撰
責任編輯　王亞宏
重印編輯　張珂卿
封面設計　徐新狀

出版發行　國家圖書館出版社(北京市西城區文津街 7 號　100034)
(原書目文獻出版社　北京圖書館出版社)
010-66114536　63802249　nlcpress@nlc.cn(郵購)
網　　址　http://www.nlcpress.com
印　　裝　河北三河弘翰印務有限公司
版次印次　2017 年 6 月第 1 版　2024 年 10 月第 2 次印刷

開　　本　880×1230　1/32
印　　張　22
書　　號　ISBN 978-7-5013-6081-9
定　　價　68.00 圓

《國學基本典籍叢刊》編委會

《國學基本典籍叢刊》前言

國家圖書館出版社（原名書目文獻出版社 北京圖書館出版社）成立三十多年來，出版了大量的中國傳統文化典籍。由於這些典籍的出版往往采用叢書的方式或綫裝形式，供公共圖書館和大學圖書館典藏使用，普通讀者因價格較高、部頭較大，不易購買使用。爲弘揚優秀傳統文化，滿足廣大普通讀者的需求，現將經、史、子、集各部的常用典籍，選擇善本，分輯陸續出版單行本。每書之前均加簡要説明，必要者加編目録和索引，總名《國學基本典籍叢刊》。歡迎讀者提出寶貴意見和建議，以使這項工作逐步完善。

國家圖書館出版社

二〇一六年四月

序　言

《輿地廣記》乃宋代地理名著。是書前四卷先叙歷代疆域，其後各卷分别列出宋代路府州縣，并叙歷代沿革。《四庫全書總目提要》稱道此書『端委詳明，較易尋覽，亦輿記中之佳本也』。歷代史志目録、官私藏書目録多有著録。

《輿地廣記》之價值今已得到充分肯定，但該書在宋代問世後，雖刊行於世，却并未廣爲流傳，甚至在南宋時期人們便對該書的作者歐陽忞是否真有其人産生了懷疑。《輿地廣記·序》中記載，該書爲歐陽忞所撰。但歐陽忞史傳無考。《郡齋讀書志》卷二下稱：『或云無所謂歐陽忞者，特假名以行其書耳。』而《直齋書録解題》卷八則稱：『忞爲文忠族孫，行名皆連「心」字。』後者説法基本上爲後人所采用。關於該書的成書時間，書前有政和年間歐陽忞自序，曰：『自少讀書，私嘗留意於此，嘗自堯舜以來至於今，爲書凡三十八篇，命之曰《輿地廣記》。凡自昔史官之作，與夫山經地志，旁見雜出，莫不入於其中，庶幾可以成一家之言，備職方之考，而非口傳耳受嘗試之

説者也。』由此知此書成於政和年間(一一一一—一一一八)。

《輿地廣記》作爲宋代一部非官修地理總志,在内容上雖未及同時期之《太平寰宇記》和《輿地紀勝》豐富,但仍多爲後世所引用,亦有多方面特殊價值,主要表現在三方面:其一,編撰體例多有獨到之處。清人朱彝尊稱讚該書『其沿革有條有理,勝於樂史《太平寰宇記》實多』。它開創了不同於以前正史地理志和地理總志的獨特的編撰體例,『沿革離合,皆繫於今郡縣名』,這種影響一直持續到清代,顧祖禹《讀史方輿紀要》、顧炎武《天下郡國利病書》等都受其影響,仿其編例。其二,極具史料價值。一些記述宋以前歷代疆域沿革的内容往往爲他書所不完備;較於《太平寰宇記》和《元豐九域志》,《輿地廣記》記述之政區地理則真實全面地展現了北宋哲宗元祐至徽宗崇寧、大觀、政和年間的政區分布狀况,在研究宋代地理沿革方面頗具史料價值;同時,該書對許多重要山谷、河流及其源流、州縣治所變遷的記載,在地名學、軍事地理學等方面,史料价值突出。其三,文獻學價值斐然,主要表現在引用典籍時,不是盲目照搬,而是對傳統舊説有考辨有分析,并且能對一些觀點提出根本性質疑。

《輿地廣記》成書後,其初刻時間大概在北宋末年、南宋初年。後迭經刊刻和傳鈔,版本多達十餘種。而宋刊本尤爲珍稀。該書今傳三部宋刊本。其一曾藏朱彝尊處,後轉歸黄丕烈、汪士

鐘、楊紹和諸藏家，黄丕烈曾據之重雕刊行；其二爲殘宋本，傅增湘《藏園群書經眼録》卷三稱之爲『宋九江郡齋刊』，存卷十八至三十八，曾藏季振宜處，後轉歸顧之逵、汪士鐘、丁日昌、袁克文諸藏家，卷十八、二十三、二十九、三十一、三十五末葉皆刊『淳祐庚戌郡守朱申重修』，卷十九末葉刊『嘉泰甲子郡守譙令憲重修，淳祐庚戌郡守朱申重修』木記二行，部分版心上記字數，字數下有『庚戌刊』三字，陰文或陽文不等；其三亦殘本，存卷七至十一、二十五至三十一。版心處亦有『庚戌刊』三字，卷二十六末葉有嘉泰、嘉定、淳祐三次重修記録。此本原藏内閣大庫，顧廣圻、黄丕烈未曾得見，一九二〇年傅增湘南下訪書，獲睹此書於劉啓瑞家。傅增湘曾以之與士禮居刻本相校，异同參見《藏園群書經眼録》。

曾藏曝書亭者，其上朱墨燦然，不知何人所爲。黄丕烈、顧廣圻各自將此本與『庚戌刊』本認真校刊，對二本孰早孰晚於題跋中均有記載。黄丕烈見殘宋本在先，後得全本，『喜甚，展卷一過，知竹垞藏本爲確，而宋刻則未經淳祐重修者也』，『所勝於顧藏宋刻者不第有三至十八卷爲可貴，即顧本之誤字，兹可悉正矣』。當代學者王欣夫《蛾術軒篋存善本書録》於此曾有考論，從刊工入手，確認曾藏曝書亭者較早。《中國版刻圖録》曰：『卷中避諱不嚴格，桓、構等字不缺筆。刻工蔡才、熊海、余彦、陳信等，南宋初年又刻贛州本《文選》。此書撰人歐陽忞原籍廬陵，廬陵與贛州

相距不遠，此書疑是廬陵刻本。』

此三部宋刊本現皆藏中國國家圖書館，其中以曾藏曝書亭者最全且早，《中華再造善本》所用即此本。鈐有『竹垞真賞』『百宋一廛』『蕘圃』『汪士鐘印』『楊紹和讀過』等印。現國家圖書館出版社將其列入《國學基本典籍叢刊》影印，實乃廣大讀者之幸事。

王　菡

二〇一七年五月

總目録

第一册

第二册

第三册

第一册目録

據國家圖書館藏宋刻遞修本
影印原書版框高十九點三厘米
寬十二點六厘米

歐陽忞輿地廣記新刻本有校勘札記二卷大指專
爲掊擊朱校而作朱校者彼序所謂竹垞所藏本模
糊損闕處輒有紅筆填寫字不知出自誰手以其用
紅筆故以朱校稱之者也竹垞藏本今歸 閬源汪君
買得借來一勘與札記所言者十有七八不合嘗以
彼序所謂時下鈔本求之則多合焉於是尋其條件
有並無朱校者則竹垞藏本不著一字處也有並非
朱校者則竹垞藏本另有時人墨筆字處也至於其
餘十之二三方爲紅筆填寫字然亦或合或不合則
又視乎時下鈔本言之故同一紅筆也而其言之有

稱朱校者有不稱朱校者夫彼何以如是之用心哉
則彿能知而彼之如是其不合則竹垞藏本有字之
字畢筆紅筆犁然具在固可燭照而數計也然
世之不獲見竹垞藏本者衆矣吾奈彼札記之歸
咎朱校何吾願汪君擴此之真顯彼之隱每條每
件標而記之續錄一帙以便傳觀庶幾於讀歐
陽文忠此書者不致多所失實而曝書亭插架自
是稍謝金根白茇之譏不亦善乎遂於還書汪君之
日識此而遺之庚辰立秋後一日元和思適齋居
士顧千里書於楓江僦舍

輿地廣記序

古者風俗醇厚士大夫安於所習而無外慕不足之心故其藝必專羿之弋和之弓僚之於圓秋之於奕皆以此終其身而名後世而人亦未有能加之者及至後世日益奢靡未始不欲以其一身擅天下之能事而終無所至嗚呼此後之君子所以有媿於古歟地理之書雖非有深遠難見之事然自歷世以來更張改作先王之制無一在者自非專門名家而從事於此者其孰能知之予不佞自少讀書私嘗留意於此嘗自堯舜以來至于今為書凡三十八篇命之曰輿地廣記凡自昔史官之作與夫山經地誌旁見雜出莫不入於其中庶幾可以成一家之言備職方之考而非口傳耳受嘗試之說者也傳曰執璿璣以觀大運則天地之動未足怪也據會要以觀方來則六合輻湊未足多也統之有宗會之有源則繁而不能亂衆而不能惑 地

理之書紛雜殽亂卒然視之漫不可省雖深識博聞之君子亦且以爲病而又安知是非之所在其所以處之將必有道矣夫以今之州縣而求於漢則爲郡以漢之郡縣而求於三代則爲州三代之九州散而爲漢之六十餘郡漢之六十餘郡分而爲今之三百餘州雖其間或離或合不可討究而吾胸中益已了然矣譬如三十輻之車制之以轂二篇之策統之以乾坤豈不約而易操乎是以顧廣其書于世必有能辨之者世之君子其試以是觀之政和十一年三月日廬陵歐陽忞序

輿地廣記卷第一

禹貢九州

晉　絳　慈　隰　河中　解　太原　遼

威勝　平定　汾　忻　代　嵐　石　憲

澤　潞　岢嵐　寧化　火山　保德　真定　中山

趙　深　冀　河間　祁　保　莫　雄

霸　信安　永寧　順安　保定　安肅　廣信　相

磁　邢　洺　懷　衛　晉寧　雲　應

新　寰　儒　毅　蔚　朔　幽　涿

易　檀　薊　嬀　平　營　安北都護

鎮北都護　單于都護

右古冀州地按冀州禹貢不言封界蓋堯都所在以餘州見之疆域尤廣梁州境宇雖遐遠而雜夷獠中夏惟冀州最大以山東之人

大名

德

性緩尚儒仗氣任俠大行栢山之東而鄴郡高齊國都浮巧成俗自北齊之滅衣冠士人多遷關內惟技巧商販及樂戶實移郡郭由是人情險詖至今好訐訟山西土瘠其人勤儉而河東魏晉以降文學盛興魏朴君識為河東守開置學官親執經教授郡中化之自後河東特多儒者閭井之間習於成法并州近狄俗尚武藝左右山河古稱重鎮韓信謂陳豨曰代天下精兵處也後漢末天下擾亂高幹為并州刺史常招說幹曰并州左有恒山之險右有大河之固北有強胡可以恃也寄任之者必文武兼資焉

恩　開德　鄆　濟　滑　濮　博

濱　棣　滄　清　永靜

古古兗州地案禹貢濟河惟兗州東南據濟西北距河地非險固風雜數國衛魏宋齊趙秦漢以降政理混同人情朴厚俗有儒學及晉之末為戰爭之地三百年間傷夷偏甚唐興復如近古之風

青

齊　濰　登　萊　密　安東

右古青州地按禹貢海岱惟青州東北據海西南距岱古齊歸稱強國憑負山海擅利鹽鐵管仲謂楚師曰我齊東至於海西至於河南至於穆陵北至於無棣穆陵山今琅邪郡沂水縣界無棣今景城郡縣又燕王謂蘇秦曰吾聞齊地清濟濁河可以為國長城巨防可以為塞今濟陽郡盧縣界有防門山又有長城東至海太公用之而富人管仲資之而興霸人情變詐好行機術豈因輕重而為弊乎固知道人之方先務推以誠言漢高帝罵婁敬曰齊虜以舌得官又汲黯謂公孫宏齊人多詐遠于漢氏封立近戚漢初田肯說高帝曰齊東有琅邪即墨之饒南有太山之固西有濁河之險北有渤海之利隔懸千里齊得十二焉故號東西秦非親子弟勿王武王臨極儒雅盛興晉惠之後淪沒僭偽慕容建國二代而亡今古風頗革文有文學唐初立都督府命親王鎮之漢氏之制信可取也

徐

宿　兗　海　沂　泗　淮陽

右古徐州地按禹貢海岱及淮惟徐州東至海北至岱南及淮蓋鄒魯舊國漢興猶有儒風自五胡亂華天下分裂二境尤被傷殘彭城要害藩捍南國必爭之地常置重兵數百年中無復講誦況去聖人久遠人情遷蕩大抵徐兖其俗略同

楊 高郵 楚 通 泰 滁 和 真

壽 廬 蘄 舒 濠 光 平江 宣

太平 池 廣德 潤 常 湖 杭 睦

越 歙 明 台 處 溫 婺 衢

饒 信 江 洪 撫 吉 筠 袁

虔 南康 南安 臨江 建昌 福 建 南劍

泉 漣 汀 邵武 興化 無為 秀 江寧

潮

右古揚州地按禹貢淮海惟揚州北據淮南距海東人性輕揚而尚鬼好祀每王綱解紐宇內分崩江淮濱海地非形勢得之與失未必輕重故不暇先爭然長淮大江皆可拒守吳晉宋齊梁陳皆以江淮要害之地置兵閩越遐阻僻在一隅憑山負海難以德撫漢武帝時朱買臣上言曰東越數反故東越王居泉山一人守險千人不得上永嘉之後帝室東遷衣冠違難多所萃止藝文儒術斯之為盛今雖閭閻賤品處力役之際吟詠不輟蓋因顏謝徐庾之風扇焉

江陵 荊門 峽 歸 復 郢 安 岳

漢陽 咢 澧 辰 沅 靖 施 黔

信陽 珍 溱 鄂 興國 潭 衡

永 道 郴 桂陽 全 邵 黃 遵義

武岡 錦 溪 漿 費 西高

右古荆州按禹貢荆及衡陽惟荆州北據荆山衡山之陽及其風俗略同楊州雜以蠻率多勁悍南朝鼎立皆為重鎮然兵強財富地逼勢危稱兵跋扈無代不有晉王敦陶侃桓玄桓温宋謝晦南郡王義宣袁顗沈攸之桂陽王休範齊陳顯達梁武帝陳王琳華統皆自上流擁兵東下是以上游之寄必精擇其人焉

蔡 潁 潁昌 應天 亳 陳 開封

興仁 廣濟 單 河南 孟 陝 虢 汝

鄭 唐 鄧 隨 襄 光化 均 拱

右古豫州地按禹貢荆河惟豫州西南至荆山今襄陽郡南漳縣界北距河大抵荆河之間四方輻輳故周人善賈趍利而纖嗇韓國分野亦有險阻蘇秦謂韓宣王曰韓北有鞏成皋之固西有宜陽商阪之塞東有宛穰洧水南有陘山也鞏成皋則今鞏縣汜水也宜陽商阪即今福昌山及商山也宛穰今南陽界陘山今密縣山自東漢魏晉宅於洛陽永嘉以後戰爭不息元魏徙居

繞過三紀自西晉永嘉五年劉曜陷洛陽執懷帝至後魏太和十九年經百八十七年遷都至永熙三年又經三十九年分爲東西魏矣逮乎二魏爰及齊周河洛汝潁迭爲攻守夫土中風雨所交宜乎建都立社均天下之漕運便萬國之享獻不恃隘害務修德刑則卜代之期可延久也

興元　洋　金　房　達　開　渠　廣安

梁　閬　巴　蓬　昌　普　蓁　南平

涪　合　忠　梁山　萬　夔　大寧　利

三泉　劍　綿　梓　遂　漢　成都　彭

蜀　邛　雅　黎　嘉　簡　懷安　眉

仙井　榮　資　瀘　敘　富順　康永　祺

亨　威　茂　長寧　高　鳳　階　成

興　文　龍　巂　松　扶　翼　真

當 悉 恭 柘 靜 姚 疊 宕

乾

右古梁州地按禹貢華陽黑水惟梁州（東據華山之巴南西距黑水）蜀之人少愁苦而輕易淫泆周初從武王勝殷（庸蜀羌髳微盧彭濮人是也）東遷之後楚子強大而後屬之暨于戰國又為秦有資其財力國以豐贍漢景帝時文翁為蜀郡守建立學校自是蜀土學者比齊魯焉土肥沃無凶歲山重複四塞險固王政微缺跋扈先起（公孫述劉備李雄義縱迭據之皆因中原多事）故一方之寄非親賢勿居

京兆 鳳翔 隴 汧 耀 同 華 坊

延安 保安 鄜 丹 環 豐 麟 府

綏德 銀 涇 慶 渭 鎮戎 原 德順

懷德 寧 秦 鞏 熙 積石 河 西安

西寧 蘭 湟 會 洮 岷 鄜 夏
宥 靈 監 豊 勝 甘 涼 瓜
肅 沙 西 伊 安西 北庭

右古雍州地按禹貢黑水西河惟雍州西據黑水東距西河西河龍門河也在冀州西黑水出張掖郡雞山南至燉煌郡經三危山過南溪郡入南海流厥田上上鄠杜之間號稱陸海四塞為固被山帶河秦氏資之遂平海內漢初高帝納婁敬說而都焉又徙齊諸田楚昭屈景燕趙韓魏之後及豪族者家於關中強本弱末以制天下自是每因諸帝山陵則遷戶立縣率以為常故五方錯雜風俗不一漢朝京輔號為難理其安定彭原之北汧陽天水之西接近胡戎多尚武節自東漢魏晉羌氐屢擾旋則苻姚迭據五梁更亂三百餘祀戰爭方息帝都所在是曰浩穰其餘郡縣習俗如舊

舜十二州

晉 絳 慈 隰 河 解 太原 遼

威 勝 平定 汾 忻 代 嵐 石

憲 澤 潞 岢嵐 寧化 火山 保德 雲

應 新 寰 儒 毅 蔚 朔 府

安北 鎮北 單于

右并州

幽 涿 易 檀 薊 媯 平 營

右幽州

安東上都護府

右營州按書舜肇十有二州孔安國云禹治水之後舜分兾州為幽州并州分青州為營州始置十二州餘九州依上

七國

京兆 商 華 同 耀 邠 鳳翔 麟
延安 丹 坊 鄜 銀 夏 寧 慶
環 原 涇 渭 宥 靈 鹽 鳳
秦 岷 會 鞏 蘭 河 熙 號
隴 綏德 保安 西安 鎮戎 德順

右秦地

開封 大名 河中 興仁 晉 絳 慈 隰
解 衛 深 祁

右魏地秦始皇二十二年王賁伐魏引河溝灌大梁遂滅魏

鄭 潁昌 唐 鄧 均 汝 陝

右韓地秦始皇十七年內史滕滅韓以其地置潁川郡

澤 潞 遼 代 沂 憲 汾 嵐
石 勝 府 豊 太原 洛 相 邢
磁 滄 清 冀 恩 真定 中山 莫
河間 趙 豐 平定 威勝 寧化 岢嵐 火山
保德 晉寧 永靜 順安 永寧 雲 蔚 朔
勝 單于大都護
右趙地秦始皇十九年王翦破趙克邯鄲虜趙王遷

幽 涿 覇 雄 嬀 易 檀 薊
平 營 保 順 信安 保定 安肅 廣信
安東
右燕地秦始皇二十五年王賁攻遼東虜燕王喜

登 萊 沂 密 濰 青 淄 濱
滄 棣 齊 德 博

右齊地秦始皇二十六年王賁攻齊齊降

房 金 洋 興元 雲 夔 萬 澧

辰 黔 安 岳 黃 鄂 復 郢

襄 峽 歸 施 江陵 沅 楚 通

泰 楊 奚 滁 濠 和 壽 廬

舒 光 蘄 江 筠 吉 潤 湖

江寧 秀 池 歙 宣 睦 常 平江

杭 越 明 台 婺 温 處 衢

隋 頳 海 黃 饒 信 洪 虔

支 撫 潭 衡 道 永 邵 全

郴 連 陳 漢陽 無為 南康 興國 臨江

南安 太平 廣德 光化 信陽 建昌 桂陽 武岡

荊門 溪 錦

右楚地秦始皇二十四年王翦破楚虜楚王負芻二十五年悉定荆江南地降百越之君置會稽郡

西京

孟

右周地赧王五十九年九鼎入秦周遂亡實秦昭襄王五十一年按漢志秦地於天官東井輿鬼之分壄也其界自弘農故關以西京兆扶風馮翊北地上郡西河安定天水隴西南有巴蜀廣漢犍為武都西有金城武威張掖酒泉敦煌又西南有牂柯越嶲益州皆宜屬焉魏地觜觿參之分野也其界自高陵江東盡河東河內南有陳留及汝南之召陵濦彊新汲西華長平潁川之武陽郾許傿陵河南之開封中牟陽武酸棗卷皆魏分也韓地角亢氐之分野也韓分晉得南陽郡及潁川之父城定陵襄城潁陽潁陰長社陽翟郟東接汝南西接弘

農得新安宜陽皆韓分也趙地昴畢之分野也趙分晋得趙國北有信都真定常山中山又得涿郡之高陽鄚州鄉東有廣平鉅鹿清河河間又得渤海郡之東平舒中邑文安東州成平章武河以北也南至浮水繁陽内黄斥丘西有太原定襄雲中五原上黨上黨本韓之别都遠韓近趙後卒降趙皆趙分也燕地尾箕分野也燕東有漁陽右北平遼西遼東西有上谷代郡鴈門南得涿郡之易容城范陽北新城故安涿縣良鄉新昌及勃海之安次皆燕分也樂浪玄菟亦宜屬焉齊地虚危之分野也東有淄川東萊瑯邪高密膠東南有泰山城陽北有千乘清河以南勃海之高樂高城重合陽信西有濟南平原皆齊分也楚翼軫之分野也今之南郡江夏零陵桂陽武陵長沙及漢中汝南郡盡楚分也周地柳

七星張之分野也今之河南維陽穀城平陰偃師鞏維氏是其分也初維邑與宗周通封折東西長而南北短長短相覆為千里至襄王以河南賜晉文公又為諸侯所侵故其分地小

秦四十郡

衛　懷　孟　開封　鄭　河南　汝　陝

虢　拱

右三川郡有河洛伊故曰三川

晉　絳　慈　隰　解　河中

右河東郡

洛　相　邢　磁　趙

右邯鄲郡

安　黄　鄂　復　郢　襄　峽　歸

施　江陵　漢陽　興國　荊門
右南郡
楚　通　泰　楊　真　滁　濠　和
壽　廬　舒　光　蘄　筠　吉　饒
信　洪　虔　袁　撫　無為　南康　臨江
南安　高郵　建昌
右九江郡
江寧　池　歙　宣　太平　廣德
右鄣郡
常　平江　秀　杭　越　明　台　婺
温　處　衢　潤　湖　睦
右會稽郡
潁昌　陳　蔡

應天　右潁川郡　興仁　鄆　濟　單　亳　廣濟

徐　右碭郡　宿　泗

兗　右泗水郡　海　淮陽

博　右薛郡　濮　大名　滑　開德

沂　右東郡　密

濰　右琅邪郡　登　萊　青　淄　棣　德　濟

濱

右齊郡

幽　涿　信安　霸　保定　雄　莫　河間

順安　保　永寧　嬀　安肅　祁　廣信　易

中山

右上谷郡

檀　薊

右漁陽郡

平

右右北平郡

營

右遼西郡

安東上都護

右遼東郡

蔚　右代郡

滄　清　冀　恩　深　真定　永靜

右鉅鹿郡

唐　隨　鄧　均　信陽　光化

右南陽郡

澤　潞　遼　平定　威勝

右上黨郡

代　忻　憲　汾　嵐　石　府　太原

寧化　岢嵐　火山　保德　晋寧

右太原郡

勝　單于大都護

右雲中郡

豐　安北

右九原郡

雲　應　朔

右鴈門郡

麟　延安　丹　防　鄜　銀　夏　綏德

保安

右上郡

鳳　秦　岷　會　鞏　蘭　河　熙

右隴西郡

寧　慶　環　原　涇　渭　宥　靈

西安　鎮戎　德順　鹽

右北地郡

房　金　洋　興元

巴　蓬　閬　果　普　昌　瀘　恭
合　忠　萬　廣安　夔　大寧　開　達
渠　涪　梁山
右漢中郡

利　三泉　劍　綿　遂　梓　漢　彭
成都　眉　蜀　邛　雅　嘉　簡　永康
仙井　資　叙　榮　懷安
右巴郡

咢　澧　溪　辰　錦　黔　沅　獎
思
右蜀郡

岳　潭　衡　邵　永　道　郴　達
右黔中郡

全 桂陽

右長沙郡

啓 華 京兆 同 耀 邠 鳳翔 隴

右內史郡

福 建 泉 南劍 邵武 汀 漳 興化

右閩中郡

潮 梅 循 惠 南雄 廣 韶 英

端 康 新 恩 南恩 賀 封 高

賓 藤

右南海郡

桂 昭 梧 龔 潯 鬱林 融 象

貴 柳 賓 橫 邕

右桂林郡

容　化　雷　廉　欽　陸　愛　演

驩　宜　峯　福禄　安南大都護

右象郡按秦始皇十七年滅韓十九年滅趙二十二年滅魏二十四年滅楚二十五年滅燕二十六年滅齊遂并天下分為三十六郡郡置守尉監漢書百官表曰秦郡守掌治其郡有丞尉掌佐守典武職甲卒監御史掌監郡於是興師踰江平取百越又置閩中南海桂林象郡凡四十郡其地西臨洮北沙漠東縈西帶皆臨大海焉

輿地廣記卷第一

淳祐庚戌郡守朱申重修

輿地廣記卷第二

漢十三郡

晉　絳　慈　隰　阿中　解　懷　衛
河南　孟　陝　虢　汝　鄭　商　京兆
鳳翔　隴　邠　耀　同　華　坊
右司隸校尉領京兆扶風馮翊洪農河東河内河南等郡國凡七
宿　蔡　潁　潁昌　應天　亳
右豫州領潁州汝南沛郡梁國魯國等郡國凡五
真定　中山　趙　深　冀　河間　祁　相
磁州　邢　洺　大名　恩　永寧
右冀州領魏郡鉅鹿常山清河廣平真定中山信都河間趙國等郡國凡十

開德　鄆　濟　滑　濮　博　陳　開封
興仁　單　兗　拱　廣濟
右兗州領東郡陳留山陽濟陰泰山城陽淮陽東平等
郡國凡八
密　徐　海　沂　楚　泗　通　泰
淮陽
右徐州領琅邪東淳臨淮泗水楚國等郡國凡三
德　濱　棣　青　濟　淄　濰　登
萊
右青州領平原千乘濟南齊郡北海東萊膠東高密菑
川等郡國凡九
江陵　峽　歸　復　郢　安　岳　鼎
澧　辰　沅　靖　施　黔　鄂　潭

衡 永 桂 道 郴 韶 全 邵
連 黄 唐 鄧 隨 襄 均 楊
蘄 光 英 荊門 漢陽 興國 桂陽 信陽
光化 錦 溪 奬 費
右荊州領南陽南郡江夏桂陽武陵零陵廣陵長沙等
郡國凡八
滁 和 真 壽 廬 舒 平江 宣
池 潤 常 湖 杭 睦 越 歙
明 台 處 温 婺 衢 饒 信
江 洪 撫 吉 筠 袁 虔 福
建 泉 漳 汀 濠 秀 江寧 高郵
太平 廣德 南康 南安 臨江 建昌 南劍 邵武
興化 無為 南雄

右楊州領廬江九江會稽丹陽豫章六合等郡國凡六

興元 洋 金 房 達 開 渠 果

閬 巴 蓬 昌 普 恭 涪 合

忠 萬 夔 利 劍 綿 梓 遂

漢 成都 彭 蜀 邛 雅 黎 嘉

簡 眉 榮 資 瀘 叙 祺 亨

威 茂 文 龍 珍 承 溱 廣安

南平 遵義 大寧 三泉 梁山 懷安 仙井 富順

長寧 永康 巂 扶 姚 翼

右益州領漢中廣漢巴郡蜀郡犍為越巂牂牁益州等郡國凡八

鳳 階 成 興 涇 慶 渭 原

寧 秦 鞏 熙 河 蘭 湟 會

環 岷 鎮戎 懷德 西寧 西安 德順 積石

甘 凉 瓜 肅 沙 靈 鹽 宥

右凉州領安定北地隴西武陵金城天水武都張掖酒泉敦煌等郡國凡十

太原 遼 汾 忻 代 嵐 石 憲

澤 潞 延安 鄜 坊 丹 銀 豐

府 麟 威勝 平定 岢嵐 寧化 火山 保德

綏德 保安 晋寧 雲 應 新 夏 滕

豊 單于

右并州領太原上黨上郡西河朔方五原雲中定襄鴈門等郡國凡九

雄 霸 滄 清 莫 保 信安 順安

保安 安肅 廣信 蔚 朔 幽 涿 易

檀　薊　嬀　平　營　安東
右幽州領涿郡渤海代郡上谷漁陽右北平遼西遼東
廣陽樂浪玄菟等郡國凡十一
廣　循　賀　昭　封　端　新　康
惠　容　邕　象　融　梧　藤　龔
潯　貴　柳　賓　横　化　高　雷
欽　廉　瓊　峯　愛　驩　陸　長
演　林　景　山　潮　梅　南恩　鬱林
昌化　萬安　朱崖　福禄　安南
右交州領南海鬱林倉梧交阯合浦九真日南等郡國
凡七始秦罷侯置守郡縣天下漢興以秦地太大更加
置郡國至武帝攘卻胡越開地斥境改雍曰涼改梁曰
益又置徐州復禹舊號置交阯（初為交阯後為交州）朔方（初為朔方後為

幷州凡十三州部刺史而不常所理至哀平之際新置郡國六十三與秦四十合一百三焉

三國

晉 絳 慈 隰 河中 解 懷 衛
孟 河南 陝 虢 汝 鄭 商 京兆
鳳翔 隴 邠 耀 同 華 坊 宿
蔡 潁 潁昌 應天 拱 亳 開德 鄆
濟 滑 濮 博 陳 開封 興仁 廣濟
單 德 濱 棣 青 濟 淄 濰
登 萊 密 徐 兗 海 沂 泗
淮陽 成 涇 慶 渭 鎮戎 原 懷忠
寧 秦 鞏 熙 積石 河 西安 西寧
蘭 湟 會 真定 中山 趙 深 冀

河間 祁 保 莫 相 磁 邢 洺
大名 恩 雄 覇 信安 永寧 順安 保定
安肅 廣信 滄 清 永靜 太原 遼 威勝
平定 汾 忻 代 嵐 石 憲 澤
潞 岢嵐 寧化 火山 保德 楊 高郵 楚
通 泰 滁 真 壽 廬 黄 光
郢 襄 唐 鄧 隨 均 金 房
延安 鄜 丹 環 岷 麟 府 綏德
銀 豐 德順 坊 保安 晉寧 無爲 甘
凉 瓜 肅 沙 蔚 朔 幽 涿
易 檀 薊 嬀 平 營 雲 應
新 豐 夏 宥 靈 鹽 安東 單于
右魏地

江陵　荆門　峡　歸　岳　漢陽　咼　澧
辰　沅　靖　施　黔　鄂　興國　潭
衡　永　桂　道　郴　桂陽　韶　全
邵　連　信陽　光化　和　蘄　舒　平江
宣　太平　池　廣德　潤　常　湖　杭
睦　越　歙　明　合　處　温　婺
衢　饒　信　江　洪　撫　吉　筠
袁　虔　南康　南安　臨江　建昌　福　建
南劍　泉　漳　汀　邵武　興化　廣　循
賀　昭　封　端　新　康　南恩　南雄
英　惠　容　邕　象　融　梧　藤
夔　潯　貴　柳　宜　巖　賓　横
化　高　鬱林　雷　欽　廉　瓊　昌化

萬安 朱崖 峯 愛 驩 陸 福祿 長

湯 演 林 景 山 瀼 田 環

寵 潮 梅 安南 錦 溪 奬 費

右吳地

興元 鳳 階 興 洋 達 開 渠

廣安 果 閬 巴 蓬 昌 普 恭

南平 涪 合 忠 梁山 萬 夔 大寧

利 三泉 劍 緜 梓 遂 漢 成都

彭 蜀 卭 雅 黎 嘉 簡 懷安

眉 仙井 榮 資 瀘 敘 富順 永康

祺 亨 威 茂 又 龍 珍 遵義

承 溱 長寧 雋 松 扶 翼 真

姚

右蜀地漢末三國並起魏氏據中原都洛有州十二（司隸理河南豫理譙兗理武威青理臨淄徐理彭城涼理燕分涼置秦理上邽冀理鄴幽理薊并理晉陽揚理壽春雍理京兆）有郡國六十八東自廣陵（揚州張遼鎮之）壽春（壽州毋丘儉諸葛誕皆鎮之）合肥（今盧江郡滿寵鎮之）汚口（今漢陽郡建安十五年文聘為江夏太守鎮焉）重兵以備吳西自隴西（渭州）南安（隴西縣）祁山（今同谷郡）漢陽（今天水郡）陳倉（今鳳翔府）重兵以備蜀蜀主全制巴蜀都成都置益（理成都）梁（理漢中）二州有郡二十二以漢中（今興元府蔣琬姜維皆鎮之）興勢（今洋川郡王平鎮之）白帝（今雲安郡）為重鎮吳王北據江南都鄂後遷建業盡海置交（理龍編）廣（理番禺今南海郡）荊（理南郡今江陵府）郢（理江夏今郡）揚（理建業今丹陽郡）五州有郡四十三以建平（今巴東郡）西陵（今夷陵郡陸遜陸抗並鎮之）樂郡（今江陵松滋縣東）南郡（今江陵郡）巴丘（今巴陸郡魯肅孫結並鎮之）夏口（今江夏郡孫慎鎮之）武昌（今江夏郡）皖郡（今同安郡諸葛恪屯此）牛渚圻（今宣城郡當塗縣）濡須塢（今歷陽縣西南百八十里）為重鎮其後得汚

口孫權嘉禾後陸遜諸葛恪屯守邾城今齊安郡東西界臨江與江夏武昌相對廣陵自三
國鼎立更相侵伐互有勝負疆境之外彼此不常幾得
遷失則不暇存今略紀其久經屯守及要害之地焉其守將亦略紀其知名者餘不可編舉

晉十九道

河南　汝、鄭　虢　陝　華　商　隰
慈　晉　絳　解　河中　衛　懷　洺
大名　磁　相　開德　孟

右司州領河南滎陽弘農上洛平陽河東汲郡河內廣平陽平魏郡頓丘等郡國凡十二

開封　濮　滑　廣濟　興仁　鄆　單　拱

右兗州領陳留濮陽濟陽高平任城東平濟北泰山等郡國凡八

廣建平宜陽南平武陵天門長沙衡陽湘東零陵邵陵
桂陽武昌安武等郡國凡二十二
江寧 潤 池 宣 滁 濠 壽 舒
廬 洪 和 常 平江 秀 杭 睦
湖 越 明 汀 婺 衢 歙 合
建 福 泉 漳 江 撫 筠 饒
信 虔 溫 處 太平 廣德 無為 南劍
邵武 建昌 興化 臨江 南安
右楊州領丹陽宣城淮南廬江毗陵吳郡吳興會稽東
陽新安臨海建安晉安豫章臨川鄱陽廬陵南康等郡
國凡十八
蘭 涼 甘 肅 沙 瓜 積石 河
西寧 湟 會 伊

右涼州領金城西平武威張掖西郡酒泉燉煌西海等
郡國凡八

京兆　鳳翔　同　隴　邠　涇　原　耀
謂　寧　靈　環　鎮戎　德順

右雍州領京兆馮翊扶風定安北地始平新平郡國凡
七

熙　岷　秦　鳳　興　階　文　龍
成　鞏

右秦州領隴西南安天水略陽武都陰平等郡國凡六

富順　資　仙井　榮　嘉　眉　彭　成都
蜀　邛　威　茂　黎　雅　瀘　昌
普　簡　懷安　敘　永康　長寧　遵義　嵩松
冀　嶲松　溱　珍　西高　承　亭

劒　合　果　利　姚　幽　安肅

右益州領蜀郡犍為汶山漢嘉江夏朱提越嶲牂柯等
郡國凡八
緜　洋　興元　漢　遂寧　潼川　忠
恭　涪　蓬　達　渠　廣安　閬
大寧　夔　開　梁山　萬　巴　南平
三泉
右梁州領漢中梓潼廣漢新都涪陵巴郡巴西漢昌巴
東等郡國凡九
右寧州領興古建寧永昌凡三郡
涿　易　檀　薊　嬀　平　蔚
廣信
右幽州領范陽燕國北平上谷廣寧代郡遼西郡凡七

安東上都護府

右平州領昌黎遼東樂浪玄菟帶方等郡國凡五

雷　欽　廉　瓊　峯　愛　驩　陸

福祿　長　湯　演　林　景　山　容

安南

右交州領合浦交趾新昌武平九真九德日南等郡國凡八

韶　連　梅　潮　廣　循　封　端

新　康　南恩　南雄　英　惠　桂　融

邕　象　賀　昭　梧　藤　龔　潯

貴　柳　巖　賓　橫　化　高　鬱林

右廣州領南海臨賀始安始興蒼梧鬱林桂林高涼高興寧浦凡十郡晉武帝大康元年平吳分為十九州部

置司州理洛陽兖理廩丘今濮陽郡雷澤縣荆河理項今淮陽郡項城冀理房子今趙郡縣并理晉陽青理臨淄徐理彭城荆初理襄陽後理江陵楊初理壽春後理建業凉理武威分三輔爲雍理京兆分隴山之西爲秦理上邽益理成都分巴漢之地爲梁理南鄭分雲南爲寧理雲南幽理涿分遼東爲平理昌黎今安東府交理昌編今安南府分合浦之北爲廣理番禺又增置郡國二十有一凡州百五十有六縣千百有九以爲冠帶之國盡秦漢之土及永嘉南渡境宇殊狹九州之地有其一焉初元帝命祖逖鎮雍丘今陳留郡逖死北境日蹙於是荆豫青兖四州及徐州之半陷劉曜石勒以合肥戴若思鎮之淮陰今山陽郡劉隗鎮之壽陽今壽春郡祖約鎮之泗口今泗州劉隗鎮之角城今泗州爲重鎮成帝時都守將退屯襄陽今穀城縣穆帝時平蜀乃復梁益之地又遣軍西入

關至灞上再北伐一至洛陽一至枋頭所得郡縣軍旅又失洎苻堅東平慕容暐西南陷蜀漢西北冠姑臧則漢水長淮以北悉爲堅有及堅敗再復梁益青徐兖荆河司之地其後青兖陷於慕容德荆河司陷於姚興以彭城爲北境藩扞朱序鎮之後益梁又陷於譙縱每因劉石苻姚襄亂之際則進兵屯戍在於漢中襄陽彭城然大抵上明今江陵松滋縣江陵夏口武昌合肥壽陽淮陰常爲晉氏鎮守義熙以後又復青兖司荆河梁益之地而政移於宋矣

置司州理洛陽兗理廩丘今濮陽郡雷澤縣荊河理項今淮陽

輿地廣記卷第三

唐十五道採訪使

關内道

京兆 華 同 商 鳳翔 邠

右京畿採訪使治京城内

隴 涇 原 渭 武 威(今延安) 雄(今慶) 寧

慶 鄜 坊 丹 延(州今延安) 靈 會 鹽

夏 綏(今綏德) 銀 宥 麟[illegible] 勝 豐

單于大都護 安北大都護 鎮北大都護

右關内採訪使以京官領

河南道

河南 汝

右都畿採訪使治東都城内

[illegible]本潁作郢

陝 虢 滑 鄭 潁 許今潁昌 陳 蔡

汴今開封 宋今應天 亳 徐 泗 濠 宿 鄆

齊 曹今興仁 濮 青 淄 登 萊 棣

兖 海 沂 密

右河南採訪使治汴州

河東道

河中 晉 絳 慈 隰 太原 汾 沁今威勝

遼 嵐 憲 忻 代 雲 朔 蔚

武今毅州 新 潞 澤

右河東採訪使治河中

河北道

孟 懷 魏今大名 博 相 衛 貝今恩州 澶今開德

邢 洺 惠今磁州 鎮今真定 冀 深 趙 滄

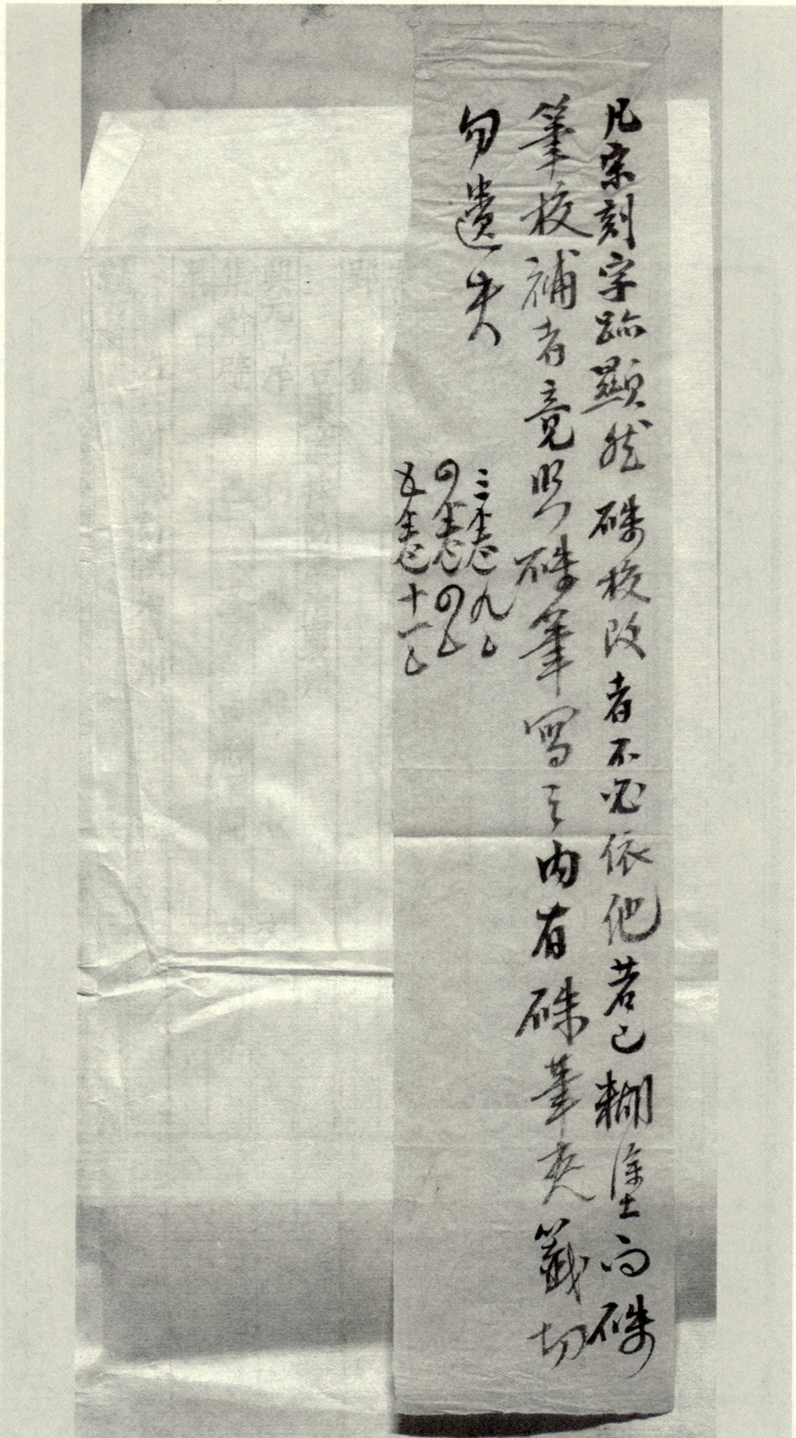
凡宋刻字跡顯然磚校改者不必依他若已糊塗而磚筆校補者竟照磚筆寫之內有磚筆處截切勿遺失

三本尾九上
四本尾四上
五本尾十一上

秦 河 渭今鞏州 鄯今湟州 蘭 臨今熙州 階 洮

岷 廓 疊 宕 涼 沙 瓜 甘

肅 伊 西 安西大都護 北庭大都護

右隴右採訪使治鄯州

淮南道

楊 楚 滁 和 壽 廬 舒 光

蘄 安 黃 [illegible]今信

右淮南採訪使治揚州

江南道

潤 昇今江寧 常 蘇今平江 湖 杭 睦 越

明 衢 處 婺 溫 台 福 建

泉 汀 漳

右東道採訪使治蘇州

景靜今永 德 定今中山 易 涿 幽 瀛今河間 莫

平 嬀 檀 薊 營 安東上都護

右河北採訪使治魏州

山南道

江陵 峽 歸 夔 澧 朗今鼎州 忠 涪

萬 襄 泌今唐州 隋 鄧 均 房 復

郢 金

右東道採訪使治襄州

興元 洋 利 鳳 興 成 文 扶

集今廢 壁今廢 巴 蓬 通今達州 開 閬 果

渠

右西道採訪使治梁州

隴右道

秦 河 渭[illegible] 鄯今湟州 蘭 臨今熙州 階 洮

岷 廓 疊 宕 涼 沙 瓜 甘

肅 伊 西 安西大都護 北庭大都護

右隴右採訪使治鄯州

淮南道

揚 楚 滁 [illegible] 壽 廬 舒 光

蘄 安 黃 [illegible]今信

右淮南採訪使[illegible]州

江南道

潤 昇今江寧 常 蘇今平江 湖 杭 睦 越

明 衢 處 婺 温 台 福 建

泉 汀 漳

右東道採訪使治蘇州

宣歙池洪江鄂岳饒

虔吉袁信撫潭衡永

道郴邵

右西道採訪使治洪州

黔辰錦施叙今沅州奬夷今承州播

思費南今南平溪溱

右黔中採訪使治黔州

劍南道

成都彭蜀漢嘉眉邛簡

資巂雅黎茂翼維今威州戎今叙州

姚松當悉静柘恭保今祺州

真霸今[illegible]州乾梓遂緜劍合

龍普渝今恭州陵今仙井榮昌瀘

二百十

保寧都護今廢

右劍南採訪使治益州

嶺南道

廣 韶 循 潮 康 瀧今廢 端 新

封 潘今廢 春今廢 勤今廢 辯今廢 高 恩今南恩 雷

崖今廢 瓊 振今朱崖 儋今昌化 萬安 邕 澄今廢 賓

横 潯 巒今廢 貴 龔 象 藤 巖

宜 瀼 籠 田 環 桂 梧 賀

連 柳 富今廢 昭 蒙今廢 嚴今廢 融 思唐今廢

古 容 牢今廢 白今廢 順今廢 繡今廢 鬱林 黨今廢

竇今廢 禺今廢 廉 義今廢 安南中都護 陸 峯

愛 驩 長 福祿 芝今廢 武峩今廢 演 武安今廢

湯

右嶺南採訪使治廣州按唐志云自秦變古始郡縣天下下更漢晉分裂爲南北至隋滅陳天下始合爲一乃改州爲郡依漢制置太守以司隷剌史相統治唐興高祖改郡爲州太守爲剌史又置都督府以治之然天下初定權置州郡頗多太宗元年始命併省又因山川形便分天下爲十道一曰關内二曰河南三曰河東四曰河北五曰山南六曰隴右七曰淮南八曰江南九曰劒南十曰嶺南至十三年定簿凡州府三百五十八縣一千五百五十一明年平高昌又增州二縣六其後北殄突厥頡利西平高昌北踰陰山西抵大漠其地東極海西至焉耆南盡林州南境北接薛延陀界開元二十一年又因十道分山南江南爲東西道增置黔中道及京畿都畿置十五採訪使檢察如漢剌史之職天寶盜起

中國用兵而河西隴右不守陷于吐蕃至大中咸通始復隴右乾符以後天下大亂至於唐亡然唐之盛時開元天寶之際東至安東西至安西南至日南北至單于府蓋南北如漢之盛東不及而西過之

唐藩鎮

貝　博　魏　相　磁　洺　衛

右魏博傳五世至田弘正入朝十年復亂更四姓傳十世有州七

恒　冀　深　趙

右成德更二姓傳五世至王承元入朝明年王庭湊反傳六世有州四

幽　涿　營　瀛　莫　平　薊　嬀

檀

右盧龍更二姓傳五世至劉總入朝六月朱克融反傳十二世有州九

淄　青　齊　海　登　萊　沂　密

曹　濮　兗　鄆

右淄青傳五世而滅有州十二

滄　景　德　棣

右滄景傳三世至程權入朝十六年而李全略有之至其子同捷而滅有州四

汴　潁　宋　亳

右宣武傳四世而滅有州四

申　光　蔡

右彰義傳三世而滅有州三

邢　汾　晉　澤　潞

右澤潞傳三世而滅有州五按唐贊云安史亂天下至肅宗大難略平君臣皆幸安故瓜分河北地付授叛將護養孽萌以成禍根亂人乘之遂擅署吏以賦稅自私不朝獻于庭効戰國肱髀相依以土地傳子孫脅百姓加鋸其頸利怵逆汙遂使其人自視猶羌狄然一寇死一賊生訖唐亡百餘年卒不為王土

五代

梁有州七十八

汴 洛都 雍 兗 沂 密 青 淄

齊 棣 登 萊 徐 宿 鄆 曹

濮 宋 亳 單 潁 陳 蔡 許

汝 鄭 滑 襄 均 房 鄧 隨

郢 唐 復 安 申 蒲 孟 懷

晉絳陝虢華商同耀
邠寧慶衍鄜坊丹延
夏銀綏宥靈鹽魏博
貝衛澶相邢洺磁鎮
冀深趙易祁定
唐有州一百二十三
洛雍都汴兖沂密青淄
齊棣登萊徐宿鄆曹
濮宋亳單潁陳蔡許
汝鄭滑襄均房鄧隨
郢唐復安申蕭孟懷
晉絳陝虢華商同耀
寧慶衍鄜坊丹延夏

銀綏宥靈鹽歧隴涇
原渭武秦成階鳳乾
魏博貝衛澶相邢洺
磁鎮冀深趙易祁定
滄景德瀛莫幽涿檀
薊順營平蔚朔雲應
新媯儒武忻代嵐石
憲麟府并汾慈隰澤
潞沁遼
晉有州一百九
汴洛都雍兖沂密青淄
齊棣登萊徐宿鄆曹
濮宋亳單潁陳蔡許

汝鄭滑襄均房金鄧
隨郢唐復安申蒲孟
懷晉絳陜虢華商同
耀邠寧慶衍威鄜坊
丹延夏銀綏宥靈鹽
岐隴涇原渭武秦成
階鳳乾魏博貝衛澶
相邢洺磁鎮冀深趙
易祁定滄景德忻代
嵐石憲麟府并汾慈
隰澤潞沁遼
漢有州一百六
汴洛都雍兖沂密青淄

齊棣登萊徐宿鄆曹
濮宋亳單潁陳蔡許
汝鄭滑襄均房金鄧
隨郢唐復安申蒲孟
懷晉絳陝虢華商同
耀解邠寧慶衍威鄜
坊丹延夏銀綏宥靈
鹽岐隴涇原渭武乾
魏博貝衛澶相邢洺
磁鎮冀深趙易祁定
滄景德忻代嵐石憲
麟府并汾慈隰澤潞
沁遼

周有州一百一十八

汴洛都雍兖沂密青淄

齊棣登萊徐宿鄆曹

濮濟宋亳單潁陳蔡

許汝鄭滑襄均房金

鄧隨郢唐復安申蒲

孟懷晉絳陝虢華商

同耀解邠寧慶威鄜

坊丹延夏銀綏宥靈

鹽岐隴涇原渭秦成

階鳳乾魏博貝衛澶

相邢洺磁鎮冀深趙

易祁定滄德濱瀛莫

雄霸府慈隰澤潞楊

楚泗滁和光黃舒蘄

廬壽海泰濠通

右按五代史職方考云唐自僖昭以來日益割裂梁初天下別爲十一南有吳浙荊湖閩漢西有岐蜀北有燕晉（劉仁恭稱燕李克用稱晉李茂貞稱岐錢鏐稱吳越楊行密稱吳王審知稱閩馬殷稱楚王建稱蜀高季興稱南平劉隱稱南漢）而朱氏所有七十八州以爲梁（朱温）莊宗初起并代取幽滄有州三十五其後又取梁魏博等十六州（魏博貝衛澶相邢洺磁鎮冀深趙易祁定）合五十一州以滅梁岐王稱臣又得其州七（岐隴涇原渭武乾）同光破蜀已而復失惟得秦鳳階成四州而營平二州陷于契丹其增置之州一（寰）合一百二十三州以爲唐（莊宗李克用之子）石氏入立獻十有六州于契丹（瀛莫幽涿檀薊順蔚湖雲應新嬀儒武寰）而得蜀金州又增置之

州一(威)合一百九州以爲晉(石敬塘)劉氏之初秦鳳階成復入于蜀隱帝時增置之州一(解)合一百六州以爲漢(劉暠)郭氏代漢十州入于劉旻(忻代嵐石憲麟并汾沁遼)世宗取秦鳳階成瀛莫及淮南十四州(楊楚泗滁和光黃舒蘄廬壽海泰濠)又增置之州五(濱溪雄霸通)而廢者三(衍武景)合一百一十八州以爲周(郭威)宋興因之此中國之大略也其餘外屬者彊弱相并不常其得失至於周末閩已先亡(閩有州五建汀漳泉入于石晉福入于吳越)而在者七國自江以南二十一州(潤常宣歙鄂昇池饒信江洪撫袁吉虔筠)(建汀劒漳泉)爲南唐(晉天福二年吴楊溥遜位于徐知誥知誥改姓李名昪号南唐)自劒以南及山南西道四十六州(益漢彭蜀緜眉嘉劒梓遂果閬普陵資榮簡卭黎雅維茂文龍黔施夔忠萬興利開通涪渝瀘合昌巴蓬集壁渠戎梁洋)爲蜀(前蜀王建梁時稱帝於成都建死子衍立唐莊宗同光三年衍降孟知祥鎮成都明宗時封蜀王爲後蜀)自湖南北十州爲楚(潭衡澧朗岳道永邵全辰)自浙東西十三州爲吳越(福杭越蘇湖温台明處衢)

婺睦秀自嶺南北四十七州爲南漢融郴連昭宜桂賀梧蒙嚴富柳象容邕端康封恩春新高竇雷化韶藤白廉欽廣橫賓潯惠鬱林英雄瓊崖儋萬安羅潘勤瀧辨自太原以北十州爲東漢劉旻而荆歸峽三州爲南平合中國所有二百六十八州而軍不在焉

輿地廣記卷第四

皇朝郡國

四京

東京　西京　南京　北京

京東東路

青　密　齊　沂　登　萊　濰　淄

淮陽

京東西路

兗　徐　拱　興仁　鄆　濟　單　濮

廣濟

京西南路

襄　鄧　隨　金　房　均　郢　唐

光化

京西北路

潁昌　鄭　滑　孟　蔡　陳　潁　汝

信陽

河北東路

開德　河間　滄　冀　博　棣　莫　雄

霸　德　濵　恩　清　永静　信安　保定

河北西路

真定　相　中山　邢　懷　衛　洺　深

磁　祁　趙　保　安肅　永寧　廣信　順安

河北路化外州

安東上都護　幽　涿　易　檀　薊　嬀

平　營

陝西永興軍路

京兆　河中　陝　延安　同　華　耀　邠
鄜　解　慶　虢　商　寧　坊　丹
環　銀　綏德　保安

陝西秦鳳路

鳳翔　秦　涇　熙　隴　成　鳳　岷
渭　原　階　河　蘭　鞏　會　西安
西寧　湟　廓　洮　鎮戎　德順　懷德　積石

陝西路化外州

安西大都護　北庭大都護　靈　夏　涼　沙
瓜　鹽　勝　西　伊　甘　肅　疊
宕　豐　宥

河東路

太原　潞　晉　府　麟　絳　代　隰

慈 忻 汾 澤 憲 嵐 石 遼

豐 威勝 平定 岢嵐 寧化 火山 保德 晉寧

河東路化外州

單于大都護 安北大都護 鎮北大都護 雲 應

新 蔚 朔 寰 儒 毅

淮南東路

楊 亳 宿 楚 海 泰 泗 滁

真 通 高郵

淮南西路

壽 廬 蘄 和 舒 濠 光 黃

無為

兩浙路

杭 越 平江 潤 湖 婺 明 常

温 台 處 衢 睦 秀

江南東路

江寧 宣 歙 江 池 饒 信 太平

南康 廣德

江南西路

洪 虔 吉 袁 撫 筠 興國 南安

臨江 建昌

荊湖南路

潭 衡 道 永 郴 邵 全 武崗

桂陽

荊湖北路

江陵 鄂 安 復 鼎 澧 峽 岳

歸 辰 沅 靖 漢陽 荊門

荆湖北路化外州

錦 奬 溪

成都府路

成都 眉 蜀 彭 綿 漢 嘉 邛

黎 雅 茂 簡 威 祺 亨 永康

仙井

成都府路化外州

松 當 悉 靜 恭 柘 翼 真

乾 姚 巂

梓州路

梓 遂 果 資 普 昌 叙 瀘

合 榮 渠 懷安 廣安 長寧 富順

利州路

興元 利 洋 閬 劒 巴 文 興

蓬 龍 三泉

利州路化外州

扶

夔州路

夔 黔 達 施 忠 萬 開 涪

恭 珍 承 溱 梁山 南平 遵義 大寧

夔州路化外州

費

西高

福建路

福 建 泉 南劒 汀 漳 邵武 興化

廣南東路

廣 韶 循 潮 連 封 端 新

康　南恩　梅　南雄　英　惠

廣南西路

桂　容　邕　融　象　賀　昭　梧

藤　龔　潯　貴　柳　宜　賓　橫

化　高　雷　欽　鬱林　廉　瓊　昌化

萬安　朱崖

廣南路化外州

安南大都護　峯　瀼　巖　田　愛　驩

陸　福祿　長　湯　演　林　景　山

環　籠　古

輿地廣記卷第五

四京

東京開封府今治開封祥符二縣春秋時爲衛陳鄭三國之境戰國時屬魏秦屬三川郡漢屬陳留河南潁川淮陽郡東漢改淮陽爲陳國晉屬陳留滎陽潁川元魏屬陳留許昌東魏分置開封郡兼立梁州北齊罷開封郡後周改梁州爲汴州隋開皇初罷陳留郡大業初罷汴州分入滎陽等郡唐武德四年復立汴州開元中爲河南採訪使治所興元元年自宋州徙宣武軍于此以劉玄佐爲節度使梁以州建國升爲東京開封府後唐復爲汴州宣武軍晉復升爲東京開封府漢周及　皇朝因之今縣十四

赤開封縣二漢屬河南郡晉屬滎陽郡東魏置開封郡北齊郡廢隋屬滎陽郡唐武德四年屬汴州正觀元年省延和元年

析浚儀尉氏復置移在郭下與浚儀分治有汴河蓋古莨蕩渠也首受黃河水隋煬帝開浚以通江淮漕運兼引汴水亦曰通濟渠　皇朝元豐中導洛通入謂之清汴有惠民河浚溝其地則衛詩所謂浚郊浚都者也有蓬池亦曰逢澤故衛國之匡地竹書紀年云梁惠王發逢忌之藪以賜民即此唐天寶元載更名福源地禁漁採有沙海戰國策顏率言大梁之君臣欲得九鼎謀於沙海之上在此蓼堤梁孝王築東至睢陽長三百里有吹臺今曰繁臺本晉師曠作之梁孝王增築焉

赤祥符縣本大梁魏惠王所築惠王六年自安邑徙都于此故亦曰梁惠王竹書紀年云惠王爲大溝於此郛以行圃田之水縣北有浚水像而儀之故謂之浚儀秦始皇二十三年攻魏引河水灌城而拔之二漢屬陳留郡晉及後魏因之東魏

兼立梁州後周改爲汴州隋開皇初郡罷大業初州罷屬滎陽郡隋末浚儀故縣爲李密所陷縣人王要漢帥豪族置縣於今所而自爲令唐高祖因立汴州以要漢爲刺史武德四年移縣於州北正觀元年復移州西　皇朝大中祥符二年更名有夷門山夷門者大梁城之東門也魏人侯嬴抱關於此有蔡河蓋古琵琶溝也有廣濟河金水河有寒泉阪衛詩所謂爰有寒泉在浚之下

畿尉氏縣古獄官曰尉氏此本鄭獄官尉氏之邑二漢屬陳留郡晉及元魏因之東魏屬開封郡北齊省隋開皇六年復置屬潁川郡唐武德四年置洧州正觀元年州廢屬汴州有惠民河長明溝三亭岡魏范睢與秦使王稽期於三亭之南即此有制澤陂左傳注滎陽宛陵縣東有制澤此亦宛陵地也

畿陳留縣留本鄭邑後爲陳所并故曰陳留有莘城國語謂之

莘墟漢武帝元狩元年置陳留郡晉爲陳留國治小黃元魏省
陳留縣隋開皇十六年復置屬梁郡唐屬汴州小黃縣漢高
帝於此兵敗母時兵死後招魂葬號昭靈后其處曰小黃園
漢亦曰小黃縣故城在縣東北二漢屬陳留郡晉及元魏因之
北齊省有皇桓山狼丘汴河睢渙其水首受蒗蕩水東入泗
纖雍丘縣故杞國姒姓周武王封禹後東樓公先春秋時從魯
東北二漢屬陳留郡曹操圍張超於此城晉亦屬陳留東晉
祖逖鎮此以禦石勒元魏置陽夏郡隋開皇初郡廢十六年
置杞州大業初州廢屬梁郡唐武德四年復置杞州正觀元
年州廢屬汴州圉城鎮本漢圉縣屬睢陽國故城在東南翟
義興兵王莽遣孫建擊之於圉地義師大敗積尸万數立爲
京觀東漢及晉屬陳留郡元魏屬陽夏郡北齊省隋開皇六
年復置曰圉城屬梁郡唐正觀元年省漢外黃縣故城在東

二漢屬陳留郡晉屬陳留國元魏省北齊復置隋屬濟陰郡唐貞觀元年省有葵丘齊桓會諸侯于此

畿封丘縣古封父之國左傳所謂周以封父之繁弱賜魯是也二漢屬陳留郡晉及元魏因之北齊省隋開皇十六年復置屬東郡唐屬汴州亦漢平丘縣地有黒山白溝河封丘臺胡城黄池吳王夫差會諸侯于此

畿中牟縣趙襄子時佛肸以中牟叛置鼎於庭不與已者烹之趙獻侯自耿徙此二漢屬河南郡晉及元魏屬滎陽郡東魏置廣武郡隋開皇初郡廢改中牟曰内牟屬鄭州十八年改内牟曰圃田唐武德三年復曰中牟亦屬鄭州梁開平元年來屬後唐同光初還之晉天福中復來屬北十二里有中牟臺是爲官渡城曹公袁紹相持之所有圃田澤爲豫州之藪有汴河鄭河

畿陽武縣兩漢屬河南郡晉元魏屬滎陽郡東魏屬廣武郡隋唐屬鄭州梁開平元年來屬有博浪沙張良擊秦始皇之所有黑陽山黄河汴河白溝

畿酸棗縣戰國時嘗為韓所都刺客聶政為濮陽嚴仲子殺韓相俠累於此秦拔魏置縣漢因之以其地多酸棗因以為名屬陳留郡東漢晉因之元魏屬東郡北齊省隋開皇六年復置屬滎陽郡唐屬滑州梁開平元年來屬唐同光初還之晉天福中復來屬有土山黄河金堤漢文帝時河決金堤即此有酸棗臺有延津袁紹渡處津南立壁以拒曹公紹將淳于瓊宿烏巢在縣東為曹公所襲破之於此

畿長垣縣本衛之匡邑孔子畏於匡者故城在今縣南春秋會于匡即此地二漢為長垣縣屬陳留郡晉屬陳留國元魏屬東都隋開皇十六年改曰匡城屬滑州唐因之梁復曰長垣

來屬後唐又曰匡城　皇朝復爲長垣有濮水刁河漢長羅縣故城在東北古蒲邑在此子路爲之宰

畿東明縣本漢東昏縣屬陳留郡王莽改曰東明東漢復曰東昏後省爲東明鎮　皇朝建隆四年升爲縣濟陽鎮本濟陽縣二漢屬陳留郡南頓君爲令生光武於縣舍晉屬陳留國元魏屬陽夏郡隋屬濟陰郡唐貞觀元年省入宛句

皇朝建隆四年來屬

畿扶溝縣縣有扶亭又有洧水溝故以爲名漢屬淮陽國東漢屬陳留郡晉省元魏復置東魏屬許昌郡隋屬潁川郡唐屬許州梁開平元年來屬漢新汲縣故城在西本鄭之曲洧左傳諸侯伐鄭自戲童至于曲洧是也

畿鄢陵縣本鄭地春秋鄭伯克段于鄢即此戰國謂之安陵二漢屬潁川郡晉元魏因之東魏屬許昌郡北齊省隋開皇七

年復置屬許州十六年置許州大業初州縣廢屬潁川郡唐
屬許州梁開平元年來屬後唐同光初還之晉天福中復來
屬有祈耶山洧水白亭
畿咸平縣漢爲陳留扶溝二縣地後爲通許鎮　皇朝咸平
五年升爲咸平縣有牛首城春秋諸侯伐鄭取牛首有褒
亭

西京河南府周武王克商定鼎于郟鄏成王卜澗水東瀍水西
而作洛邑謂之王城今皇城是也又卜瀍水東而作下都以遷
商頑民謂之成周今洛陽故城是也平王避犬戎之難乃自豐
東遷而居王城至敬王與子朝爭立子朝據王城於是晉魏舒
合諸侯之大夫城成周以居敬王至考王封弟桓公於河南以
續周公之官職其後遂爲西周即王城也桓公之孫惠公又封
少子於鞏號爲東周王赧時東西周分治王赧徙居西周秦滅

二周置三川郡謂伊洛河也秦亡項羽立瑕丘申陽為河南王漢高帝取之置河南郡亦屬弘農潁川帝始欲都此感奉春君之言而止光武中興都雒邑置河南尹兼置司隸魏晉因之兼置司州後為劉聰所陷東晉末穎[illegible]劉裕再克河洛建置郡府終不能有後魏孝文乃自代徙都[illegible]置河南尹并司州東魏置洛州北齊後周及隋皆因之大業[illegible]年作新都改曰豫州三年復為河南郡唐平王世充置[illegible]州顯慶二年升為東都開元元年改為河南府天寶元年曰東京梁唐晉漢周常以為都梁開平元年改為西京後唐為洛京晉為西京漢周及　皇朝皆因之今縣十五

赤河南縣古郟鄏地周武王遷鼎成王卜宅是為王城平王東遷居之後為西周君所封二漢為河南縣魏晉以來因之隋自洛陽故城移都城於此郡[illegible]徙焉唐因之有闕塞山俗曰

龍門有伊洛瀍澗四水漢穀城縣在西北北齊常山王演築
以拒周師又築孝水戍在縣西北
赤洛陽縣本周下都商頑民所遷是爲成周城中有狄泉敬王
避子朝之難居之秦置三川郡兼封文信侯呂不韋漢封瑕
丘申陽爲河南王漢爲河南郡東漢魏晉元魏皆爲都東
魏置洛陽郡隋開皇初郡廢大業初移都城於河南縣而洛
陽縣亦徙在都城中其故城遂空　皇朝熙寧八年省入
河南元祐二年復置魚豢曰漢火德火忌水故光武去水而
加佳魏土德土水之母也故除佳而加水有北邙山魏明欲
平之令登臺見孟津辛毗諫乃止東魏高歡破宇文泰軍唐
史思明與李光弼軍皆在此有金墉城在故城西北角魏明
帝所築有漢平陰縣故城在縣北五十里魏文帝改爲河陰
後魏尒朱榮舉兵入洛朝士三千人遇禍於此

赤永安縣本鞏縣緱氏登封三縣地近世爲永安鎮隸鞏

皇朝景德四年升爲縣有少室山鳳臺山轘轅山青龍河

畿偃師縣帝嚳所都亦古亳邑也商有三亳成湯居西亳此即一也至盤庚又自河北徙治於此亳商家從此而改國號曰殷周武王伐紂而還欲示休戎之意名爲偃師二漢屬河南郡晉以來省隋開皇十六年復置屬河南府唐因之有尸鄉田橫自剄處緱氏鎮古滑國二漢爲緱氏縣屬河南郡自晉至唐因之　皇朝熙寧八年省爲偃師有緱山王子晉控鶴上升之所有黃河曲洛

畿鞏縣春秋時鞏國戰國時東周君居此二漢屬河南郡晉元魏因之東魏屬成皋郡北齊省隋開皇十六年復置屬河南郡唐因之有洛口倉爲李密所據漢[illegible]平縣故城在西北俗謂之小平其北有小平津

畿登封縣漢武帝登中嶽太室從官在山下聞有言萬歲云於是以三百戶奉祠命曰崇高邑屬潁川郡東漢省入陽城東魏分潁陽置堙陽縣隋開皇六年改曰武林十八年曰輪氏大業初曰嵩陽屬河南郡唐萬歲登封元年更名登封屬河南有嵩高山禹貢所謂外方山有陽城山禹避舜之子於此二漢爲陽城縣屬潁川郡元魏置陽城郡隋唐皆屬河南府嵗登封元年更名告成天祐二年改爲陽邑後省有箕山昔堯將遜位許由耻之逃隱于此立有許由冢有測景臺昔周公以土圭測日景求地中以陽城爲地中焉漢綸氏縣故城在西南

畿潁陽縣二漢爲輪氏縣地晉省之後魏改曰臨武後周省之唐載初元年析河南伊闕嵩陽復置臨武縣屬河南府開元十五年更名潁陽　皇朝熙寧八年省入登封元祐二年

復置有箕山潁水
畿新安縣昔項羽坑秦降卒二十万於此二漢屬弘農郡晉屬河南郡東魏置新安郡後周置東垣縣隋仁壽四年省新安入東垣大業初更名新安屬河南郡唐因之有漢函谷關武帝元鼎三年楊僕以有功恥為關外人乃上書乞移關於新安以家財給其費後周武帝保定中改關城為通洛防以備齊寇有缺門山金谷水
畿澠池縣有古東西俱利二城秦昭王與趙惠文王相會澠池藺相如劫秦王令為趙王鼓缶處蓋云秦趙交利也漢晉屬弘農郡元魏置澠池郡後周及隋屬河南郡唐因之有天壇山廣陽山澠池水
畿永寧縣本漢宜陽澠池二縣地屬弘農郡後周置熊耳縣隋因之屬河南郡義寧二年更名永寧西北有二崤山連入硤

石界其南陵夏后皐之墓其北陵文王之所避風雨春秋晉
襄公敗秦師于殽又有回溪[illegible][illegible]度俗名回坑長四里闊
二丈深二丈五尺自漢以前道皆由此建安中曹公西征巴
漢惡南路之險更開北道自後行旅率多從之有能耳山劉
盆子積甲之所有[illegible]崤山谷[illegible][illegible][illegible]同軌永昌三城以備
齊

鐵長水縣本漢盧氏縣地屬弘農郡後魏置南陝縣屬金門郡
西魏改為長淵隋義寧元年改為長水唐顯慶二年來屬土
刻在西北二十五里蓋古關之塞垣後周以為鎮防有松陽
山洛水

鐵壽安縣本漢宜陽河南二縣地後魏置甘棠縣隋仁壽四年
更名壽安屬河南郡唐因之高齊置孔城防以備周在縣東
南有錦屏山鹿蹄山

畿福昌縣本宜陽縣秦武王欲通三川以窺周室乃使甘茂約魏以攻韓遂拔宜陽二漢晉屬弘農郡元魏置宜陽郡東魏置陽州後周改曰熊州隋開皇初郡廢大業初州廢以宜陽屬河南郡唐武德二年改曰福昌因隋宮爲名故韓城在縣東劉盆子降光武處縣城東隅其三面峭絶天險後周去壘兵於此以備高齊東魏又置金門郡後周省入有女几山

畿伊陽縣本漢陸渾縣地唐先天元年析置伊陽屬河南府陸渾戎名初在秦晉之西北後秦晉遷之于伊川因以爲縣漢屬弘農郡晉屬河南郡東魏置伊川郡又有北荆州後周改曰和州隋開皇初郡廢改和州曰伊州大業初州廢以陸渾屬河南郡後省入伊陽後周置鎮於伊陽備齊有三塗山春秋晉伐陸渾請有事於三塗即此伊闕鎮本戎蠻子國漢惠帝置新城縣屬河南郡東漢晉因之東魏置新城郡高齊置

初郡廢屬河南郡十八年改縣曰伊闕北有伊闕故關言大禹疏鑿以通水兩山相對望之若闕伊水歷其間北流謂之伊闕云 皇朝熙寧五年省爲伊陽

畿 河清縣南臨黃河左傳云晋陰即此唐咸亨四年析河南洛陽新安王屋濟源河陽六縣置大基縣屬河南府先天元年改名河清有栢崖故城在縣西東魏將侯景所築有青要山

滽 滽水

南京應天府高辛氏子閼伯所居商丘也周武王封微子啓是爲宋國戰國時齊楚魏滅之三分其地秦置碭郡漢爲梁國東漢晋因之元魏爲梁郡後周置梁州隋開皇初郡廢十六年置宋州大業初州廢又爲梁郡唐復爲宋州天寶元年曰睢陽郡梁號爲宣武軍節度後唐改歸德軍 皇朝景德四年升應天府大中祥符七年升南京今縣四

宋城縣古商丘也閼伯微子漢梁孝王皆都之漢曰睢陽縣後漢晉元魏因之隋開皇十八年改曰宋城唐屬宋州張巡許遠死節於此有梁孝王兔園平臺鴈鶩池春秋時隕石五見在埜臺即梁孝王開道也

穀熟縣商之南亳成湯所都也後漢置穀熟縣屬梁國晉因之後魏廢焉隋開皇十六年復置屬梁郡唐屬宋州

下邑縣漢屬梁國晉因之北齊廢巳吾縣入焉隋屬梁郡唐屬宋州

虞城縣夏封虞後於此少康避有過之難奔有虞即此有綸城即少康邑漢置虞縣屬梁國晉因之元魏曰虞縣北齊廢隋文帝開皇十六年置虞城縣屬梁郡唐屬宋州有禹吾臺盂諸藪

北京大名府春秋時屬晉衛戰國時屬衛二國漢屬魏郡東郡清

河魏文帝分置陽平郡晉因之宋文帝置東陽平郡元魏因之後周大象二年置魏州隋大業初置武陽郡唐武德四年平竇建德改置魏州龍朔二年改名冀州咸亨三年復曰魏州天寶元年曰魏郡代宗後爲田承嗣史憲誠何進滔羅洪信所據曰大名府置天雄軍三代皆因之後唐建鄴郡晉漢因之至周罷大名府後唐曰興唐晉曰廣晉漢周復曰大名 皇朝慶曆二年升爲北京今縣十一

赤元城縣魏武侯公子元食邑於此因以名縣二漢屬魏郡魏置陽平郡晉元魏因之東魏屬魏郡後周置魏州隋置武陽郡唐爲魏州五代漢以來爲大名府有沙麓春秋時沙麓崩即此有馬陵魏龐涓爲齊孫臏所破於此大名鎮漢館陶縣地東魏分館陶西界置貴鄉縣後周隋唐因之後唐更名廣晉漢乾祐初改爲大名 皇朝熙寧六年省入元城按左

傳晉獻公賜畢万魏卜偃曰万盈數也魏大名也其地於今
為河中之永樂非元城之魏也漢以大名名此失矣

畿莘縣本漢陽平縣屬東郡魏晉元魏屬陽平郡北齊改曰樂
平隋開皇六年復曰陽平十八年改曰清邑十六年置莘州大
業初州廢改清邑為莘縣唐屬武陽郡唐屬魏州春秋衛宣公
使盜殺公子伋于莘即此漢東武陽縣故城在西

畿內黃縣漢晉元魏屬魏郡東魏併入臨漳隋開皇十六年復置
屬汲郡唐屬相州天祐三年來屬漢繁陽縣故城在縣西北

畿成安縣本斥丘縣地漢晉元魏屬魏郡東魏併入臨漳古城
在縣西北北齊置成安縣隋屬魏郡唐屬相州天祐二年更
名五年來屬後唐復為成安洹水鎮晉長樂縣地後周分臨
漳縣東北界置洹水縣隋屬魏郡唐屬相州天祐三年來屬
皇朝熙寧六年省入成安蘇秦合六國之將相會盟于洹水

上郡也
鐵魏縣戰國爲魏武侯別都漢晉元魏屬魏郡北齊廢之隋開
皇六年復置屬武陽郡唐屬魏州
鐵館陶縣漢屬魏郡魏晉元魏屬陽平郡後置毛州隋煬帝大
業初州廢以館陶屬武陽郡唐屬魏州漢書溝洫志河北決
於館陶分爲屯氏河而後世誤以爲毛氏河乃置毛州失之
甚矣
鐵臨清縣後漢廣宗縣水經注言趙立建興郡於廣宗故城內
置臨清縣後魏因之北齊廢焉隋開皇六年復置屬清河郡
唐屬貝州後來屬永濟鎮唐大曆七年田承嗣析臨清置永
濟縣屬貝州天祐三年來屬　皇朝熙寧六年省
鐵宗城縣後漢廣宗縣屬鉅鹿郡晉屬安平國隋仁壽元年改
曰宗城屬清河郡唐屬貝州天祐三年來屬經城鎮本後漢

經縣屬安平國晉因之北齊廢焉隋開皇六年復置經城縣屬清河郡唐屬貝州　皇朝熙寧六年省入宗城

畿夏津縣本二漢鄃縣屬清河郡晉因之其後廢焉隋開皇十六年復置唐屬貝州天寶元年更名夏津後來屬

畿清平縣本漢清陽縣屬清河郡後漢省焉隋開皇六年置貝丘縣十六年改曰清平唐屬博州後來屬

畿冠氏縣春秋晉邑左傳齊烏餘伐晉取冠氏是也隋開皇六年以分館陶宋界置屬武陽郡唐屬魏州清水鎮本漢清淵縣屬魏郡晉屬陽平郡隋屬清河郡唐避高祖諱改爲清泉縣後爲清水正觀元年省入冠氏

輿地廣記卷第五

輿地廣記卷第六

京東東路

望青州少昊之世有爽鳩氏虞夏時有季萴湯末有逢公伯陵殷末有蒲姑氏皆為諸侯國於此周成王時蒲姑氏與四國作亂成王滅之以封太公是為齊國所謂營丘後徙都臨淄亦其地廿六後為田氏地有秦滅之置齊郡漢高帝封子肥為齊王後為齊郡亦屬北海千乘後屬齊國北海樂安兼置青州晉屬齊國濟南樂安永嘉之亂陷於石勒刺史曹嶷為晉守造廣固城終為季龍所陷季龍末段龕自號齊王據之慕容恪滅趙亡青州苻氏平燕盡有其地入苻氏敗苻朗以州降晉晉置幽州以辟閭渾為刺史鎮廣固隆安四年為慕容德所陷遂都之為南燕劉裕滅南燕以羊穆之為青州刺史築東陽城而居之宋及後魏皆置青州後周為齊郡樂安北海隋並廢之大業初復置北

海郡唐武德四年曰青州天寶元年曰北海郡升平盧軍節度皇朝淳化五年改鎮海軍政和元年曰齊郡今縣六

望益都縣本二漢廣縣地屬齊郡晉廢之廣固城在縣西四里晉曹嶷所築有大澗甚廣因曰廣固城爲青州刺史治焉段龕慕容德皆據此東陽城北即郡治東城是也晉時城宋將竺夔守之後魏攻圍不下益都本漢侯國武帝封菑川王子胡爲益都侯故城在今壽光縣南元魏置益都縣北齊移入青州城北門外爲治所後周屬齊郡隋開皇初廢大業初置北海郡唐爲青州有五龍口劉裕圍慕容超於廣固塞五龍口城中男女悉皆脚弱病者太半遂拔之

望壽光縣本漢博昌壽光縣地後漢晉並屬樂安國隋徙壽光治所於博昌屬北齊郡唐屬青州有淄澠二水有灌亭禹後斟灌氏之國有紀國故城春秋紀侯國也漢曰劇屬北海郡

文帝十八年置菑川國後漢併入北海郡故城在縣西南

緊臨朐縣二漢臨朐昌國縣並屬齊郡晉省臨朐入昌國隋開皇六年改昌國爲逢山大業初改曰臨朐屬北海郡唐屬青州有伯氏駢邑

上博興縣本漢樂安縣屬千乘郡後漢屬樂安國晉省之其後後置隋改爲博昌屬北海郡唐屬青州後唐避諱改爲博興

上千乘縣漢舊縣後漢屬樂安國晉省之後復置爲樂安郡治隋開皇初郡廢以千乘屬北海郡唐屬青州有薄姑城商末爲諸侯至周時與四國作亂成王滅之有遄臺齊景公飲酒于臺上曰古而無死其樂若何晏子對曰昔爽鳩氏始居此地季萴因之有逢伯陵因之蒲姑氏因之而後太公因之古若無死爽鳩氏之樂非君所願也顏師古言武王初封太公於齊未得爽鳩氏地成王以益之在漢博昌縣界

上一。臨淄縣。城臨淄水，故曰臨淄，即營丘也。周封太公於此。南郊
山下有天齊淵，齊所以爲齊，以天齊也。戰國時齊威王貢羽
封田都。漢齊悼惠王皆都之。後置齊郡。後漢、晉爲齊國。元魏
爲齊郡。北齊廢之。隋開皇十六年復置，屬北海郡。唐屬青州。
漢西安縣故城在西北，本曰渠丘，齊大夫雍廩之邑。有葵丘、
牛山、時水。

上。密州。戰國時屬齊，秦置琅邪郡。漢屬琅邪郡，分高密、城陽二
國。後漢屬琅邪郡、北海國。晉屬城陽郡。元魏屬高密。後置膠州。
隋開皇初郡廢。五年改膠州爲密州。大業初州廢，復爲高密郡。
唐武德五年曰密州。天寶元年曰高密郡。皇朝開寶五年
升安化軍節度。今縣五。

望。諸城縣。本漢東武、諸二縣地。東武爲琅邪郡治所。後漢屬琅
邪國。晉屬城陽郡。後魏置高密郡。隋開皇初改爲密州。上八

年改東武為諸城大業初復為高密郡唐為密州諸本魯邑春秋城諸及鄆是也漢屬琅邪郡後漢屬琅邪國晉屬城陽郡元魏屬東莞郡齊後省入東武至隋改焉漢琅邪縣在東境初越王勾踐欲霸中國徙都於此起觀臺於山上周七里以望東海秦始皇置琅邪郡後東遊過齊登山大樂之因留三月乃徙黔首三万户於山下刋石立碑紀秦功德漢武帝亦登焉晉省琅邪縣後復置元魏屬平昌郡後又省隋開皇十六年置縣曰豐泉大業初復改為琅邪唐省之

望安丘縣本莒之渠丘也漢為安丘屬北海郡後漢屬北海国三晉屬東莞郡元魏屬平昌郡其後並廢隋開皇十六年置牟山縣大業初改名安丘屬高密郡唐乾元二年以安禄山亂改為輔唐 皇朝開寶四年復為安丘漢㭊城朱虛昌安三縣故城在此

望莒縣東莒國戰國時燕將樂毅破齊獨莒不下漢文帝置城
陽國以封朱虛侯劉章光武併入琅耶國魏晉復置城陽郡
後魏置東莞郡北齊郡廢屬義唐郡唐初廢之以莒屬琅耶
後屬密州漢海曲縣故城在縣東呂母起於此
上高密縣縣有密水出以爲名漢文帝置膠西國宣帝本始元
年更名高密國後漢屬北海郡魏晉屬城陽郡隋屬高密郡
唐屬密州漢夷安縣屬高密國本春秋萊國之夷維邑晏平
仲其邑人也後漢屬北海郡晉以來省之唐武德六年移高
密治故夷安城淳于本春秋州國漢爲縣屬北海郡後漢屬
北海國晉屬城陽郡元魏屬平昌郡北齊省入高密
膠西縣春秋介葛盧國二漢爲黔陬縣屬琅耶郡晉屬城陽郡
元魏屬高密郡後置平昌郡隋開皇初郡廢十六年置縣曰
膠西大業初省黔陬入焉屬高密郡唐武德元年省膠西入

高密後以其地爲板橋鎮　皇朝元祐三年復置膠西縣

上齊州春秋戰國皆屬齊秦屬齊郡二漢屬濟南平原東郡晉濟南郡領平壽下密膠東即墨祝阿五縣而以平壽爲郡治方今考其屬邑乃漢北海平壽膠東地非濟南地也或云魏平蜀將徙其豪將家於濟河北故爲濟岷郡而太康地理志無此郡名豈永嘉喪亂簡編散落故失其傳乎宋爲濟南郡兼置冀州後魏改爲濟州隋開皇初郡廢大業初州廢置齊郡唐武德元年曰齊州天寶元年曰臨淄郡五年曰濟南郡　皇朝治平二年升興德軍今縣五

緊歷城縣二漢屬濟南郡宋元魏爲郡治焉隋四年齊郡尋爲濟州有歷山漢韓信度平原襲破齊歷下軍即此有華不注山左傳所謂郤克敗齊師逐之三周華不注是也漢東平陵縣本譚國二漢爲濟南郡治其後郡徙歷城而平陵遂廢唐武德

二年置譚州并平陵縣正觀元年州廢屬齊州十七年齊王
祐起兵平陵人李君求據縣不從因改名全節元和十五年
省入歷城漢臺縣故城在縣西
緊禹城縣本祝柯邑也春秋襄十九年諸侯盟于祝柯即此
二漢曰祝柯屬平原郡晉屬濟南郡隋屬齊郡唐屬齊州天
寶元年更名禹城東有野井亭齊侯唁魯昭公之所
中章丘縣本漢陽丘縣屬濟南郡後漢省之後置高唐縣隋開
皇十六年改爲章丘屬高密郡唐屬齊州有東陵山盜跖死
處臨濟鎮本漢朝陽縣隋開皇十六年 改曰臨濟別置朝陽
大業初省入[illegible]唐屬齊州 皇朝咸平四年省入章丘管
縣二漢屬濟南郡晉以後廢之地入臨濟
中長清縣本齊之石窌邑二漢及晉爲盧縣地隋開皇十四年
置長清縣屬濟北郡唐屬齊州武德元年置山茌縣二漢茌

縣也屬泰山郡天寶元年改爲豐齊元和十五年省入長清
中臨邑縣二漢屬東郡晉及元魏屬濟北國隋屬齊郡唐屬齊
州有石門有盧縣故城春秋齊侯鄭伯盟于石門尋盧之盟
是也有朝陽城漢朝陽縣也屬濟南郡後漢爲東朝陽屬濟
南國晉屬樂安國其後廢入臨邑

上沂州春秋時齊魯二國之地戰國時屬齊楚秦屬琅耶郡漢
屬琅耶東海二郡後置琅耶國魏晉因之宋爲琅耶郡後魏置
北徐州後周改爲沂州隋開皇初郡廢大業初州廢復爲琅耶
郡唐武德四年曰沂州天寶元年曰琅耶郡今縣五

望臨沂縣本魯地春秋城中丘在縣東北二漢屬東海郡晉屬
琅耶國隋屬琅耶郡唐爲沂州漢即丘縣故城在縣東南本
祝丘春秋夫人姜氏享齊侯于祝丘是也二漢晉皆屬琅邪
國隋大業初省入臨沂漢開陽縣屬東海郡本鄅國也後更

名啓陽春秋叔孫州仇帥師城啓陽是也漢避景帝諱改爲開陽後漢晉爲琅耶國治其後廢入臨沂故城在縣南漢襄賁縣屬東海郡後漢及晉皆因之其後廢入臨沂故城在縣南

望承縣本漢承縣屬東海郡後漢晉因之隋大業初改承爲蘭陵屬彭城郡唐武德四年復更爲承以縣置鄫州正觀元年州廢承屬蘭陵鎮戰國時屬楚春申君以荀卿爲蘭陵令二漢晉宋屬東海郡元康元年置蘭陵郡其後郡縣俱廢唐武德四年置蘭陵縣正觀元年省入鄫故鄫國漢屬東海郡後漢晉皆屬琅耶隋大業初省入承

望沂水縣漢東莞東安二縣地東莞本莒之鄆邑魯取之漢屬琅耶國晉太康中置東莞郡隋屬高密郡後省入東安東安漢屬城陽國後漢及晉屬琅耶國其後改沂水縣及南青州

東安郡後周攺州爲莒州隋開皇初郡廢攺縣曰東安十六
年又攺曰沂水大業初州廢屬琅耶郡唐屬沂州有沂山禹
貢沂水所出有浮來山春秋公及莒人盟于浮來是也有穆
陵山昔召康公賜齊太公履南至于穆陵即此漢陽都縣春
秋陽國也漢屬城陽國後漢晉屬琅耶國其後廢焉故城在
縣南有大峴山爲齊南天險其地險固晉將劉裕伐南燕大將
公孫五樓請慕容超據守大峴超不從故敗
望費縣魯季氏邑公山弗擾以費畔即此漢屬東海郡後漢屬
泰山郡晉屬琅耶國隋屬琅耶郡唐屬沂州有蒙山禹貢所
謂蒙羽其藝是古顓臾城在縣西北魯附庸國爲東蒙主冉
有以爲固而近於費蓋季氏伐之隋開皇十八年攺南武陽
曰顓臾屬琅耶郡唐正觀元年省入費漢南武陽縣屬泰山
郡後漢及晉因之有顓臾城隋因攺焉故城在縣西漢南城

縣屬東海郡後漢屬泰山晉屬莒武城即古之武城子游爲
宰有絃歌之聲處也故城在莒縣
中新泰縣本漢東平陽縣屬泰山郡後漢省之晉復置惠帝元
康元年改爲新泰屬泰山郡隋屬琅耶郡唐屬沂州漢蒙陰
縣屬泰山郡後漢省之晉復屬琅耶國北齊省入新泰故城
在縣東南堂阜在東齊地也有夷吾亭管仲以囚自魯歸鮑
叔解其縛於此
上登州春秋牟子國戰國屬齊秦屬齊郡二漢晉屬東萊郡元
魏置東牟郡隋屬東萊郡唐置登州天寶元年曰東牟郡今縣
四
望蓬萊縣本漢黃縣屬東萊郡後漢爲郡治所晉屬東萊國元
魏置東牟郡北齊廢東牟入長廣郡隋開皇初廢長廣屬東
萊郡唐如意元年置登州初治牟平神龍三年更名黃爲蓬

萊徙治焉

望黃縣漢舊縣唐神龍三年更名蓬萊先天元年析蓬萊置黃

縣屬登州有萊山漢惤縣地在此有蹲狗山

緊牟平縣二漢舊縣屬東萊郡晉省之後復置隋屬東萊郡唐

屬登州漢東牟腄縣地在此有東牟山之罘山秦始皇漢武

帝嘗登之

中文登縣漢不夜腄縣地屬東萊郡後漢以來省之北齊置文

登縣後周因之隋屬東萊郡唐武德四年置登州正觀元年

州廢如意元年屬登州有文登山有成山漢武帝礼日於成

山即此有不夜城古有日夜出見於東萊故萊子立此城以

不夜爲名有秦始皇石橋

中萊州禹貢所謂萊夷作牧之地春秋爲萊國齊侯滅之遷萊

子於郳戰國屬齊秦屬齊郡二漢爲東萊郡晉爲東萊國宋爲

東萊郡後魏兼置光州北齊後周因之隋開皇初郡廢五年改州曰萊州大業初州廢置東萊郡唐武德四年曰萊州天寶元年曰東萊郡今縣四

望掖縣漢高帝置東萊郡後漢郡徙治黃晉復爲郡治焉後魏以來因之隋開皇初郡廢大業初復置唐爲萊州有掖水因以名縣有三山有萬里沙見史記封禪書漢曲成當利二縣在此

望萊陽縣二漢昌陽縣屬東萊郡晉省之其後復置隋屬東萊郡唐屬萊州後唐避廟諱改爲萊陽有奚養津周禮幽州其藪奚養

望膠水縣本漢長廣縣地屬琅邪郡後漢屬東萊郡晉咸寧三年屬長廣郡其後郡廢復屬東萊郡隋仁壽元年改曰膠水唐屬萊州

中即墨縣燕將樂毅破齊唯田單守即墨不下卒破燕軍頃羽
立田車爲膠東王都此後屬齊漢文帝十六年復爲膠東國
後漢國廢屬北海國晉屬濟北郡北齊省之隋開皇十六年
復置屬東萊郡唐屬萊州漢不其縣屬琅耶郡後漢屬東萊
郡晉置長廣縣其後郡廢北齊省之隋開皇十六年復置尋
省入即墨故城在今縣西漢壯武縣屬膠東國故夷國也左
傳紀人伐夷即此後漢屬北海國晉屬城陽郡其後廢焉故
城在即墨西有姑水左氏曰姑尤以東即此
上濰州春秋戰國皆屬齊秦屬齊郡二漢爲北海郡晉爲濟南
國元魏復置北海郡北齊改郡曰高陽隋開皇初郡廢十六年
分置雄州大業初州廢屬北海郡唐初置濰州尋廢屬青州
皇朝以青州北海縣置軍後升爲濰州政和元年曰北海郡今
縣三

望北海縣本漢平壽下密桑犢縣地後漢省桑犢下密屬北海國晉以平壽置濟南郡下密屬焉元魏復爲北海郡北齊改曰高陽隋開皇三年罷郡置下密縣於廢郡城大業二年改爲北海縣而別置下密唐武德二年以北海置濰州八年州廢省下密入北海屬青州　皇朝建隆三年置北海軍乾德二年升爲濰州有斟亭禹後斟尋氏之國有寒亭羿相寒浞之國有溉源山溉水所出古所謂覆甑山也

望昌邑縣二漢都昌縣地屬北海郡元魏屬北海郡隋因之後省爲北海縣地　皇朝建隆三年析置昌邑縣有濰水出箕山北至都昌入海漢末北海相孔融爲黃巾賊管亥所圍劉備救之於此

緊昌樂縣二漢營陵縣地屬北海郡晉屬高密国元魏屬平昌郡後改爲營丘北齊廢之隋開皇十六年復置屬北海郡唐

正觀八年省入北海　皇朝乾德三年以營丘城置安仁
縣尋改爲昌樂
上淄州春秋戰國皆屬齊秦屬齊郡漢屬濟南樂安國後漢因
之晉屬樂安國後魏置東清河郡北齊郡廢隋置淄州大業初
州廢併入齊郡唐武德元年置淄州天寶元年曰淄川郡今縣
四
望淄川縣本漢般陽縣地屬濟南郡後漢屬齊國晉省之後魏
置貝丘縣及東清河郡北齊郡廢隋開皇十六年置淄州十
八年改貝丘爲淄川屬齊郡唐屬淄州有淄水出泰山萊蕪
縣原山東北過臨淄縣東又東北過利縣東又東北入于海
漢萊蕪故城在東南屬淄川國亦在此古齊長城
中長山縣本二漢於陵縣地屬濟南郡晉省之後置武彊縣隋
開皇十八年改曰長山屬齊郡唐屬淄州有長白山陳仲子

夫子隱處

中下鄒平縣古鄒國二漢屬濟南郡晉曰鄒屬樂安國後改爲平原縣隋開皇十八年復曰鄒平屬齊郡唐屬淄州

下高苑縣漢屬千乘郡後漢晉屬樂安國北齊改曰長樂隋開皇十八年改曰會城大業初復名高苑屬齊郡唐屬淄州漢被陽縣在此漢狄縣田儋兄弟殺狄令起兵於此漢屬千乘安帝永初二年改爲臨濟屬樂安國其後省入高苑

同下州淮陽軍春秋邳國屬宋魯秦屬薛郡漢屬東海郡後漢爲下邳國晉宋因之梁爲武州又下邳郡後魏爲東徐州後周爲邳州隋開皇初郡廢大業初州廢復屬下邳郡唐置邳州後州廢屬泗州又屬徐州　皇朝置淮陽軍今縣二

望下邳縣夏時奚仲自薛徙此秦末爲東陽郡治秦嘉其邑人也韓信爲楚王都此國徐屬東海郡後漢永平十五年置下

邳國晉宋因之城有三重大城南門謂之白門曹公擒陳宮

處也中城呂布所守也小城晉荀羨郄曇所治也梁置武州

下邳郡後魏置東徐州後周置邳州隋皆廢之後復置下邳

郡于宿預而以下邳縣屬焉唐武德四年置邳州正觀元年

州廢屬泗州而省郯良城淮陽三縣入下邳元和四年屬徐

州　皇朝太平興國七年置淮陽軍縣處沂泗之會城東

南有小沂水水上有橋楚人謂橋曰圯張良遇黃石公於下

邳圯上即此葛嶧山在西禹貢所謂嶧陽也郯縣故已姓國

春秋郯子來朝是也秦置郯郡二漢晉皆為東海郡治兼為

徐州刺史治焉後魏復置郯郡開皇初郡廢屬下邳郡唐

省之故城在縣北良城縣左傳昭十三年晉侯會吳子于良

是也漢屬東海後漢晉皆屬下邳梁置武原郡隋開皇初郡

廢屬下邳唐省之淮陽縣在[illegible]淩縣泗陽之間有淮陽城梁

置淮陽郡東魏置綏化縣後周改爲淮陽隋開皇初郡廢屬下邳唐省之漢睢陵縣故城在此

中宿遷縣秦下相縣地城在西北項羽即此人也屬臨淮郡晉元帝督運軍儲以爲邸閣因置宿豫縣及宿豫郡晉明帝大寧中兗州刺史劉遐自彭城退屯泗口即此安帝義熙中置城在今縣東南臨泗水南近淮水自後爲重鎮後魏太和中南徐州治此後省州爲戍隋開皇初廢宿豫郡以縣屬下邳唐屬泗州寶應元年避諱改爲宿遷屬徐州　皇朝太平興國七年來屬

輿地廣記卷第六

輿地廣記卷第七

京東西路

襲慶府大都督府兖州春秋戰國爲魯邾二國之境秦置薛郡二漢屬魯國泰山山陽郡晉屬魯郡山陽兼置兖州宋屬魯郡泰山高平後魏爲魯郡北齊改爲任城郡隋開皇三年郡廢大業二年改兖州爲魯郡唐武德初克徐圓朗復曰兖州天寶元年曰魯郡後升泰寧軍節度周降防禦　皇朝建隆元年復泰寧軍大中祥符元年升大都督府今縣七

上瑕丘縣本魯負瑕邑春秋季康子入邾以邾子益來因諸負瑕是也瑕丘在縣西南昔衛公叔文子升之遽伯玉從文子曰樂哉斯丘死則我欲葬焉伯玉曰吾子欲之則瑗請前二漢屬山陽郡晉省入南平陽屬高[illegible]隋開皇十三年復置瑕丘爲魯郡治唐爲兖州漢楚[illegible]國後漢屬任城國

晉因之其後廢焉故城在今縣西南有禮鄉

上奉符縣本漢博縣屬泰山郡後漢晉因之後魏爲郡治北齊改郡曰東平隋開皇初郡廢十六年改縣曰汶陽尋改爲博城屬魯郡唐武德五年置東泰州正觀元年州廢屬兖州乾封元年更名乾封　皇朝大中祥符元年改爲奉符漢奉高縣爲泰山郡治後漢晉因之其後郡徙治博隋開皇六年改縣曰岱山大業初省入博城漢梁父牟二縣並屬泰山郡牟故國春秋牟人來朝是也隋省之唐省梁父皆入博城有泰山梁父山昔秦始皇禪梁父即此有龜山魯頌所謂奄有龜蒙是也漢鉅平縣屬泰山郡後漢晉因之其後廢地入博城有亭亭山社首山

上泗水縣本魯卞邑春秋夫人姜氏會齊侯于卞是也漢屬魯國後漢晉因之其後廢焉隋開皇十六年於卞故城置泗水

縣屬魯郡唐屬兖州有陪尾山泗水所出有云云山有尼丘山孔子毋顏氏所禱即此漢汶陽縣屬魯國後漢晉因之後廢故城在縣西

上龔丘縣本漢寧陽縣屬泰山郡後漢屬東平國晉省之北齊置平原縣隋開皇十六年改曰龔丘屬魯郡唐屬兖州漢剛縣屬泰山郡本魯之闡鄉春秋齊人取讙及闡是也後漢屬濟北國晉曰剛平屬東平國其後廢焉故城在今縣東北漢蛇丘縣屬泰山郡城下有水即魯之蛇淵囿也春秋爲鑄遂二國地鑄爲蛇丘縣所而遂在西北十里後漢晉屬濟北國後廢按水經注云汶水又西洸水出焉又西逕蛇丘縣南又云蛇水西南逕下讙城南蛇水即讙水也今洸水讙水在龔丘則亦蛇丘地矣

中下仙源縣本壽丘黃帝所生之地亦爲少昊氏之虛有大庭

氏之庫周封伯禽爲魯侯宅曲阜曲阜在城中委曲長七八里楚滅魯以爲縣秦置薛郡漢高后元年改爲魯國後漢因之晉爲魯郡北齊改爲任城郡隋開皇三年郡廢四年改魯縣爲汶陽十六年改曰曲阜屬魯郡唐屬兗州　皇朝大中祥符元年改爲仙源有闕里孔子所居漢魯恭王殿階猶存

中下萊蕪縣漢屬泰山郡後漢晉因之後廢後魏於萊蕪故城置嬴縣隋屬魯郡唐正觀元年省入博城長安四年復置萊蕪屬兗州嬴本齊邑春秋公會齊侯于嬴是也漢屬泰山郡後漢晉因之後廢地入萊蕪有原山淄水汶水所出淄水東北流至千乘入海汶水西南流至中都入大野陂有肅然山漢武帝禪肅然即此

下鄒縣春秋時邾文公卜遷于繹即此後改爲鄒戰國時爲楚

所滅城北有孟子冢二漢屬魯國晉隋屬魯郡唐屬兖州嶧
山在北秦始皇上嶧山命李斯勒石頌秦德焉有嶧山魯頌
所謂保有鳧嶧是也南平陽縣二漢屬山陽郡晉屬高平国
後廢入鄒
大都督府徐州春秋屬宋戰國時屬楚秦屬泗水郡項羽為西
楚霸王都二漢屬楚国沛郡後漢晉皆屬彭城沛国並置徐州
宋因之後魏亦屬彭城沛郡置徐州後周置沛郡隋開皇初廢
彭城郡大業初復為彭城郡唐為徐州號武寧軍今縣三
望彭城縣故大彭國彭祖所封春秋時宋封魚石為采邑周顯
王四十二年九鼎淪於泗水秦始皇過彭城使千人求之不
得項羽都之號西楚漢高帝封弟交為楚元王後漢光武封
其子英為楚王晉為彭城国兼置徐州治此為重鎮劉裕為
宋公嘗居之後宋將薛安都舉城歸魏以為彭城郡兼置徐

州隋開皇初郡廢大業初復置唐爲徐州
望沛縣古沛澤因以爲名秦屬泗水郡二漢屬沛郡高帝縣人
起兵於此號沛公後破黥布還置酒沛宮後劉備屯小沛袁
術遣紀靈攻備呂布來救之即此晉屬沛國隋屬彭城郡唐
屬徐州漢廣戚縣屬沛郡後漢晉屬彭城後廢入沛
望蕭縣古蕭國春秋時楚子滅之漢屬沛郡後漢晉屬沛國北齊
改爲承高隋開皇六年改爲龍城十八年改爲臨沛大業初
復改曰蕭屬彭城郡唐屬徐州漢扶陽縣屬沛郡後漢省之
故城在縣西北
緊滕縣故國漢地理志云周懿王子錯叔繡所封而左傳云郜
雍曹滕文之昭也漢地理志謂戰國時爲齊所滅漢封夏侯
嬰爲滕公後爲公丘縣屬沛郡後漢晉屬沛國晉屬魯郡後廢
公丘入蕃縣蕃縣二漢屬魯國晉屬魯郡後置蕃郡北齊郡

廢隋改蕃縣曰滕屬彭城郡唐屬徐州薛縣故國奚仲所封
戰國時屬齊謂之徐州秦屬薛郡二漢屬魯國晉屬魯郡後
廢故城在今縣東邑慮縣故小邾國漢屬東海郡後漢晉因
之後廢故城在今縣東南
緊豐縣秦泗水郡沛縣之豐邑漢高帝生於此後以爲縣屬沛
郡後漢晉屬沛國隋屬彭城郡唐屬徐州大澤在西高帝斬
白蛇於此
東輔拱州春秋屬宋陳戰國屬楚魏秦屬三川碭郡漢屬陳留
淮陽梁國後漢屬陳留濟陰陳梁國晉屬陳留濟陽梁國隋屬
梁郡淮陽唐屬宋陳曹汴梁屬開封宋州後唐復屬宋陳曹州
晉漢周皆屬開封宋州　皇朝屬開封應天府崇寧四年建
名輔州以爲東輔又改爲拱州治襄邑縣今縣六
畿襄邑縣本宋承匡襄陵鄉也襄公所葬故曰襄陵秦始皇以

承匡卑濕乃徙縣於襄陵謂之襄邑漢晉屬陳留郡北齊廢
之隋開皇十六年復置屬梁郡唐屬宋州梁開平元年屬開
封府後唐同光初還舊晉天福中又屬開封　皇朝崇寧
四年立拱州
畿考城縣本子姓戴國春秋宋人蔡人衛人伐戴是也春秋謂之
穀縣菑漢立起邑多遇火因名甾縣漢屬梁國後漢屬陳留
郡章帝東巡詔改曰考城取越乃光烈考武王之義也後魏
曰考陽置北梁郡北齊並廢之以爲城安縣隋開皇十八年
復改曰考城屬汲郡唐屬曹州梁開平元年屬開封府
皇朝崇寧四年來屬漢薄縣屬山陽郡故城在東北湯都亳
即此水經注言梁有二亳南亳在穀熟北亳在蒙皆爲湯所
都學者多謂亳在河洛之間以今偃師城二十里尸鄉爲是
皇甫謐以爲孟子言湯居亳與葛爲鄰今寧陵古葛国也湯

址七十里葛又伯耳封域有限而寧陵去偃師八百里安能
使亳衆往爲之耕而童子饋食哉乃知梁之亳爲湯都審
矣
畿太康縣本陽夏縣漢屬淮陽國後漢屬陳國晉屬梁國後置
淮陽郡隋開皇初郡廢十一年改陽夏曰太康屬淮陽郡唐屬
陳州梁開平元年屬開封府 皇朝崇寧四年來屬有後
漢扶樂縣故城在北
畿寧陵縣古葛伯國書所謂湯征自葛是也戰國屬魏爲信陵
君無忌所封漢屬陳留郡晉屬梁國北齊廢之隋開皇十六
年復置屬梁郡唐屬宋州 皇朝屬應天府崇寧四年來
屬
畿楚丘縣春秋戎州己氏之邑蓋昆吾之後別在夷狄者周襄
入居于此漢爲己氏縣屬梁國後漢屬濟陰郡晉屬濟陽郡

後魏置北譙郡北齊並廢之隋開皇四年復置己氏縣六年
改曰楚丘屬梁郡唐屬宋州　皇朝屬應天府崇寧四年
來屬水經云昔衛文公從居即此非也二衛爲狄所滅東徙
渡河野處曹邑文公徙居楚丘曹邑在今滑之白馬楚丘在
今澶之衛南二邑相近且不出邦域之内宜文公之所徙也
今拱州楚丘在戎州之己氏近宋都春秋所謂戎伐凡伯于
楚丘是也非衛之所遷也然則今縣有景山京岡乃後人附
會而名之耳

繼柘城邑縣二漢爲柘縣屬淮陽國其後廢焉隋開皇十六年置
柘城縣屬梁郡唐屬宋州　皇朝屬應天府崇寧四年來
屬

都督興仁府周武王封弟叔振鐸爲曹國其後爲宋所滅戰國
屬魏秦屬碭郡漢立彭越爲梁王都之景帝中六年別爲濟陰

國甘露二年更名定陶又改爲濟陰郡後漢因之晉爲濟陽郡後魏置沛郡及西兗州北齊郡廢後周改西兗爲曹州隋復爲濟陰郡唐復爲曹州晉號爲威信軍節度漢罷之周改彰信軍皇朝建中靖國元年改爲興仁軍後升興仁府大觀三年升都督今縣四

望濟陰縣本漢定陶縣地汜水西分濟瀆東北逕縣南又東北入于河濟瀆高帝既定天下即位於汜水之陽即其汜愛洪大而潤下也二漢置濟陰郡晉爲濟陽郡後魏分定陶置濟陰縣及沛郡北齊郡廢屬濟陰郡隋開皇六年分濟陰置黃縣十八年改爲蒙澤大業初省入焉唐爲曹州正觀元年省定陶入焉

望寃亭縣本曰寃句二漢屬濟陰郡晉屬濟陽郡隋屬濟陰郡唐屬曹州 皇朝大觀二年改爲宛亭有故寃棗城史記

蘇秦說魏襄王曰大王之地東有淮潁煮棗是也有漆園莊
周爲蒙漆園吏則冤句亦蒙縣地矣
緊乘氏縣春秋魯莊公敗宋師于乘丘即此二漢屬濟陰郡晉
屬濟陽郡隋屬濟陰郡唐屬曹州二漢句陽縣屬濟陰郡左
傳桓十二年公及宋公盟于句瀆之丘是也晉屬濟陽郡其
後廢焉故城在今縣西
上南華縣本漢離狐縣屬東郡後漢屬濟陰晉屬濟陽後魏置
北濟陰郡北齊郡縣並廢唐復置離狐縣屬曹州天寶元年
更名南華有濮水莊子釣於濮水是也
東平大都督府鄆州春秋爲須句國又屬魯戰國屬宋秦屬碭
郡漢屬東郡東平國後漢因之晉爲東平國及屬濟北隋爲鄆
州及屬濟州後爲東平郡及屬濟北唐爲鄆州及屬濟州後廢
濟州入焉　皇朝大觀元年升大都督府今縣六

望須城縣故須勾國風姓太昊之後春秋邾人滅須勾須勾子奔魯魯僖伐邾取須勾反其君焉秦置須昌縣須昌在須勾城北蓋須勾子所遷也漢屬東郡後漢屬東平晉爲東平治所北齊郡廢隋開皇十六年改須昌爲宿城而於宿城西北三十二里別置須昌屬東平郡唐屬鄆州正觀八年州自鄆城移治須昌後唐避廟諱改爲須城宿故風姓國太昊之後春秋及宋人盟于宿二漢爲無鹽縣東平國治焉晉屬東平其後廢之隋置宿城縣屬東平唐屬鄆州正觀八年省入須昌景雲三年復置宿城正元四年改曰東平移於郭下大和四年改曰天平六年省入須昌有郈鄉亭魯大夫郈伯食邑也

望陽穀縣春秋齊侯宋公江人黃人會于陽穀杜預云齊地在須昌北隋開皇十六年置陽穀縣屬濟北郡唐屬濟州天寶十三載州廢來屬有盧縣本齊地漢屬泰山郡後漢屬濟北

國晉因之後魏置濟州隋大業初置濟北郡唐武德四年復置濟州天寶十三載州廢來屬其後省焉有碻磝城爲濟州治所宋寧朔將軍王玄謨前鋒入河平碻磝守之其城臨水西南圯于河今濟州徙置鉅野而盧縣廢久惟碻磝津在陽穀境則亦盧地矣

緊中都縣本古厥國漢爲東平陸縣屬東平國後漢及晉皆因之北齊改曰樂平隋開皇十六年改爲平陸縣屬魯郡唐屬兖州天寶元年更名中都貞元十四年來屬中都魯邑孔子之所宰也

緊東阿縣本齊之柯邑春秋莊十三年公會齊侯盟于柯曹沫劫盟於此二漢曰東阿屬東郡晉屬濟北國隋屬濟北郡唐屬濟州天寶十三載州廢來屬有阿井歲常煑膠以貢天府穀城齊地也春秋莊公七年夫人姜氏會齊侯于穀三十二

年魯城小穀以爲管仲私邑城中有管仲井後漢置穀城縣
屬東郡晉屬濟北國其後廢入東阿故城在縣東有穀城山
漢張良得穀城山下黃石取而寶祠之即此

上壽張縣本春秋之良邑漢置壽良縣屬東郡後漢光武叔父
名良改爲壽張屬東平國晉因之隋屬濟北郡唐屬鄆州有
蚩尤祠

上平陰縣本齊地春秋襄十八年公會諸侯同伐齊齊侯禦諸
平陰漢晉爲盧縣地隋開皇十四年置榆山縣屬濟北郡大
業初改曰平陰唐屬濟州天寶十三載州廢來屬漢肥城縣
故肥子國也屬泰山郡後漢省之其後復焉宋置濟北郡後
魏因之北齊郡廢後周置肥城郡隋開皇初郡廢縣屬濟北
郡唐省之故城在平陰東南

上濟州春秋[illegible]魯戰國屬宋秦爲碭郡二漢屬山陽郡東平国

晉屬高平任城國隋屬東平濟陰魯郡唐屬鄆兗二州舊濟州

治盧縣廢入鄆州其地並今在陽穀西北四别置濟州於鄆州

之鉅野　皇朝因之今縣四

望鉅野縣二漢屬山陽郡晉屬高平國其後廢焉隋開皇十六

年復置屬東平郡唐屬鄆州周廣順二年置濟州禹貢大野

澤在東北去縣哀十四年西狩於大野獲麟以為不祥仲尼

曰麟也然後取之

望任城縣故任國太昊氏之後漢屬東平國後漢置任城國晉

因之後魏屬高平郡隋開皇初郡廢縣屬魯郡唐屬兗州周廣

順二年來屬漢廢入縣屬東平國後漢屬任城國晉因之其

後廢焉故城在今縣南

望金鄉縣漢昌邑縣地縣所治名金鄉山漢司隸校尉魯恭嘗

於山北鑿石為冢得白兔白蛇不葬更葬山南鑿而得金故

曰金鄉山後漢置縣屬山陽郡晉屬高平國隋屬濟陰郡唐屬兖州周廣順二年來屬昌邑故屬梁漢景帝中六年別置山陽國武帝天漢四年更名昌邑以封子昌邑哀王其後國除復爲山陽郡後漢因之兼爲兖州刺史治晉爲高平國其後廢入金鄉隋開皇十六年分置昌邑大業初省入焉唐武德五年又分置昌邑八年又省入焉故城在縣西有東緡縣本宋邑春秋僖二十三年齊侯伐宋圍緡是也二漢屬山陽郡後省入昌邑今併入金鄉

望鄆城縣本魯西邑左傳成十六年晉人執季文子于苕丘公還待于鄆漢晉皆爲廩丘縣地後周置清澤縣又分高平郡隋開皇初郡廢改縣曰万安十八年改曰鄆城大業初置東平郡唐爲鄆州正觀八年州徙治於須昌周廣順二年來屬

上單州春秋屬宋魯戰國屬宋秦屬碭郡漢屬山陽梁國後漢

屬濟陰梁國晉屬濟陽梁國隋屬[illegible]濟陰梁郡唐屬宋曹兖州唐末以宋州之碭山梁太祖鄉里也[illegible]置輝州已而徙治單父後唐滅梁改爲單州其屬縣置徙[illegible][illegible]不同今領單父碭山成武魚臺四縣

望單父縣本魯邑宓子賤爲宰彈琴不下堂而治者也漢屬山陽郡後漢屬濟陰郡晉屬濟陽郡後魏曰離狐置北濟陰郡北齊並廢之隋開皇六年更置曰單父屬濟陰郡唐屬宋州後屬輝州光化三年自碭山徙輝州來治後唐改爲單州

望碭山縣碭文石也山出文石故以名之秦置碭縣及碭郡漢高帝隱於芒碭山澤間有雲氣呂后與人俱求常得之高帝五年置梁國後漢屬焉晉省入下邑後魏置曰安陽隋開皇十八年改名碭山屬梁郡唐屬宋州朱全忠安縣人也光化二年表置輝州三年徙治單父後唐屬單州

緊成武縣漢屬山陽郡後漢屬濟陰郡晉屬濟陽郡北齊置永昌郡隋開皇初郡廢十六年置戴州大業初州廢縣屬濟陰郡唐屬曹州光化二年屬輝州後唐屬單州

上魚臺縣本魯之棠也春秋隱五年公矢魚于棠二漢爲方與縣屬山陽郡晉屬高平國元魏屬高平郡北齊廢之隋開皇十六年復置屬彭城郡唐屬兖州寶應元年更名魚臺以城北有魯侯觀魚臺故也其後來屬漢胡陵縣屬山陽郡後漢章帝改爲胡陸晉屬高平國其後廢焉故城在今縣東

上濮州春秋戰國時皆屬衛秦屬東郡二漢屬濟陰東郡晉屬濮陽濟陽東平國隋屬東平濟北郡唐爲濮州今縣四

望鄄城縣本衛地春秋莊十四年單伯會諸侯于鄄二漢爲鄄城縣屬濟陰郡曹公爲兖州刺史創業始於此焉晉屬濮陽國後置濮陽郡隋開皇初郡廢十六年置濮州大業初州廢

縣屬東平郡唐爲濮州

緊雷澤縣本成國周武王弟成叔武所封其後遷于成之陽故爲成陽縣二漢屬濟陰郡晉屬濟陽郡北齊廢之隋開皇十六年復置曰雷澤屬東平郡唐屬濮州禹貢雷夏澤在西北廩丘本齊邑左傳襄二十四年齊烏餘以廩丘奔晉漢屬東郡後漢屬濟陰郡晉屬濮陽國隋大業初省入焉故城在縣北

上臨濮縣漢濮陽成陽縣地隋開皇十六年分雷澤置大業初省入焉唐武德四年復置屬濮州春秋宣十一年晉人宋人衛人曹人同盟于清丘杜預注云清丘衛地在濮陽縣東南其地今入臨濮

上范縣二漢屬東郡晉屬東平國北齊廢之隋開皇十六年復置屬濟北郡唐屬濮州春秋晉大夫士會之邑也

同下州廣濟軍自唐虞以下地理與興仁府同　皇朝置廣濟

軍今縣一

上定陶縣故三朡國周封曹叔振鐸於此范蠡變姓名寓居於陶曰陶朱公秦相魏冄以陶益封焉梁王彭越都之漢宣帝封子爲定陶恭王後爲濟陰郡晉爲濟陽郡後魏屬西兖州後周屬曹州隋屬濟陰郡唐正觀元年省定陶入濟陰縣皇朝太平興國三年以定陶鎮置廣濟軍熙寧四年軍廢屬曹州元祐元年復置禹貢陶丘在西南荷澤在東北

輿地廣記卷第七

輿地廣記卷第八

京西南路

望襄州春秋巳來楚地秦南郡之北界二漢屬南陽南郡魏置襄陽郡晉因之兼置荆州東晉置雍州宋文帝割荆州置雍州襄陽去江陵步道五百勢同脣齒無襄陽則江陵受敵自東晉庾翼爲荆州刺史將謀北伐遂鎮襄陽齊梁皆因之後梁蕭詧都此西魏改曰襄州隋開皇初郡廢大業初州廢復置襄陽郡唐武德四年曰襄州天寶元年曰襄陽郡後爲山南東道節度

今縣六

緊襄陽縣二漢屬南郡劉表爲荆州牧鎮此魏屬襄陽爲重鎮蜀將關羽攻没于禁曹仁執勢甚盛徐晃屯宛不下曹公謂晃曰全襄陽子之功也後孫權叛與向西拜曹仁鎮之司馬懿曰襄陽水陸之衝禦寇要地不可失也晉因之兼爲荆州刺

史治羊祜杜預皆鎮焉東晉僑置雍州宋齊梁皆因之郡亦
自宜城徙治焉後梁蕭詧都此而為西魏附庸後周置襄州
隋開皇初郡廢大業初復置襄陽郡襄州有峴山羊祜與鄒湛
等嘗登之今墮淚碑在焉有鹿門山龐德公隱居之所有望
楚山古馬鞍山也晉劉弘山簡九日宴遊於此武陵王愛其
峯秀改曰望楚山

望　鄧城縣故鄧國二漢為鄧縣屬南陽郡晉曰鄧城屬襄陽郡
其後廢入樊城周仲山甫所封也東漢建安中關羽圍于
禁於樊後置樊城縣後周省入安養隋屬襄陽郡唐屬襄州
天寶元年改安養曰臨漢正元二十一年移治古鄧城復改
曰鄧城有樊城鎮

緊　穀城縣故穀國二漢為筑陽縣屬南陽郡晉屬順陽郡其後
廢焉孝武置義城縣及義城郡後周郡廢隋開皇十八年改

縣曰穀城屬襄陽郡唐屬襄州

中下宜城縣故鄢楚之别都也秦爲南郡之北部漢惠帝三年改曰宜城屬南郡建安十三年魏武平荆州分置襄陽郡晉因之宋曰華山縣置華山郡後魏改爲宜城郡分華山置率道縣西魏改華山縣曰漢南後周郡廢縣省屬襄陽郡唐屬襄州正觀八年省漢南入率道天寶七載改率道曰宜城有黎丘城後漢初秦豐阻兵於黎丘即此鄀縣故鄀國春秋時自商密遷此爲楚附庸楚滅之昭王畏吳自郢遷焉後復還郢二漢及晉屬南郡隋屬襄陽郡唐改爲樂鄉武德四年置鄀州正觀八年州廢屬襄州周省入宜城

中下中盧縣故盧戎國二漢爲中盧縣屬南郡晉屬襄陽其後廢焉梁置穰縣西魏改爲義清縣歸義郡後周廢隋屬襄陽郡唐屬襄州　皇朝太平興國元年復改爲中盧

中下 南漳縣本漢臨沮縣屬南郡晉屬襄陽郡宋後廢焉西魏置重陽縣後周改曰思安隋開皇十八年改曰南漳屬襄陽郡唐屬襄州武德二年析南漳置荊山正觀八年省南漳入義清開元十八年徙荊山于故南漳焉禹貢荊山在東北荊豫二州於是分境楚卞和得玉之處

上 鄧州本夏禹之國春秋時申鄧二國之地戰國屬韓自後屬楚秦置南陽郡二漢因之晉屬南陽國及順陽義陽二國之境宋齊為南陽郡後魏兼置荊州西魏為重鎮隋開皇初改為鄧州大業初州廢復置南陽郡唐武德二年曰鄧州天寶元年曰南陽郡梁升為宣化軍節度後唐改曰威勝周改曰武勝今縣五

上 穰縣本楚別邑秦取之以封魏冉為穰侯後屬南陽郡二漢因之晉屬義陽郡後魏為南陽郡治及荊州刺史治焉隋開

皇初改爲鄧州後爲南陽郡唐復爲鄧州二漢朝陽縣屬南
陽郡晉屬義陽郡其後廢焉故城在今縣東南二漢新野縣
屬南陽郡晉置義陽郡後曰棘陽置新野郡後周郡廢隋開
皇初復改縣曰新野屬南陽郡唐乾元元年省入穰漢冠軍
縣本穰盧陽鄉武帝以封霍去病去病仍出征匈奴功冠諸
軍故曰冠軍屬南陽郡後晉隋皆因之唐正觀元年省入臨
瀨漢涅陽縣屬南陽郡後漢及晉皆因之隋開皇初改曰課
陽唐正觀元年省入穰故臨湍縣本漢冠軍縣之北境魏置
新城縣西魏改爲臨湍隋開皇初復名新城屬南陽郡唐屬
鄧州天寶元年復名臨湍漢改曰臨瀨　皇朝建隆初省
入穰
中下南陽縣故申國戰國時秦昭王以爲宛縣置南陽郡漢因
之王莽以宛爲南陽後漢復爲宛晉如之後魏置上陌縣後

周併宛入焉更名上宛隋開皇初改爲南陽郡唐屬鄧州博望鎮漢博望縣也武帝置以封張騫屬南陽郡後漢及晉皆因之其後廢焉安衆鎮漢安衆縣也屬南陽郡晉省之漢杜衍縣屬南陽郡後漢省之故城在今縣西漢育陽縣屬南陽郡晉因之其後廢焉故城在今縣南漢棘陽縣屬南陽郡東漢及晉皆因之元魏曰北雍後省卽陳倉人所逐二童子名寶雞者雄止陳倉爲石雌止此縣故名之漢西鄂縣屬南陽郡東漢及晉皆因之元魏省入北雍西魏向城縣及雍陽郡隋開皇初郡廢縣屬淯陽郡唐屬鄧州後省入南陽

中下內鄉縣本楚之白羽邑春秋昭十八年許遷于白羽後改爲析漢屬弘農郡後改漢屬南陽郡晉屬順陽郡後曰西淅置淅陽郡後周改縣曰中鄉省淅川入焉隋改中鄉曰內鄉屬淅陽郡唐屬鄧州北羽潭鎮本漢酈縣屬南陽郡後漢及晉皆

因之隋開皇初改爲菊潭縣北有菊水其旁悉生甘菊水極甘馨中有三十家不復穿井仰飲此水上壽至二百二三十唐屬鄧州周省之丹水鎮 漢丹水縣也屬弘農郡後漢屬南陽郡晉屬順陽郡後置丹川郡後周郡廢隋屬淅陽郡其後廢焉東有於村張儀詐楚絶齊許以商於之地六百里即此

中下淅川縣本後漢析縣魏置南鄉郡晉改爲順陽郡後魏復爲南鄉郡又分置淅川縣後周省之隋開皇初郡廢大業初置淅陽郡其後淅陽及南鄉縣皆廢焉五代時復置淅川縣屬鄧州

中下順陽縣漢屬南陽郡哀帝改爲博山晉屬順陽郡元魏析置鄭縣西魏改爲清鄉後周省順陽入焉隋開皇初復改爲順陽其後省入内鄉爲鎮 皇朝太平興國六年升爲縣

上隨州春秋隨國戰國屬楚秦屬南陽郡二漢因之晉屬義陽

郡惠帝置隨郡宋齊因之西魏置并州後改曰隨州隋開皇初郡廢大業初州廢置漢東郡唐武德三年曰隨州天寶三年曰漢東郡　皇朝乾德五年升崇義軍節度太平興國元年改崇信軍今縣三

上隨縣故隨國左傳所謂漢東之國隨爲大者也其後楚滅之以爲縣二漢屬南陽郡晉屬義陽郡惠帝置隨郡宋齊因之西魏置隨州隋置漢東郡唐復爲隨州光化鎮本隨縣地南齊分置安化縣西魏改爲新化後周改爲光化隋屬漢東郡唐屬隨州　皇朝熙寧元年省焉有斷蛇丘隋侯出而見大蛇中斷因舉而藥之後蛇銜明珠報德故名

中下唐城縣故唐國屬楚漢爲上唐鄉屬春陵縣晉屬安昌縣後置上唐縣後魏曰厥西置義陽郡西魏改縣曰下溠隋開皇初郡廢十六年改縣曰唐城屬漢東郡其後省入棗陽唐

開元二十六年復置屬隨州梁改爲漢東後唐又復故晉又改爲漢東漢又復故

中下棗陽縣本二漢蔡陽縣屬南陽郡晉屬義陽郡後廢焉置廣昌縣及廣昌郡後魏置南荆州西魏改曰昌州隋開皇初郡廢仁壽元年避太子名改廣昌縣曰棗陽大業初州廢置春陵郡唐武德初郡廢五年改昌州爲唐州九年州從治比陽正觀十年以棗陽來屬漢春陵縣本蔡陽之白水鄉元朔五年以零陵冷道之春陵鄉封長沙王子買爲春陵侯至戴侯仁以春陵地形下濕上書請徙南陽元帝許之以蔡陽白水鄉徙仁爲春陵侯光武其後也故張衡賦云龍飛白水音改爲安昌縣後復曰春陵置安昌郡隋開皇初郡廢屬昌州大業初屬春陵郡後省之故城在今縣東後漢襄鄉縣屬南陽郡後廢焉故城在今縣東北

上金州春秋戰國皆屬楚秦及二漢屬漢中郡魏以漢中遺人在東陲者置魏興郡晉宋齊皆因之梁兼置南梁州西魏改曰東梁州以其地出金又改爲金州置金城郡隋開皇初郡廢大業三年州廢置西城郡唐武德元年曰金州天寶元年曰安康郡至德二載改曰漢陰郡後復曰安康石晉升懷德軍[illegible]皇朝乾德五年升昭化軍今縣五

下西城縣本嬀墟舜常居之二漢屬漢中郡建安中置西城郡劉備以申儀爲太守儀據郡降魏魏文帝改爲魏興郡晉因之後周省入吉安隋大業三年改縣曰金川復置西城郡義寧二年縣復曰西城唐爲金州治有伏羲山

下平利縣漢長利縣屬漢中郡東漢省之晉復置屬魏興郡宋改爲錫縣後廢梁初置上廉縣後改曰吉陽西魏改曰吉安後廢唐武德元年置平利縣大曆六年省長慶初復置

皇朝熙寧六年省元祐二年復置有女媧山

中洵陽縣北山洵水所出南入沔故以名縣漢屬漢中郡後漢省之晉復置屬魏興郡後置洵陽郡隋開皇初郡廢屬西城郡唐屬金州淯陽鎮本西魏淯陽郡後周郡廢置黄土縣隋屬西城郡唐屬金州天寶元年更名淯陽　皇朝乾德四年省入洵陽

中下漢陰縣本漢安陽縣屬漢中郡東漢因之晉改為安康屬魏興郡後改曰寧都郡南齊置安康屬西城郡唐屬金州至德二載以安康山姓改為漢陰縣

下石泉縣南齊曰永樂縣置晉昌郡西魏改郡曰魏昌改縣曰石泉後周郡廢隋屬西城郡唐屬金州

下房州春秋時為麋庸二國戰國屬楚秦二漢屬漢中郡魏置新城郡晉宋齊梁因之西魏置光遷國後周國廢為郡隋開皇

初郡廢大業初改州爲房州州廢置房陵郡唐武德元年曰遷州正觀十年州廢自竹山徙房州治此天寶元年曰房陵郡

皇朝雍熙三年升保康軍節度今縣二

上房陵縣秦徙趙王遷於房陵即此二漢屬漢中郡魏置新城郡以孟達爲太守達叛附蜀司馬宣王討平之西魏置光遷國後周郡縣並改爲光遷隋置房陵郡唐正觀十年改縣曰房陵爲房州治焉武后廢中宗爲廬陵王遷之於此故永清縣本房陵縣地後魏分置大洪縣後周改焉隋屬房陵郡唐屬房州　皇朝開寶中省

下竹山縣故庸國書從周武王伐紂牧誓言所謂庸蜀羌髳二漢爲上庸縣屬漢中郡魏分置上庸郡晉宋因之後廢梁置安城縣西魏改爲竹山置羅州隋開皇初改爲房州大業初州廢屬房陵郡唐武德元年置房州正觀十年徙治房陵故上

庸縣亦漢上庸縣地梁置新豐縣西魏改爲上庸後周改曰孔陽隋開皇十八年復曰上庸屬房陵郡唐屬房州 皇朝開寶中省有白馬塞山孟達嘗登之嘆曰此金城千里

上均州春秋時屬麇戰國屬韓二漢屬南陽漢中二郡魏屬南鄉郡晉屬順陽郡宋置始平郡後置武當郡齊於此僑立始平郡尋改爲齊興郡梁兼置興州後周改曰豐州隋開皇初郡廢改州爲均州大業初州廢屬淅陽郡唐武德元年置均州天寶元年曰武當郡今縣二

上武當縣二漢屬南陽郡魏屬南鄉郡晉屬順陽郡後置武當郡隋開皇初郡廢置均州大業初州廢屬淅陽郡唐復置均州有古塞城在縣比戰國時楚築以備秦所據之山甚高峻嶮峭今名大塞山有武當山

上鄖鄉縣本漢錫縣地屬漢中郡魏屬魏興郡晉太康二年置

鄖鄉縣宋因之隋屬淅陽郡唐屬均州有錫穴左傳文十一年楚潘崇伐麇至于錫穴是也　豐州縣本漢長利縣地屬漢中郡梁置南上洛郡西魏改郡曰豐利一以分錫置豐利縣後周郡廢隋以縣屬西城郡唐屬均州　皇朝乾德六年省入鄖鄉

上鄖州春秋戰國皆屬楚秦屬南郡二漢屬江夏郡晉宋為竟陵郡梁屬南司北新二州西魏屬安州後周置石城郡兼置鄖州隋開皇初郡廢大業初州廢置竟陵郡唐武德四年曰鄖州正觀元年州廢隸郢州十七年復置天寶元年曰富水郡今縣二

上長壽縣本漢竟陵縣地晉羊祜鎮荊州立石城因山為固惠帝元康九年分江夏西部置竟陵治此宋太始六年置長壽縣後周置石城郡隋大業初置竟陵郡唐為郢州

下京山縣晉置新陽縣梁置新州梁寧郡西魏改縣爲角陵隋

開皇初郡廢大業初州廢改角陵曰京山屬安陸郡唐武德

四年置溫州正觀十七年州廢屬郢州富水鎮本後漢南新

市縣地屬江夏郡晉因之西魏改爲富水置富水郡隋開皇

初郡廢屬安陸郡唐屬溫州正觀十七年來屬

上唐州春秋時屬楚戰國屬韓秦屬南陽郡二漢及晉皆因之

後魏置東荆州西魏改爲淮州爲重鎮置兵以備東魏隋開皇

五年改爲顯州州廢置淮安郡唐武德四年曰顯州正觀十年

改爲唐州天寶元年曰淮安郡今縣五

中下泌陽縣漢湖陽舞陰平氏縣地屬南陽郡後魏置石馬縣

後語訛爲上馬隋屬舂陵郡唐屬唐州正觀元年省入湖陽

開元十三年復置天寶元年改爲泌陽天祐二年州自比陽

徙治於此改爲泌州後復故平氏鎮本漢平氏縣晉爲西平

氏屬義陽郡後置漢廣郡隋開皇初郡廢以平氏屬淮安郡
唐屬唐州　皇朝開寶五年省入泌陽有泌水在縣南即
後漢光武初起兵破王莽將甄阜梁丘賜死處
中下湖陽縣故蓼國二漢屬南陽郡晉省入棘陽後魏復置
西淮安郡及南襄州後郡廢改州爲南平州西魏改曰昇州
後又改曰湖州後周改置昇州郡隋開皇初郡廢大業初改
曰昇州大業初州廢以湖陽屬舂陵郡唐屬唐州棘陽故謝
國詩所謂申伯番番既入于謝者也二漢爲棘陽縣屬南陽
郡晉屬義陽郡其後省焉故城在今縣西北
中下比陽縣漢屬南陽郡後漢及晉皆因之後魏曰陽平置東
荊州西魏改爲淮州隋開皇五年又改爲顯州七年改陽平
縣爲饒良大業初又改曰比陽置淮安郡唐屬唐州方城山
自比陽相比連一百里号曰方城亦曰長城馬仁陂在縣北瀙

田萬頃

下桐栢縣漢平氏縣地屬南陽郡梁置淮安縣及華州上川郡西魏改州爲淮州後改曰純州尋廢隋開皇初郡廢更名縣曰桐栢屬顯州後屬淮陽郡唐屬唐州禹貢桐栢山淮水所出縣因山爲名

下方城縣本漢堵陽葉縣地屬南陽郡後漢及晋皆因之其後廢焉西魏置方城縣及襄邑郡隋開皇初郡廢屬淯陽郡唐屬唐州有方城山左傳所謂楚國方城以爲城者也水經注云方城邑西有黄城山是長沮桀溺耦耕之所有水出黄城山東流注潕水則子路問津處

同下州光化軍春秋戰國皆屬楚二漢屬南陽郡晋宋屬順陽郡西魏置鄼城郡後周郡廢隋屬襄陽郡唐屬襄州　皇朝置光化軍今縣一

乾德縣本楚地陰國所遷即春秋左傳云遷陰于下陰者也二漢爲陰縣屬南陽郡西魏置酇城郡後周郡廢屬襄州隋曰陰城屬襄陽郡唐正觀八年省入穀城縣屬襄州 皇朝乾德三年以陰城鎮置光化軍及置乾德縣熙寧五年廢軍改乾德爲光化縣屬襄州後復置漢酇縣蕭何所封屬南陽郡後漢因之晉置順陽郡初治酇焉西魏置酇城郡後周廢入陰城故城在今縣東北

輿地廣記卷第八

輿地廣記卷第九

京西北路

南輔潁昌府春秋許國戰國屬韓秦置潁川郡漢高帝爲韓國尋復故後漢因之獻帝暫都之魏晉並爲潁川郡後魏亦同西魏初得之後入東魏改曰鄭州後周曰許州隋開皇初郡廢大業初州廢復置潁川郡唐武德四年曰許州天寶元年曰潁川郡後升忠武軍節度梁改爲匡國軍唐滅梁復曰忠武　皇朝元豐三年升潁昌府崇寧四年建爲南輔今縣七

次赤長社縣本鄭長葛邑其社中木暴長因名長社二漢及晉屬潁川郡後魏爲郡治焉酈道元爲郡守於南城西側修立客館土下得一木根甚壯大疑是故社恠長暴茂者也隋開皇初改爲潁川縣唐武德四年復爲長社屬許州許田鎮本許國二漢爲縣屬潁川郡獻帝都之魏文帝改曰許昌故城

在今鎮南三十里晉爲郡治焉隋屬潁川郡唐屬許州後唐避諱改曰許田　皇朝熙寧四年省入長社

次畿鄢城縣戰國時爲魏邑史記楚昭陽伐魏取鄢是也二漢及晉屬潁川郡其後廢焉隋開皇初置鄢城縣屬潁川唐始屬蔡州長慶元年屬許州有漢召陵縣故城在東春秋齊桓公伐楚次于召陵是也後漢征羌縣故城在東南

次畿陽翟縣本夏禹之別都後爲鄭櫟邑戰國韓景侯自新鄭徙都此秦置潁川郡二漢因之晉屬河南郡東魏置陽翟郡隋開皇初郡廢屬襄城郡唐始屬河南府會昌三年屬許州有鈞臺在南左傳所謂夏后有鈞臺之饗即此

次畿長葛縣本漢許縣地隋開皇六年分許昌置取長葛舊名屬潁川郡唐屬許州

次畿臨潁縣漢舊縣屬潁川郡東漢至隋皆因之唐屬許州繁

城鎮本漢潁陰縣之繁陽亭魏文帝受禪於此置繁昌縣帝既受禪自壇而降曰舜禹之事吾知之矣壇前有二碑後其碑六字生金論者以爲司馬金行故曹氏六世遷魏而事晉晉屬襄城郡隋屬潁川郡唐正觀元年省入臨潁後唐避諱改爲繁城

次畿舞陽縣漢樊噲所封二漢屬潁川郡晉屬襄城郡後改爲北舞置定陵郡隋開皇初郡廢屬潁川唐正觀元年屬許州尋廢開元四年復置更名舞陽有漢定陵縣故城

中郟縣春秋時爲楚邊邑令尹子瑕城郟是也漢屬潁川郡後漢省之魏復置青龍元年有龍見于郟之摩陂明帝幸陂觀龍於是改摩陂曰龍陂城曰龍城晉屬襄城郡其後廢之置龍山縣隋開皇初改曰汝南十八年改曰輔城大業初改曰郟城屬襄城郡唐屬汝州　皇朝崇寧四年來屬

西輔鄭州高辛氏火正祝融之墟周武王封管叔鮮又爲虢鄶之國鄭武公與平王東遷武公滅二國而徙都爲後鄭爲韓所滅韓又徙都之秦屬三川郡二漢及魏屬河南郡晉置滎陽郡後魏爲東恒農郡東魏置廣武郡後周置鄭州隋開皇十六年曰管州煬帝初復爲鄭州尋廢置滎陽郡唐正觀元年州廢自武牢移鄭州治此天寶元年曰滎陽郡　皇朝景祐元年號奉寧軍節度崇寧四年建爲西輔今縣六

望管城縣故管國周武王弟叔鮮所封春秋晉師救鄭楚子次于管以待之即此漢晉爲京縣地隋開皇十六年析内牟以置管城屬滎陽郡十八年改内牟曰圃田省入管城唐正觀七年自武牢移鄭州治此東有圃田爲豫州藪有邲城爲縣南左傳晉楚戰處

緊滎陽縣故虢國所謂東虢也二漢屬河南郡晉泰始二年置

滎陽郡後魏因之北齊改曰成皐郡隋開皇初郡廢屬鄭州唐因之有鴻溝在西楚漢中分天下處漢京縣故城在東古鄭邑也莊公弟叔段居之謂之京城太叔二漢屬河南郡晉及後魏屬滎陽郡北齊省入焉又有索水楚漢戰京索間即此

上新鄭縣古有熊國黃帝所都也亦為高辛氏火正祝融之墟其後世為鄶國亦作檜詩之國風所謂檜羔裘者也鄭桓公始封在今華州之鄭其子武公與平王東遷乃取鄶而徙居焉且為新鄭戰國時鄭滅於韓韓哀侯自平陽徙都之二漢屬河南郡晉以後不置隋開皇十六年復之屬滎陽郡大業初省苑陵縣入焉唐屬鄭州有溱洧二水

中原武縣二漢屬河南郡晉以後不置隋開皇十六年復之屬滎陽郡唐屬鄭州漢卷縣故城在東

中滎澤縣禹貢所謂濟水溢爲滎者也杜佑云今濟水不復入
滎漢晉後魏爲滎陽縣地隋開皇四年置廣武縣仁壽元年
更名滎澤屬滎陽郡唐屬鄭州有廣武山上有東西二城中
有絕澗漢高帝項羽相與臨廣武之間而語即此有敖山商
王仲丁自亳遷此周宣王常狩其地故詩言搏獸于敖秦於
此置倉所謂敖倉也故王宮城在今縣西北左傳作王宮於
踐土即此今故城內東北隅有踐土臺是也
織密縣本鄭邑春秋諸侯伐鄭圍新密二漢屬河南郡晉屬滎
陽郡唐屬河南府　皇朝因之熙寧四年來屬
輔滑州古豕韋氏之國春秋時屬衛戰國時亦屬衛其西境屬
魏秦屬東郡二漢因之晉爲陳留濮陽二國宋武帝平河南置
兗州以爲邊鎮後魏置東郡隋置杷州後爲滑州又改爲兗州
後復爲東郡唐復爲滑州天寶元年更名靈昌郡大歷七年升

義成軍節度後避梁王父諱改曰宣義軍後唐復故而改靈昌曰靈河　皇朝太平興國四年改武成軍今縣三

中白馬縣本衛國曹邑左傳閔二年狄滅衛立戴公以廬于曹即此二漢爲白馬縣屬東郡袁紹遣顔良攻東郡太守劉延於白馬關羽爲曹公斬良以報焉晉屬濮陽國宋置兗州後魏置東郡隋開皇初郡廢置杞州十六年改爲滑州大業二年改爲兗州後復爲東郡唐又改爲滑州有黎陽津一曰白馬津酈生云守白馬之津是也有靈河津晉時石勒襲劉耀途出於此以河水泮爲神靈之助故號爲靈昌津後唐改爲靈河津靈河鎮漢南燕縣地隋開皇十六年置靈昌縣以津爲名屬東郡唐屬滑州後唐改爲靈河縣　皇朝治平三年省入白馬有滑臺本鄭之廩延邑其城甚固

望韋城縣故豕韋氏國商時爲伯焉韋賢詩曰肅肅我祖國自

豕韋是也二漢爲白馬縣地屬東郡晉屬濮陽國隋開皇六年置韋城縣屬東郡唐屬滑州

緊胙城縣故南燕國二漢爲南燕縣屬東郡晉省之其後復置曰東燕隋開皇十八年改曰胙城屬東郡唐屬滑州胙城周公諸子所封左傳富辰曰凡蔣邢茅胙祭周公之胤也杜預注東郡燕縣西南有胙亭而晉史地理志無此郡縣豈永嘉喪亂簡編失之故耶

望孟州春秋戰國皆屬周自漢晉至隋皆屬河内郡唐顯慶二年割屬河南府建中二年乃以河南之河陽河清濟源温四縣租稅入河陽三城使又以汜水軍賦益之會昌三年遂以此五縣爲孟州今縣六

望河陽縣古孟津也周武王代紂師度孟津即此亦曰富平津魏尚書杜君畿試船溺之所浮橋即晉杜預所立自漢至

隋屬河内郡唐屬河南府置河陽三城使後置孟州今縣西南十三里有遮馬堤舊爲河陰縣地後魏尒朱榮害朝士千三百餘人於此

望溫縣本周畿内國司寇蘇忿生所封也春秋僖十年狄滅溫蘇子奔衛於是襄王以賜晉文公二漢屬河内郡晉因之其後廢焉隋開皇十六年復置屬河内郡唐武德四年屬懷州顯慶二年屬洛州後屬孟州

望濟源縣周大夫蘇忿之原邑周襄王以賜晉文公文公伐原以示信二漢爲軹縣地晉爲沁水縣地俗以濟水重源所發因謂之濟源城隋開皇十六年置濟源縣屬河内郡唐武德四年屬懷州顯慶二年屬洛州後屬孟州漢軹縣屬河内郡後漢及晉皆因之隋大業初省入河内後復置唐正觀元年省入濟源故城在縣東南有湨水春秋襄十六年公會諸侯

于湨梁即此
上汜水縣本東虢國鄭滅之爲制邑所謂制巖邑即此有故虎牢城周穆王獵於鄭圃獲虎命畜之因名曰虎牢二漢爲成皐縣屬河南郡晉因之宋時毛德祖戍虎牢後魏晝夜攻圍二百日乃克後魏置東中府東魏置北豫州後周置滎州隋開皇初曰鄭州十八年改成皐縣曰汜水大業初置虎牢都尉府屬滎陽郡唐屬鄭州顯慶二年屬洛州垂拱四年曰廣武神龍元年復故後屬孟州有汜水關　皇朝大中祥符甲改爲行慶關東南有成皐故關西南有旋門故關
中河陰縣漢成皐滎陽懷縣地唐開元二十九年割汜水滎澤武陟三縣置以便運漕屬河南府領河陰倉汴渠在縣南二百五十步即古莨蕩渠今名通濟渠首受黃河後屬孟州有三皇山亦曰敖鄗山山上有三城即劉項相持處

中王屋縣古召公之邑漢垣縣濩澤地屬河東郡晉屬河東平
陽郡後魏置長平縣後周改曰王屋又置懷州及平齊州廢
置王屋郡隋開皇初郡廢屬河内郡唐武德元年更名邵伯
屬邵州正觀元年屬懷州顯慶二年復故名屬洛州　皇朝
慶曆三年來屬有禹貢王屋山沇水所出
緊蔡州春秋時屬沈蔡戰國屬楚魏秦屬潁川郡漢置汝南郡
後漢及魏晉皆因之宋及後魏兼置豫州以為重鎮東魏置行
臺後周置揔管府後改曰舒州尋復曰豫州後改曰蔡州隋開
皇初郡廢大業初州廢復置汝南郡唐武德三年曰豫州天寶
元年曰汝南郡寶應元年改曰蔡州　皇朝景祐二年升淮
康軍節度今縣十
上汝陽縣漢平輿宜春安城縣地屬汝南郡後漢及晉皆因之
後魏曰上蔡置汝南郡城之西北汝水枝別左出而北流又

屈而東轉又西南會汝若垂瓠故謂之懸瓠城宋元嘉二十七年後魏太武攻懸瓠汝南太守陳憲拒守四十餘日不拔隋開皇初郡廢大業初復置縣曰汝陽唐爲蔡州漢有汝陽縣在西華南頓之間非今縣也漢宜春縣屬汝南郡後漢曰北宜春晉因之後廢焉故城在今縣西南漢平輿縣故沈國漢高帝四年置汝南郡後漢因之晉屬汝南郡後徙焉故城在今縣東漢安城縣屬汝南郡後漢及晉皆因之後廢焉故城在今縣東南

上上蔡縣故蔡國蔡叔始封地秦爲上蔡縣李斯其邑人也漢屬汝南郡後漢及晉皆因之後魏改爲臨汝北齊廢之隋開皇中置曰武津大業初復改爲上蔡屬汝南郡唐屬蔡州

中新蔡縣古呂國春秋時蔡平侯自上蔡遷此故曰新蔡二漢屬汝南郡魏晉屬汝陰郡南齊置北新蔡郡後魏曰新蔡郡

北齊曰廣寧郡隋開皇初郡廢十六年置廣寧縣仁壽元年改曰汝北大業初改曰新蔡屬汝南郡唐屬蔡州漢鮦陽縣屬汝南郡後漢因之晉屬汝陰郡北齊廢之隋開皇十一年復置屬淮陽郡後廢焉故城在今縣北有葛陂

中褒信縣後漢舊縣屬汝南郡魏晉屬汝陰郡宋改曰包信隋大業初復故名屬汝南郡唐屬蔡州西南有白亭楚王孫勝爲白公即此

中平輿縣漢舊縣後廢隋大業初改新蔡爲平輿屬汝南郡唐屬蔡州有葛陂水經云濆水左迤爲葛陂方數十里水物含靈多所包育後漢費長房投竹化成龍處

中遂平縣故房子國國語所謂周翌王娶于房曰房后是也楚靈王遷房於楚而有其地後以封吳王之弟夫槩爲堂谿氏故曰吳房漢屬汝南郡後漢及晉皆因之後曰遂寧隋大業

初改曰吴房屬汝南郡唐屬蔡州元和十二年平吴元濟更
名遂平

中新息縣故息國二漢屬汝南郡晉爲縣治焉後魏置東豫州梁曰西豫州又改曰淮州東魏復曰東豫州後周曰息州隋大業初州廢屬汝南郡唐屬蔡州漢安陽縣故江國也二漢及晉皆屬汝南郡後廢焉故城在今縣西

中確山縣本漢安昌縣屬汝南郡後漢省之其後復置隋開皇十八年改爲朗山屬汝南郡唐屬蔡州　皇朝大中祥符五年改爲確山漢朗陵縣屬汝南郡後漢及晉皆因之後廢焉故城在今縣西南有道城故道國左傳曰江黄道栢皆弦姻也在漢爲陽安縣後漢及晉皆因之後廢焉

中真陽縣本漢慎陽縣屬汝南郡慎字本作滇音真永平五年失印更刻遂誤以水爲心也後漢及晉皆因之後魏置郢州

東魏廢州置義陽郡北齊廢郡入保城縣隋開皇十一年廢保城十六年置真丘縣大業初改曰真陽屬汝南郡唐屬蔡州漢新陽縣屬汝南郡後漢因之晉省焉故城在今縣西南中西平縣故栢子國漢舊縣屬汝南郡後漢及晉皆因之後魏置襄城郡北齊改曰文城郡隋開皇初郡廢屬汝南郡唐屬

蔡州

上陳州包犧氏都曰太昊之墟周封舜後嬀滿於此以備三恪爲陳國楚滅爲縣楚頃襄王自郢徙郡此兼爲魏境秦屬潁川郡二漢屬淮陽國汝南郡後漢因之晉屬梁國汝南郡後魏置陳郡及北揚州北齊改爲信州隋爲陳州後置淮陽郡唐爲陳州晉開運二年豐鎮安軍節度漢初軍廢周廣順二年復之今

縣五

緊宛丘縣周時陳都楚頃襄王滅之自郢徙都爲陳勝反秦據

陳自立爲張楚 漢高帝置淮陽國章和二年改爲陳國晉併
入梁國後魏曰項置陳郡隋開皇初改縣曰宛丘而郡廢焉
大業初爲淮陽郡唐爲陳州爾雅曰丘上有丘曰宛丘今其
地形則然有古固陵城項羽南走固陵即此
上項城縣本項國戰國屬楚項羽家世楚將封於項故姓項氏
二漢屬汝南郡晉屬梁國後魏置揚州及秣陵縣梁改曰殷
州東魏改曰北揚州後齊改曰信州後周改曰陳州隋開皇
初改秣陵爲項城縣大業初州廢屬淮陽郡唐屬陳州
中商水縣本漢汝陽縣地屬汝南郡後漢及晉皆因之後魏置
汝陽郡北齊郡廢隋開皇十六年置溵水縣大業初省汝陽
入焉屬淮陽郡唐屬陳州 皇朝建隆元年改爲商水漢
地理志汝南有㶏彊縣水經注云㶏水出潁川陽城縣少室
山東逕㶏彊縣故城南又東逕西華縣故城南又東逕汝陽

故城北東注于潁

中南頓縣故頓子國應劭曰頓迫於陳其後南徙故曰南頓二漢及晉屬汝南郡後魏置南頓郡北齊郡廢隋開皇六年改縣曰和城大業初復改曰南頓屬淮陽郡唐屬陳州　皇朝熙寧六年省入商水元祐元年復置

中西華縣二漢屬汝南郡晉省之後置長平縣隋開皇十八年改曰鴻溝大業初復改曰西華屬淮陽郡唐武德元年更名箕城屬陳州景雲元年復故名　長平鎮漢爲長平縣屬汝南郡後漢屬陳國晉屬梁國北齊省入西華

上潁州春秋時爲胡國及楚地秦爲潁川郡地　二漢屬汝南郡魏置汝陰郡晉因之後魏置潁川郡隋亦爲潁川後爲汝陰郡唐爲潁州

皇朝元豐二年升順昌軍節度　今縣四

望汝陰縣西北有胡城故胡國二漢爲汝陰縣屬汝南郡魏置

汝陰郡後廢晉泰始二年復置隋開皇初郡廢大業初復置唐爲潁州二漢細陽縣屬汝南郡晉省之故城在今縣西北

緊萬壽縣蓋二漢細陽縣地　皇朝開寶六年析汝陰之百尺鎮置萬壽縣屬潁州水經注云百尺水承次塘細陂南流注于潁鎮實因水爲名

緊潁上縣本楚慎縣地二漢屬汝南郡晉屬汝陰郡後廢爲梁置下蔡郡北齊郡廢隋大業初置潁上縣於故鄭城屬汝陰郡唐武德四年移於今治屬潁州慎縣故城在今縣西北

緊沈丘縣本漢項縣地屬汝南郡後置沈丘縣隋開皇十六年置沈州領沈丘宛丘二縣唐初州廢以宛丘屬陳州沈丘屬潁州後省沈丘入汝陰神龍二年復置有武丘本曰丘頭魏王陵鎮壽春欲舉兵討司馬宣王宣王自往征之軍至丘頭陵懼面縛水次故號爲武丘即此

輔汝州東周爲王畿春秋爲戎蠻子邑及屬楚鄭戰國屬韓秦
屬三川郡二漢屬河南潁川郡魏晉屬河南襄城郡後魏屬汝
北魯陽郡東魏置北荆州後周改曰和州隋初置伊州煬帝初
改爲汝州後廢州以其地屬襄城潁川二郡唐爲汝州天寶元
年曰臨汝郡今縣五

中梁縣本漢周承休邑武帝元鼎四年行幸至洛陽詔封姬嘉
爲周子南君以奉周祀初元五年以周子南君爲周承休侯
邑屬潁川郡後魏曰汝源縣置汝北郡後改曰汝陰郡後周
郡廢隋大業初改汝源爲承休置襄城郡唐爲汝州正觀元
年改承休爲梁縣梁本周南鄙之邑在承休西南四十三里
有霍陽聚左傳哀四年楚人爲一昔之期襲梁及霍是也戰
國曰南梁以別大梁少梁焉漢屬河南郡後漢及晉皆因之
隋屬襄城郡唐屬汝州正觀元年省梁入承休而更名承休

曰梁西有廣成澤後漢作苑為遊獵之地鄧太后臨朝世士
以為文武可興宜廢蒐狩之禮於是馬融作頌以諷焉後桓
帝復校獵廣成今曰廣潤河蓋避朱梁廟諱也有邑狐聚秦
滅西周徙其君於此有陽人聚秦滅東周徙其君於此臨汝
鎮唐先天元年置縣屬汝州正元八年以梁縣西界十二鄉益
之兼移縣於石城驛後入梁

緊襄城縣本鄭地南有汜城周襄王避叔帶之難出適鄭處于
汜是也以襄王所居因曰襄城楚靈王築又有古不羹城在
西北二漢屬潁川郡晉置襄城郡隋開皇初郡廢屬汝州大
業初州廢屬潁川郡唐武德元年置汝州正觀元年州廢屬
許州開元二十六年來屬

上葉縣本楚地惠王以封沈諸梁謂之葉公葉公好龍神龍下
焉二漢屬南陽郡明帝時王喬為葉令每月朔望常乘雙鳧入

朝今有墓在焉晉屬南陽國北齊置襄州後周廢州置南襄城郡隋開皇初郡廢屬許州唐開元三年置仙州二十六年州廢大曆四年復置仙州又析置仙凫縣五年州廢省仙凫入葉來屬二漢父城縣屬潁川郡晉屬襄城郡後廢入葉有應鄉故應國按汲冢古文商時王有應國矣周武王以封其子為應應侯故左傳言邘晉應韓武之穆也戰國為秦所有以封范睢為應侯有方城左傳所謂楚國方城以為城即此又有昆陽城即光武破王尋之所

中魯山縣在夏為魯縣陶唐氏既衰其後有劉累者為御龍氏以事夏孔甲龍一雌死潛醢以食夏后既而使求之懼而遷于魯縣是也漢為魯陽屬南陽郡後漢及晉皆因之後魏置荊州尋廢又置魯陽郡後置魯州隋開皇初郡廢大業初州廢以魯縣屬襄城郡唐為魯山武德四年復置魯州正觀九年州

廢以魯山來屬故犨縣本鄭邑漢屬南陽郡[illegible]廢故城在今
縣東南後周置三鵶鎮在縣西南十九里[illegible]年高[illegible]
齊北齊置魯城在縣東北十七里以御周
中龍興縣本湍陽縣唐武德四年置屬伊州貞觀元年省[illegible]
七年復置曰武興屬汝州神龍元年更名中興五年改曰龍
興　皇朝熙寧四年省入魯山元祐元年復置

同下州信陽軍春秋時屬申其後屬楚秦屬南陽郡二漢屬南
陽江夏郡晉置義陽郡宋置宋安郡齊兼置司州梁因之右三
關之隘北接陳汝控帶許洛宋以來常為邊鎮後魏改曰郢州
後周改曰申州隋開皇初郡廢大業二年改曰義州尋為義陽
郡唐為申州天寶元年曰義陽郡　皇朝開寶九年降為義
陽軍太平興國元年改為信陽今縣二

中下信陽縣二漢平氏縣地屬南陽郡晉分置義陽縣屬義陽

郡後廢焉宋曰平陽縣置宋安郡隋開皇初郡廢改平陽縣爲義陽大業初置義陽郡唐爲申州　皇朝爲義陽軍太平興國元年改義陽縣爲信陽漢鍾武縣屬江夏郡後漢省焉故城在今縣東南漢鄳縣屬江夏郡後漢及晉因之北齊改爲齊安置齊安郡隋開皇初郡廢改縣曰鍾山屬義陽郡唐屬申州　皇朝開寶九年省入義陽有鍾山桐栢山淮水

中下羅山縣二漢鄳縣地北齊置高安縣隋開皇初廢十六年復置曰羅山屬義陽郡唐屬申州　皇朝屬信陽軍有石城山甚高峻史記曰魏攻冥阨蓋謂此山也呂氏春秋言九塞冥阨其一焉

輿地廣記卷第九

輿地廣記卷第十

河北東路

北輔開德府春秋時屬衛國秦置東郡二漢屬東魏二郡晉屬濮陽國頓丘郡隋屬東武陽二郡唐屬澶濮魏三州晉天福中移濮陽於澶州南郭爲治所九年升鎮寧軍節度　皇朝大觀元年升開德府崇寧四年建爲北輔今縣七

中濮陽縣本漢頓丘縣地其濮陽故城在今縣東帝顓頊之墟也謂之帝丘夏后相嘗居於此夏爲昆吾亦都之春秋時衛成公自楚丘徙焉夢康叔曰相奪予享公命祀相秦始皇東徙衛君角而置東郡二漢皆因之晉置濮陽國隋屬東郡唐屬濮州晉天福中移縣於澶州南郭爲治所有鮒鰅山帝顓頊所葬有瓠子口漢元光中河決瓠子東南注鉅野

望觀城縣古觀國背啓命爲夏所滅左傳所謂夏有觀扈是也

漢為畔觀縣屬東郡光武更名衛國以封周後晉屬頓丘郡
隋開皇六年更名觀城屬武陽郡唐屬澶州有臨黃縣漢畔
觀縣地也後魏置隋因之屬武陽郡唐始屬魏州大曆七年
來屬 皇朝雍熙四年省入觀城有衛臺衛宣公作
緊臨河縣漢黎陽縣地屬魏郡隋開皇六年析黎陽置臨河縣
十六年置澶淵縣並屬汲郡春秋諸侯之大夫會于澶淵此
其地也後避唐高祖諱改澶淵為澶水武德四年於澶水置
澶州正觀十年州廢省澶水入臨河屬魏州五代來屬
中清豐縣漢頓丘縣地唐大曆七年析頓丘昌樂置清豐縣以
孝子張豐為名屬澶州頓丘本衛邑在淇水南故詩言送子
涉淇至于頓丘二漢屬東郡晉置頓丘郡後魏郡廢焉隋屬武
陽郡唐始屬魏州大曆七年於頓丘復置澶州晉天福四年
移濮陽於澶州南郭為治所而以頓丘為德清軍 皇朝

熙寧四年省頓丘入清豐

中衛南縣本楚丘也衛文公自曹邑徙此始建城市而營宮室隋開皇十六年置楚丘縣屬東郡大業初以梁郡有楚丘乃改爲衛南唐屬滑州五代時來屬

緊朝城縣本二漢東武陽縣屬東郡臧洪爲東郡太守據此以拒袁紹紹圍之城陷爲紹所殺魏晉屬陽平郡北齊廢之後周復置武陽縣隋屬武陽郡唐屬魏州正觀十七年省永昌元年復置武聖縣開元七年更名朝城晉屬大名府　皇朝崇寧四年來屬

緊南樂縣漢東郡之樂昌也宣帝封王武爲樂昌侯後漢省之晉置昌樂縣水經樂昌縣故城東而注引漢書表志以爲東郡之屬縣漢宣帝封王稚君爲侯國此則以樂昌爲昌樂矣隋屬武陽郡開皇六年置繁水縣大業初廢昌樂縣入繁水

唐置昌樂廢繁水入焉後唐避諱改爲南樂晉屬大名府
皇朝崇寧四年來屬
次府河間府春秋時屬晉戰國時屬趙秦屬上谷郡漢屬涿郡
後漢爲河間國晉因之後魏爲河間郡孝文帝置瀛州隋廢郡
而州如故大業初州廢置河間郡唐爲瀛州 皇朝大觀二
年升河間府瀛海軍節度今縣二
望河間縣本漢州鄉武垣縣地屬涿郡後漢省州鄉入武垣屬
河間國晉因之後分置河間縣郡徙治此隋開皇初郡廢爲
瀛州大業初復置郡省武垣入焉唐爲瀛州東城鎮本漢東
州縣屬勃海郡後漢屬河間國晉屬章武國北齊廢之隋開
皇十六年置曰東城屬瀛州大業初屬河間郡唐屬瀛州
皇朝熙寧六年省入河間
望樂壽縣本漢樂成縣爲河間國治焉後漢及晉皆因之隋開

皇十八年改爲廣城屬瀛州仁壽初改爲樂壽屬河間郡唐
屬瀛州後屬深州景城鎮本漢景成成平縣地屬勃海郡後
漢省景成入成平屬河間國晉因之隋開皇十八年改爲景
城屬瀛州大業初屬河間郡唐屬瀛州　皇朝熙寧六年
省入樂壽

上滄州春秋戰國時爲齊趙二國之境秦屬鉅鹿上谷郡漢置
渤海郡後漢晉因之宋文帝置樂陵郡孝武分置渤海郡後魏
因之太武初改渤海爲滄水孝文時復舊孝明帝分瀛冀二州
置滄州及浮陽樂陵二郡隋置棣州後改爲滄州尋爲渤海郡
唐爲滄州天寶元年改爲景城郡今縣五

望清池縣本漢浮陽縣在浮水之陽高齊置渤海郡治此後漢
及晉皆屬焉隋開皇十八年改曰清池屬渤海郡唐屬滄州
正觀元年州自胡蘇徙治於此長蘆鎮以水爲名本漢參戶

縣地屬渤海郡後省焉隋開皇三年置長蘆縣及漳河郡尋廢十六年置景州大業初州廢屬河間郡唐武德四年又置景州正觀元年州廢屬滄州周省入清池饒安鎮本漢千童縣屬渤海郡靈帝改曰饒安晉因之後置滄州及浮陽郡隋開皇初郡廢大業初州廢屬渤海郡唐屬滄州　皇朝熙寧五年省入清池乾符寨本二漢章武縣屬渤海郡晉屬章武郡後省焉隋開皇十六年置魯城縣屬瀛州大業初屬河間郡唐正觀元年屬滄州乾符元年生野稻水穀二千餘頃燕魏飢民就食之因改名曰乾符周省入清池有徒駭河禹貢九河之一也

望無棣縣本齊地昔周成王賜齊太公履北至于無棣是也漢為陽信縣地隋開皇六年置無棣縣屬勃海郡取縣南無棣溝為名唐屬滄州正觀元年省入陽信八年復置無棣溝通

海隋末廢唐永徽元年薛大鼎開之百姓歌曰新河得通舟楫利直達滄海魚鹽至昔日徒行今騁駟美哉薛公德滂被

皇朝治平二年徙治保順軍有鬲津河禹貢九河之一也

緊鹽山縣二漢高城縣屬渤海郡故城在今縣南晉以後皆因之隋開皇十八年改爲鹽山屬棣州大業初屬渤海郡唐屬滄州有鹽山

緊樂陵縣二漢屬平原郡故城在今縣東晉屬樂陵國後爲樂陵郡治焉隋開皇初郡廢屬棣州大業初屬渤海郡唐屬滄州有漢重合縣故城在縣東　皇朝熙寧二年徙治咸平鎮有鉤盤河禹貢九河之一也

中南皮縣漢屬渤海郡章武有北皮亭故此云南皮後漢爲渤海郡治焉建安中曹公破青州刺史袁譚於此晉因之隋屬渤海郡唐屬景州臨津鎮本漢東光縣地隋開皇十六年於

胡蘇亭置胡蘇縣屬平原郡唐更名臨津屬景州　皇朝

熙寧六年省入南皮有潔河禹貢九河之一也

上冀州春秋時屬晉戰國屬趙秦屬鉅鹿郡漢置信都國景帝改爲廣川宣帝復故後漢明帝更名樂安安帝改曰安平後兼置冀州晉因之後魏爲長樂郡兼置冀州北齊後周皆因之隋初郡廢而爲冀州如故大業初州廢復置信都郡唐爲冀州

皇朝慶曆八年升武安軍節度今縣六

望信都縣漢爲信都國治後漢爲安平國治晉因之後魏以來爲長樂郡治隋開皇初郡廢分信都置長樂縣大業初省信都入焉置信都郡唐爲冀州改長樂縣爲信都有禹貢降水漢昌城縣屬信都國後漢改爲阜城後徙焉故城在今縣北漢扶柳縣屬信都國後漢屬安平國晉因之北齊省焉故城在今縣西

上蓨縣本漢脩縣屬信都國後漢屬渤海郡晉因之隋開皇五年改爲蓨縣屬冀州大業初屬信都郡唐屬德州永泰元年屬冀州漢觀津縣故城在東北

上南宮縣漢舊縣屬信都國呂后封張敖子偃爲南宮侯即此後漢屬安平國晉省之後復置元魏屬長樂郡北齊省之隋開皇六年復置屬冀州大業初屬信都郡唐屬冀州堂陽鎮本漢堂陽縣屬鉅鹿郡後漢屬安平國晉省之後復置北齊省之隋開皇十六年復置屬冀州大業初屬信都郡唐屬冀州 皇朝皇祐四年省入南宮

上棗彊縣漢舊縣屬清河郡後漢省之後復置隋屬冀州大業初屬信都郡唐屬冀州漢廣川縣屬信都國後徙焉故城在今縣東北

上武邑縣漢屬信都國後漢屬安平國晉因之後齊廢隋開皇

五百五十二

六年復置屬冀州大業初屬信都郡唐屬冀州觀津鎭本趙地樂毅自燕降趙封之於此號爲望諸君漢爲觀津縣屬信都國後漢及晉因之後省有衡漳石隄唐顯慶元年築

中衡水縣隋開皇十六年分信都北界武邑西界下博南界置衡水縣屬冀州大業初屬信都郡唐屬冀州

上博州春秋爲齊之西境戰國爲齊趙衛三國之交秦屬東郡漢屬東郡平原清河三郡後漢屬東郡平原二郡晉屬平原國宋分置魏郡後魏置南冀州及平原郡隋初郡廢改州爲博州大業初州廢屬武陽郡唐爲博州天寶元年曰博平郡今縣四

望聊城縣本齊西鄙之邑水經注云聊城縣東北三十里古攝城左傳所謂聊攝以東是也戰國時燕將保聊城齊田單攻之歲餘不下魯仲連乃爲書約之矢以射城中燕將見書乃自殺二漢屬東郡魏晉屬平原國後爲平原郡治焉隋開皇

初郡廢十六年置博州大業初州廢以聊城屬武陽郡唐武德四年置博州漢茌平縣屬東郡後漢屬濟北郡魏晉屬平原國昔石勒耕於茌平聞鼓角鞞鐸之聲其母以為作勞耳鳴即此後廢焉唐武德四年析聊城置茌平縣正觀八年省入

望高唐縣春秋齊邑漢屬平原郡後漢及晉皆因之後魏置南清河郡北齊郡廢隋開皇初屬貝州大業初屬清河郡唐武德四年屬博州

望堂邑縣本漢清陽縣地[illegible]清河郡治焉隋開皇六年分置堂邑縣屬武陽郡唐武德四年屬博州

緊博平縣漢屬東郡魏晉屬平原國元魏屬長樂郡隋開皇初屬貝州大業初屬清河郡唐[illegible]屬博州漢靈縣屬清河郡後漢及晉因之後廢隋開皇初復置大業初省入博平唐武德三

五百一十五

年復置四年省入焉

上棣州春秋戰國皆屬齊秦屬齊郡漢屬渤海平原千乘郡後漢屬北海平原郡樂安國晉屬樂安樂陵二國宋爲樂陵郡後魏又爲樂安縣陵二郡隋初屬棣州後屬渤海郡唐武德三年置棣州天寶元年曰樂安郡今縣三

望厭次縣本漢陽信縣地屬渤海郡後漢因之晉屬樂陵國後爲渤海郡治元魏屬樂陵郡隋開皇六年置棣州大業初爲渤海郡後郡徙治清池唐武德四年以陽信置棣州八年州廢屬滄州正觀十七年復置於厭次　皇朝大中祥符八年徙州城及厭次於陽信縣地

山滴河縣本漢初縣屬平原郡後漢省之隋開皇十六年置滴河縣屬棣州大業初屬渤海郡唐屬棣州漢濕沃縣屬千乘郡後漢省之晉復置屬樂陵國北齊省之後入滴河

下陽信縣本漢富平縣後改爲厭次屬平原郡後漢永平五年復故晉爲樂陵國治焉元魏屬樂陵郡北齊廢之隋開皇十六年復置屬棣州大業初屬渤海郡唐武德四年屬棣州八年州廢屬滄州正觀十七年復置屬棣州　皇朝大中祥符八年徙州城及厭次縣於陽信而徙陽信於故厭次焉

上莫州漢爲鄚縣屬涿郡後漢屬河間國晉因之隋屬河間郡唐武德四年屬瀛州正觀元年屬瀛州景雲二年置鄚州開元十三年以鄚鄭文相類更名莫州今縣一

上任丘縣本漢鄚縣地平帝時使中郎將任丘築城因以爲名後置任丘縣隋省之唐武德五年復屬瀛州景雲二年屬鄚州開元十三年改鄚縣爲莫　皇朝熙寧六年省莫縣入焉長豐縣本利豐唐開元十年析文安任丘置屬鄚州是年更名長豐　皇朝熙寧六年省

五百三十五

中雄州春秋戰國皆屬燕秦屬上谷郡唐屬涿易二郡晉時入于契丹周克復之置雄州　皇朝政和三年爲易陽郡今縣二

中歸信縣本漢易縣地屬涿郡後漢屬河間國公孫瓚有幽州童謡曰燕南垂趙北際中央不合大如礪唯此中可避世瓚自以爲易地當之遂徙鎮焉易京故城在縣南十八里晉亦屬河間國北齊省入鄚縣隋屬河間郡唐武德五年置歸義縣屬幽州正觀元年省貞八年復置景雲二年屬漠州是年還屬幽州大曆四年屬涿州晉時入于契丹周顯德六年世宗克瓦橋關置雄州治歸義縣　皇朝太平興國元年改爲歸信有易水

中容城縣漢屬涿郡後漢省之晉復置屬范陽國隋開皇初改爲遒縣屬上谷郡唐武德五年置北義州正觀元年州廢以

縣屬易州聖曆二年契丹入寇固守不陷因改名全忠神龍二年復名遒天寶元年改爲容城周顯德六年屬雄州尋廢皇朝建隆四年復置

中覇州漢屬渤海郡後漢屬廣陽國河間郡晉屬燕國章武後屬河間燕郡隋屬河間涿郡唐屬幽州莫州晉時入于契丹周克復之置覇州 皇朝政和三年升永清郡今縣二

上文安縣漢屬渤海郡後漢屬河間國晉屬章武國隋初屬瀛州大業初屬河間郡唐屬瀛州景雲二年屬莫州周顯德六年屬覇州 皇朝景祐元年省永清入焉永清本漢安次縣地屬渤海郡唐如意元年析置武隆縣屬幽州景雲元年曰會昌天寶元年曰永清晉時入于契丹周世宗克益津關置覇州治永清縣後省入文安

上大城縣五代時置屬瀛州周顯德六年屬覇州

上德州春秋戰國皆屬齊秦屬齊郡漢置平原郡後漢因之晉爲平原國宋屬平原郡後魏後周皆因之隋初置德州後復爲平原郡唐爲德州天寶元年曰平原郡今縣二

望安德縣漢屬平原郡後漢及晉皆因之後爲郡治焉隋開皇初郡廢九年置德州大業初復置平原郡唐爲德州天寶末安禄山反河北皆陷獨顔真卿爲平原太守帥衆討賊漢鬲縣屬平原郡後漢及晉因之北齊省入故城在縣西北漢重平縣屬渤海郡後漢省之後魏復置北齊省之故城亦在縣西北德平鎮蓋漢平昌縣屬平原郡後漢省之晉爲西平昌縣屬平原國後魏置東安郡北齊郡廢隋開皇初屬德州大業初屬平原郡唐屬德州後謂之德平疑後唐避諱更名

皇朝熙寧六年省入安德

緊平原縣齊之西邑韓信夜渡平原襲擊齊歷下軍即此漢鬲

帝六年置平原郡故城在今縣西南後漢及晉皆因之後郡
徙治安德隋屬平原郡唐屬德州漢鄃縣屬清河郡後漢及
晉因之北齊省入平原故城亦在縣西南
上濱州自唐虞以下地理與棣州同初五代之際置榷鹽務於
海傍後置濱國軍周世宗顯德三年置以其濱海爲名割棣州
之渤海蒲臺爲屬縣而治渤海今領縣二
望渤海縣唐垂拱四年析蒲臺縣地置屬棣州周顯德三年置
濱州治此蒲臺縣本漢高縣地屬平原郡臺方八丈方二百
步昔秦始皇東遊海上於臺下蒸蒲繫馬至今蒲生猶有縈
繫之狀隋開皇十六年置蒲臺縣屬渤海郡唐屬淄州宗龍
元年屬棣州周屬濱州 皇朝大中祥符三年省入渤海
緊招安縣 皇朝慶曆六年析渤海縣地置
下恩州春秋時屬齊其後屬晉戰國屬趙秦屬鉅鹿郡漢置清

河郡後漢爲清河國桓帝改曰甘陵魏復故晉因之後魏爲清河郡北齊後周皆因之兼置貝州隋初郡廢後廢州爲後復置郡唐爲貝州天寶元年曰清河郡　皇朝慶曆八年改恩州

今縣三

望清河縣本漢厝縣屬清河郡後漢安帝以孝德皇后葬于厝改曰甘陵爲清河國治焉桓帝時周福其縣人也晉改曰清河縣後曰武城縣置清河郡隋開皇初郡廢改武成縣爲清河大業初復置清河郡唐屬貝州故清陽縣漢爲清河郡治後漢省之徙治甘陵後復置曰清河縣北齊省貝丘入焉改爲貝丘隋開皇六年復名清陽屬清河郡唐屬貝州　皇朝熙寧四年省入清河

望武城縣在趙時曰東武城平原君勝封於此邑漢屬清河郡後漢及晉皆因之隋爲武城屬清河郡唐屬貝州

緊歷亭縣漢東陽縣地隋分武城鄃置歷亭縣屬清河郡唐屬
貝州漳南鎮本漢東陽縣屬清河郡後漢省之隋分棗強清
平復置於古東陽城改爲漳南縣屬清河郡唐屬貝州
皇朝至和元年省入歷亭

清州自唐虞以下地理與滄州同五代時置乾寧軍後入契丹
周顯德六年世宗北伐取乾寧軍御龍舟樓船戰艦首尾數十
里至益津關從此發焉　皇朝太平興國七年以滄州永安縣
復置大觀二年河清之晝夜因改爲清州政和三年爲乾寧郡
今縣一

乾寧縣本永安縣之范橋鎮　皇朝太平興國七年置熙寧
六年省爲鎮後復置縣崇寧三年又省之

同下州永靜軍自唐虞以下地理與滄德二州同唐置景州周
降爲定遠軍屬滄州　皇朝太平興國六年以軍直隸京師

地十

景德元年改爲永静今縣二

緊東光縣 二漢屬渤海郡隋開皇初郡廢九年置觀州大業初州廢屬平原郡唐屬滄州正元三年屬景州周顯德元年爲定遠軍治所弓高鎮本漢縣屬河間國後漢因之晉省焉隋開皇十六年復置屬平原郡唐置景州治此周顯德二年州廢省弓高入東光

望將陵縣漢重丘縣地 隋開皇十六年於重丘故城置屬平原郡唐屬滄州後屬景州周顯德二年州廢還屬 皇朝慶曆七年屬永静軍安陵鎮本漢脩市縣地屬渤海郡晉置安陵縣隋大業初省入東光唐武德四年復置屬觀州正觀十七年州廢屬德州景福二年屬景州周復屬後省入將陵

中阜城縣漢屬渤海郡後漢屬安平國晉屬渤海郡隋屬信都郡唐屬冀州 皇朝淳化元年屬永静軍

同下州信安軍自唐虞以下地理與霸州同五代時地入契丹周顯德六年世宗北伐取淤口關置寨屬霸州　皇朝太平興國六年以淤口寨爲破虜軍景德二年改爲信安軍

同下州保定軍自唐虞以下地理與雄州同　皇朝太平興國六年以涿州歸信縣新鎮置平戎軍景德元年改爲保定軍

輿地廣記卷第十

輿地廣記卷第十一

河北西路上

次府真定府春秋時屬鮮虞爲晉所滅戰國時屬趙秦屬鉅鹿郡漢高帝置恒山郡後避文帝名改曰常山亦爲真定國東漢屬常山國魏晉復爲郡元魏因之後周兼立恒州隋開皇初郡廢大業初州廢復立常山郡唐武德初復曰恒州後升爲成德軍節度元和十五年避穆宗諱曰鎮州五代時曰真定府梁以諱改曰武順後唐復曰成德晉曰順德漢復曰成德周及
皇朝因之今縣九

次赤真定縣本中山國之東垣邑漢十一年代相陳豨反其將趙利守東垣高帝攻拔之改曰真定元鼎四年立真定國東漢併入常山魏晉爲郡治在今縣南元魏道武移郡治於此今府城是也自唐寶應後叛將李寶臣王武俊王廷湊等相

繼據之有滹沱水
次畿槀城縣漢屬眞定國北齊立鉅鹿郡後周因之隋開皇初
郡廢十年立廉州大業初廢義寧元年復立鉅鹿郡唐武德
元年改曰廉州正觀元年州廢來屬九門縣二漢屬常山郡
魏晉元魏因之北齊省入隋開皇六年復置　皇朝開寳
六年省入
次畿欒城縣春秋晉大夫欒氏之邑漢爲平棘縣地東漢置欒
城縣北齊省隋開皇十六年復置屬欒州大業初州廢屬趙
郡唐本屬趙州大歷三年來屬
次畿元氏縣本趙公子元之封邑漢高帝立恒山郡治此故城
在焉東漢爲國魏晉元魏屬趙國北齊省隋開皇六年復置
唐屬趙州五代時來屬
次畿井陘縣漢屬恒山郡東漢魏晉元魏皆因之後省北齊廢

石邑以置井陘隋開皇六年復石邑分置井陘有陘山其道
險隘李左車所謂車不得方軌騎不得成列是也有綿蔓水
韓信攻趙背水爲陣即此
次畿獲鹿縣漢石邑縣地隋開皇十六年分置鹿泉縣唐天寶
十五載更名獲鹿石邑鎮本漢縣　皇朝開寶六年省有
井陘口亦曰土門秦始皇興兵塞井陘口漢韓信出井陘破
陳軍唐李光弼出土門破史思明軍皆在此地有蕈山滹沱
水
次畿平山縣本晉之蒲邑二漢爲蒲吾縣屬常山郡魏晉皆因
之後徙焉隋開皇十六年置房山縣唐天寶十五載改爲平
山
次畿行唐縣二漢曰南行唐屬常山郡魏晉以後皆因之隋曰
行唐屬恒山郡唐屬鎮州五代屬真定府有禹貢恒水

次畿靈壽時趙漢屬常山郡魏晉以後皆因之後周立蒲吾郡隋
開皇初郡廢唐屬鎮州五代時屬真定府皇朝熙寧八
年省元祐二年復置焉有禹貢衛水
望相州商三河亶甲居相此其地也春秋時屬晉戰國時屬魏
後屬趙秦屬邯鄲郡二漢爲魏郡曹公爲魏王都此晉亦爲魏
郡後趙石季龍前燕慕容儁皆都之後魏置相州東魏北齊又
都焉改爲清都尹後周復置相州及魏郡隋初郡廢大業初州
廢復置魏郡唐爲相州天寶元年曰鄴郡故屬天雄軍節度梁
分置昭德軍而天雄軍亂遂入于晉莊宗滅梁復屬天雄晉高
祖置彰德軍今縣四
緊安陽縣漢爲侯國曹魏時併入鄴徐廣晉紀曰石遵自李城
北入斬張豺於安陽後周移鄴縣及相州於安陽故城遂改
爲安陽縣魏郡治焉唐爲相州有韓陵山高歡破尒朱兆於

北永和鎮本漢内黄縣地隋開皇十四年置長樂縣十八年改曰堯城屬魏郡唐屬相州天祐三年改曰永定　皇朝天聖七年改曰永和熙寧六年省入安陽

緊湯陰縣本二漢蕩陰縣屬河内郡晉屬魏郡後廢焉隋開皇六年復置屬汲郡唐屬相州貞觀元年改為湯陰有羑里城商紂囚周文王之所

緊臨漳縣本漢鄴縣地東魏天平初析置臨漳縣屬魏郡後周及隋因之唐屬相州魏文侯七年始封此地以西門豹為鄴令民不敢欺至襄王時史起為鄴令引漳水溉鄴民賴其用漢高十二年置魏郡治此漢末袁紹為冀州牧鎮鄴曹公取之以為鄴都作三臺晉因城為基晉亂胡作石季龍慕容雋皆都之後魏置相州東魏北齊又都焉後周平齊復置相州隋文輔政總管尉遲迥舉兵不順韋孝寬討平之乃焚燒鄴

縣徙其居民南遷四十里以安陽城置新縣屬魏郡唐屬相
州　皇朝熙寧六年省入臨漳
中林慮縣本漢隆慮縣屬河内郡後漢避殤帝名改曰林慮晉
屬汲郡後魏置林慮郡北齊廢之後復置隋開皇初又廢之
大業初屬魏郡唐屬相州
次府中山府堯始封於此春秋時為鮮虞戰國初為中山國後
為魏所并後又屬趙秦屬上谷鉅鹿二郡漢高帝置中山郡景
帝三年改為國後漢晉皆因之後燕慕容垂移都於此置中山
尹後魏為中山郡兼置安州大唐改為定州升義武軍節度
皇朝太平興國元年改定武軍政和三年改中山府中山郡今
縣七
緊安喜縣古中山國魏文侯使樂羊伐取之以封太子擊漢為
盧奴縣城内西北隅有水淵而不流色正黑或云黑水曰盧

不流曰奴故以取名後魏皇始二年滅慕容寶立安州道武帝天興三年改曰定州北齊改爲安喜後周置鮮虞郡隋開皇初郡廢置鮮虞縣大業初廢安喜入焉屬博陵郡唐屬定州武德四年改鮮虞曰安喜故陘邑縣本漢苦陘屬中山國後漢章帝改曰漢昌魏改曰魏昌晉元魏因之北齊廢焉隋開皇十六年復置曰隋昌屬博陵郡唐武德四年改曰唐昌屬定州天寶元年改曰陘邑　皇朝康定元年省入安喜

緊無極縣二漢爲毋極屬中山國晉省之後魏復置隋屬博陵郡唐屬定州武后改毋極爲無極景福二年置祁州周徙治蒲陰　皇朝景德元年來屬

上曲陽縣漢爲上曲陽屬常山郡後漢屬中山國晉屬常山郡北齊去上字隋開皇六年改爲石邑屬博陵郡七年改曰恒陽唐屬定州元和十五年改爲曲陽有北岳常山在西

中唐縣昔堯爲唐侯國於此春秋時屬北燕昭十二年齊高偃納北燕伯款于唐是也漢屬中山國後漢及晉皆因之北齊廢焉隋開皇十六年復置屬博陵郡唐屬定州舊治中人城縣西四十里上有中人亭左傳昭十三年晉荀吴侵鮮虞及中人大獲而歸是也聖曆元年徙治今所

中望都縣昔堯母慶都所居有堯山在北慶都山在南登堯山見慶都山故以望都名縣漢屬中山國後漢及晉皆因之北齊省入北平唐武德四年復置屬定州初治安險故城正觀八年徙治今所

中新樂縣古鮮虞國子姓漢爲新市縣屬中山國後漢及晉皆因之後廢焉隋開皇十六年置曰新樂縣屬博陵郡唐屬定州

中下北平縣漢屬中山國後漢及晉皆因之後魏置北平郡北

齊郡廢隋屬博陵郡唐屬定州萬歲通天二年契丹攻之不下更名徇忠神龍元年復舊漢曲逆縣濡水於城北曲而西流故曰曲逆左傳京四年齊國夏伐晉取曲逆是也漢高帝過之曰壯哉吾行天下唯洛陽與是耳詔封陳平爲曲逆侯屬中山國後漢章帝醜其名改曰蒲陰晉因之北齊廢入北平

上邢州春秋時爲邢國衛人滅之戰國時屬趙秦屬鉅鹿邯鄲郡常山王張耳都焉漢屬趙國廣平鉅鹿常山郡後漢因之晉屬鉅鹿趙國後趙石勒亦都焉後魏爲鉅鹿郡隋置邢州後爲襄國郡唐復爲邢州天寶元年爲鉅鹿郡梁升保義軍節度後唐改爲安國軍今縣八

上龍岡縣故邢國秦時謂之信都項羽立張耳爲常山王居此更名曰襄國漢屬趙國後漢因之晉省焉石勒陷臯州張賓

闕字作[illegible]

口襄國因山憑險形勝之地可都也[illegible]年勒僭號於襄
國其後為慕容儁所據隋開皇九年改為龍岡縣屬襄國郡漢
焉唐為邢州即夷儀城在縣北一百五十里春秋僖五年邢
遷于夷儀即此
上沙河縣漢襄國縣地隋開皇十六年置沙河縣屬襄國郡唐
武德元年置溫州四年州廢來屬有湯水
上鉅鹿縣本漢南䜌縣屬鉅鹿郡後漢因之晉省焉隋於南䜌
故城置鉅鹿縣屬襄國郡唐武德四年屬趙州貞觀元年來
屬有禹貢大陸澤
上平鄉縣本鉅鹿縣秦始皇二十五年滅趙以為鉅鹿郡秦將
王離圍趙王歇於此漢因之後漢及晉徙治癭陶以鉅鹿屬
焉北齊縣廢隋置平鄉縣屬襄國郡唐屬邢州　皇朝熙
寧六年省入鉅鹿元祐元年復置

上內丘縣本中丘縣漢屬常山郡後漢屬趙國晉因之元魏屬南趙郡隋曰內丘屬襄國郡唐武德四年屬趙州五年來屬有干言山詩所謂出宿于干飲餞于言是也

中堯山縣本栢人春秋晉邑也漢屬趙國高帝過趙欲宿心動問縣名何曰栢人上曰栢人者迫於人也去弗宿趙相貫高等果有逆謀後漢及晉皆屬趙國元魏屬南趙郡隋屬襄國郡唐屬邢州天寶元年改爲堯山 皇朝熙寧六年省入內丘元祐元年復置

中南和縣漢屬廣平國後漢屬鉅鹿郡晉省之後復置後周置南和郡隋開皇初郡廢屬襄國郡唐屬邢州

中任縣春秋晉邑也[illegible]晉會任大夫漢屬廣平國後漢屬鉅鹿郡晉省之隋開皇六年復置屬襄國郡大業初省入南和唐武德四年復置屬邢州 皇朝熙寧五年省入

南和元和元年後置
雄懷州古覃懷之地太行山在焉春秋時周襄王以陽樊溫
原攢茅之田賜晉文公晉於是始啓南陽又云武王克商同蘇忿
生以溫為司寇其地有覃懷是也戰國時屬魏兼屬衛秦滅衛
徙其君於野王三世廢角為庶人以其地屬為三川郡項羽三
司馬卬為殷王都此漢初為殷國尋更名河內郡後漢因之晉
分屬汲郡後魏置懷州兼置河內郡隋初郡廢而懷州如故煬
帝初州廢復置河內郡唐為懷州天寶初曰河內郡今縣三一
緊河內縣本野王秦始皇徙衛君角於此阻其山而係之漢屬
河內郡後漢因之晉為郡治後魏兼置懷州隋開皇十六年
改野王為河內唐為懷州西北三十里有邗城故邗國也周
武王子所封太行山在西北武德鎮本秦縣始皇東巡自以
武德定天下因以名縣焉二漢屬河內郡晉為郡治後置武

德郡隋開皇初郡廢十八年改州縣為邢立大業初又改曰
安昌屬河内郡唐武德二年復名武德屬諜州　皇朝熙
寧六年省入河内漢射犬縣故城在北平皋縣故城在西
中武陟縣本漢懷縣地隋開皇十六年析置武陟大業初省焉
唐武德二年置陟州及修武縣四年州廢改修武為武陟屬
懷州故懷縣本禹貢覃懷之地後為晉邑春秋時赤狄伐晉
圍懷是也二漢為河内郡晉屬河内隋大業初廢之後復置
唐正觀元年省入武陟故城在今縣之西
上修武縣本商之寗邑周武王伐紂勒兵於寗更名修武晉始
啓南陽即此故有南陽城二漢屬河内郡晉屬汲郡隋屬河
内郡唐武德四年改修武為武陟而別置修武縣於隋修武
故城屬懷州漢山陽縣屬河内郡後漢晉皆因之魏阮籍嵇
康等同居山陽時人號竹林七賢後縣廢故城在今縣西北

有雍城故雍國周文王子所封左傳僖二十四年富辰曰郜雍曹滕文之昭也有濁鹿城漢獻帝爲山陽公居此

望衛州春秋時分屬於晉衛戰國時屬魏秦屬三川郡二漢屬河内郡魏置朝歌郡晉改爲汲郡後魏因之東魏置義州後周改爲衛州又置脩武郡隋初郡廢煬帝初州廢復置汲郡唐爲衛州天寶元年曰汲郡今縣四

中汲縣故商都牧野之邑水經注云太公生於汲城北三十里有太公泉泉上有太公廟相傳云太公之故居也二漢屬河内郡魏屬朝歌郡晉爲汲郡治焉太康初縣人有發魏安釐王冢大得古書皆簡編科斗文字所謂汲冢書也北齊置五城郡後周廢爲五城縣隋開皇六年復改爲汲屬汲郡唐屬衛州

上獲嘉縣本漢汲縣地武帝時南越相呂嘉反發兵討之元鼎

河本共城作故城　朱の字本

六年行幸至汲新中鄉得呂嘉首因以爲獲嘉縣屬河内郡
後漢因之晉屬汲郡後周置修武郡隋開皇初郡廢十六年
置殷州大業初州廢屬河内郡唐屬衛州
緊新鄉縣隋開皇初析汲獲嘉二縣於古新樂城置屬河内郡
唐屬衛州　皇朝熙寧六年省入汲元祐三年復置[illegible]
有故臨清關東南有故延津關
中共城縣故共國左傳隱元年鄭太叔出奔共是也二漢屬河
内郡晉屬汲郡北有共山隱者孫登所居北齊縣廢隋開皇
六年復置曰共城屬河内郡唐屬衛州
望洺州春秋時爲赤狄所有後屬晉戰國屬趙秦屬邯鄲郡
漢置廣平國後漢國廢爲鉅鹿郡之西部[illegible]置廣平郡晉因之後
魏皆因之後周置洺州隋大業初置武安郡[illegible]復爲洺州天寶元
年曰廣平郡今縣五

五ノ三丁　地二

上永年縣本曲梁左傳宣十五年晉荀林父敗赤狄于曲梁是也漢屬廣平國後漢屬魏郡晉屬廣平郡後齊省曲梁入廣平縣廣平漢爲國治自魏至隋皆爲廣平郡仁壽元年避太子名改廣平曰永年爲武安郡治唐爲洺州漢廣平縣故城在今縣北臨洺鎮本漢易陽縣屬趙國後漢因之晉屬廣平郡東魏屬魏郡隋開皇六年改易陽曰邯鄲十年改邯鄲爲臨洺屬武安郡唐屬洺州 皇朝熙寧六年省入永年

望肥鄉縣漢爲邯溝縣地屬魏郡曹魏置肥鄉縣屬廣平郡晉因之東魏省焉隋開皇十六年復置屬武安郡唐屬洺州漢列人縣屬廣平國後漢屬鉅鹿郡晉屬廣平郡故城在今縣東北

緊平恩縣本漢館陶之別鄉元帝分置立恩以封后父許伯爲侯國屬魏郡後漢因之晉及元魏屬廣平郡隋屬武安郡唐

別本在今作今在

屬洺州

中雞澤縣春秋襄三年公會諸侯同盟于雞澤漢爲曲梁縣地隋開皇初置雞澤縣屬洺州大業初省入永年唐武德四年復置杜預注左傳云雞澤在曲梁西南曲梁今永年也此縣在永年東北疑非古雞澤地矣

上曲周縣漢武帝建元四年置屬廣平國東漢屬鉅鹿郡晉省之唐武德四年復置屬洺州　皇朝熙寧三年省入雞澤元祐四年復置洺水鎮本漢斥漳縣屬廣平國後漢屬鉅鹿郡魏晉屬廣平郡北齊省入平恩隋復置改曰洺水屬武安郡唐屬洺州會昌三年省入曲周

望深州春秋時屬晉戰國時屬趙秦屬鉅鹿郡漢屬信都國後漢屬安平國魏晉爲博陵國後魏北齊後周爲博陵郡隋開皇初郡廢十六年置深州大業初廢屬博陵郡唐武德四年置深

州正觀十七年州廢先天二年復置天寶元年曰饒陽郡今縣

五

望靜安縣本下博漢屬信都國後漢屬安平國光武避王郎自饒陽南出至下博城西惶惑不知所之有白衣老父在道旁指曰努力信都爲長安守去此八十里光武即馳赴之晉亦屬安平國隋屬信都唐初屬冀州後來屬後周爲州治焉

皇朝太平興國八年置靜安軍雍熙二年軍廢還屬三年縣省四年復置改爲靜安故陸澤縣本鄡漢屬鉅鹿郡後漢作鄡晉屬趙國唐先天二年析饒陽鹿城於故鄡城置陸澤縣爲深州治所後周徙治靜安　皇朝雍熙四年省入焉有禹貢大陸澤

望東鹿縣本漢鄡縣地屬鉅鹿郡北齊改郡曰安國隋開皇六年改曰安定十八年改曰鹿城屬信都郡唐屬深州天寶十

五載改曰東鹿五代時屬真定國　皇朝淳化元年來屬
漢貫縣故城在西南
望安平縣漢屬涿郡後漢屬安平國魏晉爲博陵國治焉北齊置博陵郡隋開皇初郡廢十六年置深州大業初州廢屬博陵郡唐武德四年屬深州正觀十七年還故屬先天二年來屬
望饒陽縣漢屬涿郡後漢屬安平國魏晉屬博陵國後魏屬博陵郡隋開皇中分置安平蕪蔞二縣大業初省入焉屬河間郡唐武德四年置深州治此正觀十七年州廢屬瀛州先天二年置州後來屬而州徙治陸澤焉東北有無蔞亭漢光武避王郎於此
望武彊縣本武隧秦破趙將扈輒於武隧即此漢屬河間國後漢屬安平國晉因之後魏分置武彊縣元魏屬武邑郡隋開皇

初郡廢省武遂入焉屬信都郡唐初屬冀州正觀元年屬深州十七年屬冀州先天二年復來屬開元二年屬冀州永泰元年又來屬唐末屬冀州五代時又來屬

輿地廣記卷第十一